KB123337

말뭉치 기반
한국어 접속어 연구

한국 언어·문학·문화 총서

8

말뭉치 기반
한국어 접속어 연구

유현경·성미향·박효정·주향아
이찬영·이현지·박혜진

머리말

이 책은 2018년 1학기와 2학기에 열렸던 연세대학교 국어국문학과 대학원 강의에서 비롯되었다. 2018년 1학기에는 한국어 통사론을 기능 중심으로 재편해 볼 수 있는 가능성에 대하여 전반적인 논의를 하였고 이어 2학기에는 기능 중심 통사론의 논의를 한국어 접속으로 좁혀 들어가서 구체적인 여러 문제들을 살펴보았다. 이 강의를 수강했던 대학원생들 중 일부가 모여 연세대학교 국어국문학과 BK21 플러스 사업의 하나로 공부 모임을 조직하게 되었다. 이 책의 필자들은 1년이 넘게 선행 연구들을 읽고 말뭉치 자료를 분석하고 여러 쟁점들에 대하여 토론하면서 한국어의 문법 기능과 그 구체적인 실현 양상에 대한 생각을 공유하였다. 세미나에서 각자가 선택한 접속어의 용례를 분석하고 문제점을 도출하고 자신의 주장을 펴 나가는 동시에 접속 기능의 관점에서 접속어의 의미와 용법을 기술하려고 노력하였다.

책의 도입부인 1장은 한국어의 접속이라는 문법 범주와 형식에 대한 전제에 대하여 논의하였고 이어지는 2장부터 7장까지의 의의를 서술하면서 본문의 서술이 어떤 방향으로 흘러가는지를 전체적인 조망을 보여 주려 하였다. 2장부터 7장까지는 접속 어미와 접속 부사의 쌍을 실증적으로 분석한 결과를 객관적으로 기술하였다. 마지막 8장은 논의를 정리하고 연구 결과의 의의를 종합하였다. 1장과 8장은 유현경이, 2장은 주향아가, 3장은 박혜진이, 4장은 박효정이, 5장은 성미향이, 6장은 이현지가, 7장은 이찬영이 집필하였다. 필자들은 각자 자신이 선택한 접속어

쌍에 대하여 자료를 모으고 몇 달 동안의 집필 과정과 토론, 수정을 거쳤다. 접속의 의미 관계 중 대표적인 6개를 골라 해당 접속 어미와 접속 부사를 선택하고 연구 자료와 방법론, 그리고 기술 체제까지 동일하게 맞추려 노력하였다. 그러나 2장부터 7장까지는 독자의 관심사에 따라 개별적인 논문으로서 읽어도 좋을 것이다.

제자들과 책을 집필한다는 것은 마치 긴 여행을 함께 하는 것과 같다. 1년 반 동안 여정에서 힘든 일도, 보람된 일도 있었다. 혼자 하는 여행도 좋지마는 같은 곳을 바라보는 동지들과 나란히 길을 걷는 것은 그 무엇보다도 즐거운 일이다. 그리고 그 여행의 끝자락에서 함께 보낸 시간 동안 훌쩍 커 버린 동지들을 보는 것은 더욱 기쁘지 아니한가!

2019년 8월

저자를 대표하여 유현경 씀

차례

제3장 '-(으)ㄴ데'와 '그런데'의 비교 … 66

제4장 '-어서'와 '그래서'의 비교 … 107

제5장 '-(으)니까'와 '그러니까'의 비교 … 144

제6장 '-(으)면'과 '그러면'의 비교 … 189

제1장

한국어의 접속과 접속어

한국어 문법에서 접속은 주로 접속 어미를 중심으로 논의되어 왔다. 접속 어미에 대한 연구들도 내포와 접속과의 관계에 대한 논의나 개별 접속 어미의 의미 연구 혹은 유사한 접속 어미 간의 비교 연구 등이 대종을 이루어 왔고 접속 기능 자체에 대한 연구는 많지 않다. 한국어에서 접속의 기능을 가지는 표지로는 다음 (1)의 밑줄 친 부분과 같이 접속 어미뿐 아니라 접속 부사나 접속 조사 등의 형식이 있다.

(1) 가. 철수와 영희는 부산에 갔다.
나. 철수는 부산에 갔고 영희도 부산에 갔다.
다. 철수는 부산에 갔다. 그리고 영희도 부산에 갔다.

(2) 가. Cheolsoo and Younghee went to Busan.
나. Cheolsoo went to Busan and Younghee went to Busan.
다. Cheolsoo went to Busan. And Younghee went to Busan.

(1가)는 접속 조사 '와/과'에 의하여 구 단위 접속이[1] 된 것이고 (1나)

1 '철수와 영희'를 구 단위 접속으로 본 것은 '철수'나 '영희'가 구 이상의 단위로 확대가

는 접속 어미 '-고'가 절을 접속한 예이며 (1다)는 접속 부사 '그리고'에 의한 문장 단위 접속의 예이다. 이를 통하여 한국어에서는 접속 단위에 따라 다른 접속 형식을 사용한다는 것을 알 수 있다. 영어에서 접속 단위에 상관없이 접속사 'and'를 사용하는 (2)와 비교해 볼 수 있다. 한국어에서 접속 조사는 조사 범주에 속하고 접속 어미는 어미류에, 접속 부사는 부사의 일종이기 때문에 이 세 가지 형식이 접속의 기능을 공유한다고 해도 각각 다른 범주로 논의되어 왔다. 한국어 접속의 실체에 대하여 올바른 이해를 하려면 접속 조사, 접속 어미, 접속 부사를 함께 논의해야 할 필요성이 있다. 학교 문법의 품사 체계 하에서 접속 조사와 접속 부사는 단어이지만(詞) 접속 어미는 단어가 아니므로(辭) 접속사(接續詞 혹은 接續辭)라는 용어로 이 세 가지 형식을 아우르기 어렵다. 이 연구에서는 접속 조사, 접속 어미, 접속 부사를 아울러 지칭하는 용어로 '접속어(接續語)'를 사용하려고 한다. '접속어'라는 용어를 사용함으로써 접속의 기능을 가진 단어와 단어 이하의 단위를 모두 포괄할 수 있게 된다.

접속 어미와 접속 부사가 여러 언어 단위들을 연결하며 대등과 종속의 의미 관계를 가지고 그 하위 의미 유형도 다양한 양상을 보이는 데 비하여 접속 조사는 체언구만을 연결하며 의미 기능도 다양하지 않아서[2] 접속 어미 및 접속 부사와 비교하기 어려운 면이 있다. 접속 부사는 '그리하-, 그러하-' 등에 접속 어미가 결합되어 형성된 '그리고, 그러니까, 그래서...' 등 '그' 계열이 주류를 이룬다. 이러한 어원적인 이유로 접속 어미와 접속 부사는 유사한 의미 기능을 가진 쌍이 여럿 존재하기 때문

가능한 자리이기 때문이다.

2 접속 조사는 대등한 의미 관계인 '와/과'가 있고 논의에 따라서 관형 조사 '의'를 종속 접속 조사로 보기도 한다. 그러나 접속 어미나 접속 부사에 비하여 의미 관계가 단순한 편이다.

에 그 기능과 분포를 비교하여 연구하기에 용이하다. 위에서 보인 예 (1)에서 말하는 이(화자)는 접속 조사와 접속 어미, 접속 부사를 사용하여 '철수가 부산에 갔다.'와 '영희가 부산에 갔다.'는 두 개의 사건을 연결한다. 화자가 두 개의 사건을 연결할 때 세 가지 접속 형식 중 하나를 선택하는 이유는 무엇일까? 어떠한 원리로 화자가 특정한 접속 형식을 선택하는 것일까? 접속 어미와 접속 부사는 '접속'의 기능을 공유하는데 그 공통점과 차이점은 무엇일까?

(3) 가. 아침에 늦게 일어나니까 늘 지각이지.
　　나. 집에 도착하니까 현관문이 열려 있었다.
(4) 가. 아침에 늦게 일어났구나. 그러니까 늘 지각이지.
　　나. *집에 도착했다. 그러니까 현관문이 열려 있었다.
　　다. A : 걔 너무 얄밉지?
　　　　B : 그러니까.

접속 어미 '-(으)니까'는 (3가)에서는 '원인'의 의미를, (3나)에서는 '발견'이나 '상황 설명'의 의미를 찾을 수 있다. (4가)에서 접속 부사 '그러니까'의 의미는 (3가)와 동일하게 '원인'으로 볼 수 있다. 그러나 (3나)는 접속 부사 '그러니까'가 '발견'이나 '상황 설명'의 의미로 사용될 수 없음을 보여준다. '그러니까'는 (3다)에서처럼 담화 상에서 '상대방의 발화에 대하여 긍정함'의 의미를 나타낼 수 있다. 접속 어미와 달리 접속 부사는 (3다)와 같은 담화적인 의미를 가지는 경우가 많은데 이때의 용법을 접속의 기능으로 설명할 수 있을까?

이 연구에서는 대등 접속과 종속 접속의 의미 관계 중에서 유사한 의미 기능을 공유하는 6쌍의 접속 어미와 접속 부사를 선정하여 말뭉치 용례 분석을 기반으로 비교함으로써 앞에서 제기한 의문점에 대한 해답을 찾아보려고 한다. 이를 위하여 형식을 기준으로 접근하는 관점에서 벗어나 서로 다른 범주에서 접속의 기능을 수행하는 접속 어미와 접속 부사의 의미와 용법을 비교하여 살피고, 말뭉치 분석을 통하여 각 의미 기능이 어떠한 빈도로 나타나는지를 보고자 한다. 그 결과 유사한 의미 관계를 지닌 접속 어미와 접속 부사가 접속이라는 범주 안에서 어떻게 기능을 분담하고 있는지 그 양상을 기술할 수 있을 것이다. 이러한 연구는 접속 어미와 접속 부사를 함께 살펴봄으로써 접속의 기능을 수행하는 여러 표지들을 한데 묶어 설명할 수 있는 발판을 마련할 수 있다는 데 의의가 있다.

1장에 이어지는 2장부터 7장까지는 유사한 의미 관계에 있는 접속어의 쌍을 비교하고 마지막 8장에서는 앞에서 논의한 결과를 종합적으로 기술한다. 각 장에서 연구 대상으로 삼은 접속 어미와 접속 부사의 쌍은 용언 어간에 접속 어미가 결합한 활용형이 접속 부사로 어휘화된 것을 선택하였다. 이렇게 되면 접속 어미와 접속 부사가 의미적인 특성을 공유하게 되기 때문에 접속 어미와 접속 부사의 세부 논의에서 각 쌍이 가지는 전제가 동일하게 된다는 이점이 있다. 이 연구에서 대상으로 삼은 6쌍의 접속 어미와 접속 부사는 의미적인 공통점이 있으며 각각의 의미 영역이나 용법이 존재한다. 접속 어미에서 유래된 접속 부사가 접속 어미와 다른 의미 기능을 가지게 되거나 접속 어미에는 존재하지 않는 담화적인 기능을 하게 되는 것은 흥미로운 사실이 아닐 수 없다. 각 장에서는 말뭉치 용례 분석을 기반으로 접속 어미와 접속 부사의 의미 분담 양상과 사용역별 분포를 살펴보고 접속 어미와 접속 부사 사이의 관련성에 대하여서 기술하게 될 것이다. 이를 통하여 접속 어미와 접속 부사가 가지는 접속 기능의 실체에 한발 더 다가가게 될 것이다.

다음에서는 각 장에서 다루게 될 내용을 요약해 보겠다.

2장에서는 대등 접속의 의미 관계를 가지는 대표적인 접속 어미인 '-고'와 접속 부사 '그리고'를 비교해 본다. 먼저 접속 어미 '-고'와 접속 부사 '그리고'가 나타내는 기본적인 의미 기능에 대해 살펴볼 것이다. 그리고 말뭉치 분석을 통하여 각 의미별로 문어와 구어의 사용역에 따른 빈도가 어떠한지를 알아보고 말뭉치에서 분석해 낸 '-고'의 다단어 표현들을 몇 가지로 유형화하고 이들이 수행하는 기능은 무엇인지를 알아보고자 한다. '-고'와 '그리고'의 말뭉치 용례 분석을 토대로 접속 어미와 접속 부사의 기능 분담 양상에 대해 정리하게 될 것이다.

3장에서는 이른바 '배경'의 접속 어미로 다루어지는 '-(으)ㄴ데'와 접속 부사 '그런데'에 대하여 살펴볼 것이다. 먼저 '-(으)ㄴ데'와 '그런데'의 의미 기능을 살펴본 뒤 말뭉치 분석을 통하여 '-(으)ㄴ데'와 '그런데'가 어떠한 의미 분담 양상을 보이는지 제시하고자 한다. 접속 어미 '-(으)ㄴ데'에서 발달한 접속 부사 '그런데'는 '-(으)ㄴ데'가 가지고 있는 의미와 동일한 의미 기능을 갖기도 하고 접속 어미 '-(으)ㄴ데'에서는 나타나지 않는 의미 기능을 보이는 경우도 있다. 말뭉치 용례 분석을 통하여 접속 어미 '-(으)ㄴ데'와 접속 부사 '그런데'가 가지는 공통적인 의미 기능과 그 차이점에 대하여 살펴본다.

4장에서는 대표적인 인과의 접속 어미 '-어서'와 접속 부사 '그래서'에 대하여 살펴보기로 한다. 접속 어미 '-어서'는 자신의 주장을 논리적 근거에 뒷받침하여 설명할 때 혹은 선행문과 후행문의 상관관계를 논리적으로 나타낼 때 사용하여 분절된 사건과 사고를 이어준다. '-어서'의 의미는 법칙적 계기성과 인과성을 기반으로 하는 인과 관계 접속 어미이고 접속 부사 '그래서'는 '그리하여서'가 줄어든 말로 '-어서'와 그 의미와 기능에 있어서 필연적으로 깊은 연관성을 갖고 있다. 그러나 그간 인과 관계를 나타내는 접속어의 의미 범주 사이의 관련성 중심으로 검토하는 연구는 그리 많지 않았다. 4장에서는 '-어서'와 '그래서'가 나타내는 의미가 무엇인지 살펴보고 각각의 특징을 바탕으로 두 개의 접속어 사이에 어떤 공통점과 차이점이 있는지 살펴보게 될 것이다.

5장에서는 '인과 관계'를 표현하는 접속 어미 '-(으)니까'와 접속 부사 '그러니까'를 비교 연구한다. '그러니까'가 나타내는 '부연 설명'의 의미 기능은 화자의 태도를 나타내 주는 담화 기능을 수행하는 것으로 본 기존의 논의에 문제의식을 가지고 '그러니까'의 의미 기능을 고찰하고자 한다. 이를 통해 접속 어미 '-(으)니까'와 접속 부사 '그러니까'가 나타내는 의미 사이의 상관성을 규명하고, 의미 기능의 분담 양상을 살펴본다.

6장에서는 선·후행절의 사태를 조건의 의미 관계로 연결하는 접속 어미 '-(으)면'과 접속 부사 '그러면'을 비교해 살펴본다. 먼저 조건의 의미를 선행 연구와 사전 분석을 기반으로 정리하고 각 조건 접속어의 의미 분류 기준을 설정한 후에 한국어 모어 화자들의 실제 말뭉치 자료에서 나타나는 조건 접속어의 형태별, 사용역별 분포 양상을 분석할 것이다. 이 말뭉치 자료의 분석 결과를 통해서 접속 어미 또는 접속 부사를 개별 항목 중심으로만 다루었던 이전의 연구들과 다르게 접속 어미와 접속 부사와 같은 접속어 항목들을 '조건'이라는 의미 관계를 나타내는 하나의 조건 접속어로 설명할 수 있는지 가능성을 살펴보고자 한다. 말뭉치 용례 분석을 통해 조건 접속어의 분포 양상을 살펴본 후, 조건 접속 어미 '-(으)면'과 조건 접속 부사 '그러면'이 가지는 의미 기능의 분담 양상을 정리하여 두 접속어에서 유사한 양상을 보이는 의미 기능의 특성을 확인하고 항목별 구별되는 의미 기능의 특성을 정리하고자 한다.

7장에서는 동일한 형식을 공유하고 있고 의미 역시 유사하지만 서로 다른 범주에 속하는 접속 어미 '-어도'와 접속 부사 '그래도'에 대한 논의를 하고자 한다. 먼저 접속 어미 '-어도'와 접속 부사 '그래도'의 의미 기능을 관찰하여 제시하고, 이를 바탕으로 하여 각 의미 기능이 말뭉치에서 어떠한 빈도로 나타나는지 비교 분석하고자 한다. 다른 접속어들에 비하여 '-어도'와 '그래도'는 전통적으로 '양보(concessive)'라는 의미 기능을 전적으로 담당하는 것으로 기술되어 왔다. 이처럼 그 기본 의미가 상대적으로 뚜렷하다는 특성을 지님에 따라서 '-어도'와 '그래도'라는 형식이 지닌 다양한 의미 기능에 대해 논의하기보다는 과연 '양보'라는 의미 기능의 정체가 무엇인지에 대한 문제가 주된 관심의 대상이 되어 왔다. 그러나 말뭉치상에서 나타나는 이들 형식의 용법을 조금만 살펴보아도, 비단 '양보'라는 의미 기능만으로는 설명하기 어려운 다양한 의미 기능들이 발견된다는 점에서 보다 면밀한 관찰이 요구된다. 7장에서는 말뭉치를 이용하여 실제 용례를 살핌으로써 각각의 형식이 지닌 접속의 기능이 어떠한 차이를 보이는지 고찰해 볼 것이다. 이러한 결과를 바탕으로 하여 최종적으로 유사한 의미를 가지고 접속 기능을 하는 '-어도'와 '그래도'가 각각 어떠한 양상으로 의미 기능을 분담하고 있는지를 분석해 보도록 한다.

8장에서는 1장부터 7장까지의 논의를 토대로 접속 어미와 접속 부사의 전반적인 특성에 대하여 기술하고 접속 단위에 따라 달라지는 접속의 기능에 대하여 살펴보려고 한다. 개별 접속 어미와 접속 부사의 비교 연구를 통하여 우리가 찾아낸 함의를 종합적으로 기술하게 될 것이다.

이 연구에서 각 접속어의 의미 기능 및 사용 양상을 살펴보기 위하여 사용한 말뭉치는 연세대학교 서상규 교수가 배포한 '새 연세 말뭉치1(20171030버전)'와 '새 연세 말뭉치2(20171030버전)'이며, 용례 검색은 미국 벤더빌트 대학의 장석배 교수가 제작하여 제공한 주석 말뭉치 용례 검색 프로그램인 '말씀2017'을 사용하였다. '새 연세 말뭉치 1'과 '새 연세 말뭉치 2'는 각각 문어에서 100만 어절, 구어에서 99만 어절 규모로 구축한 말뭉치로, 그 구성은 아래 표와 같다.

〈표 1-1〉 새 연세 말뭉치 1(이하 '문어 말뭉치')의 구성

대분류	신문	잡지	소설수필	학술교양	수기전기	교과서	준구어
비율(%)	32.3	19.4	17.1	9.4	8.5	8	5.4

〈표 1-2〉 새 연세 말뭉치 2(이하 '구어 말뭉치')의 구성

상호작용성	공공성	말뭉치 유형	장르별 합계 비율	
1인담화 (독백)	공적	강의, 강연, 발표, 설교, 식사(式辭) 등	27.5	39.9
	사적	경험담, 동화구연, 줄거리 등	12.4	
2인담화 (대화)	공적	토론, 상담, 회의, 구매 대화 등	20.8	60.1
	사적	일상 대화, 주제 대화, 수업 대화 등	39.2	

〈표 1-3〉 새 연세 말뭉치 1, 2의 성격, 규모, 구성 정보

	새 연세 말뭉치1	새 연세 말뭉치2
언어	현대 한국어 문어	현대 한국어 구어
말뭉치 성격	문어 균형 말뭉치	구어 균형 말뭉치
규모	100만 마디	99만 마디
바탕 말뭉치	1975~2004년에 생성된 문어 말뭉치	1990년~2005년에 녹음 전사된 자연 발화 말뭉치
구성	신문(32.2%), 잡지(19.4%), 소설수필(17.1%), 학술교양(9.4%), 수기전기(8.5%), 교과서(8%), 준구어(5.4%)	공적대화(20.8%), 사적대화(39.2%), 공적독백(27.5%), 사적독백(12.4%)

문어 말뭉치와 구어 말뭉치는 주로 1990년대에서 2000년대 자료를 중심으로 구성되어 있다. 오늘날 활용되는 다른 말뭉치에 비하면 큰 규모라고 할 수는 없지만, 이 연구에서 살펴보고자 하는 문법 요소의 분포

적 특징 및 의미 기능 등을 탐구하는 데에는 충분한 양의 자료라고 판단된다. 실제로도 우리의 연구 대상인 접속어, 그중에서도 특히 접속 어미의 경우 문어, 구어 각 100만 어절 규모의 말뭉치에서도 매우 높은 출현 빈도를 보이는 것으로 나타났다. 이 연구의 주된 목표는 각 접속어의 출현 빈도를 계량화하는 데에 있다기보다는 출현 용례들을 면밀히 관찰함으로써 접속 어미와 접속 부사가 각각 어떠한 의미 기능을 담당하고 상호작용하는지를 관찰하고자 하는 데에 있다. 따라서 본 연구에서는 미시적이고 구체적인 용례 분석의 규모를 각 접속어 당 최대 1,000문장(문어 말뭉치 500문장, 구어 말뭉치 500문장)으로 설정하고, 전체 출현 용례로부터 무작위로 추출하는 방식을 택했다. 이 연구에서는 공통의 말뭉치를 분석 자료로 하고 말뭉치 용례를 추출하는 도구도 공유하여 동일한 연구 자료와 방법론을 전제함으로써 개별 접속어의 쌍에 대한 논의뿐 아니라 그 결과를 종합적으로 도출할 수 있는 발판을 마련하였다.

제2장

'-고'와 '그리고'의 비교*

1. 들머리

이 장에서는 유사한 의미를 지니지만 서로 다른 범주에서 접속의 기능을 수행하는 접속 어미 '-고'와 접속 부사 '그리고'의 의미 기능을 비교하여 살피고, 말뭉치 분석을 통하여 각 의미 기능이 어떠한 빈도로 나타나는지를 보고자 한다. 접속 어미 '-고'와 접속 부사 '그리고'는 대등 접속인 '나열'의 의미 기능을 담당하는 형태들이다. 이들은 대등 접속의 기능을 수행하기는 하지만 종속 접속의 기능도 아울러 가지며 이때 '계기, 동시, 인과' 등 다양한 의미를 나타낸다. '-고'는 단어, 구나 절을, '그리고'는 단어부터 구, 절, 문장, 문단을 이어주는데, 둘은 비슷한 의미를 실현하며 두 가지 이상의 사태를 연결한다는 점에서 동질성을 가진다.[1]

* 이 장은 '주향아(2019), 「접속부사 '그리고'와 접속어미 '-고'의 의미 비교 연구」, 『언어사실과 관점』 47'의 내용을 수정·보완한 것이다.

1 여기서 단어와 구의 개념은 형태론적인 관점에서의 단어, 구를 의미한다. 즉 하나의 단어는 단어로 보고, 둘 이상의 단어가 모여 주술 관계를 갖지 않는 것은 구로 보는 것이다. 구는 형태론과 통사론 층위에서 각각 다른 의미로 사용되는 개념이다. 형태론에서 구는 합성어와 대립되는 개념으로 두 개 이상의 단어로 이루어진 구성이면서 그

하지만 각각의 범주가 다르기 때문에 차이점을 가질 수밖에 없다. 여기서는 말뭉치를 활용하여 실제 용례를 살핌으로써 둘의 차이를 고찰해 볼 것이다. 특히 문어와 구어의 사용역별로 '-고'와 '그리고'의 의미가 어떻게 실현되는지를 알아본다.[2] 또한 '-고'가 다단어 표현으로 나타나는 경우가 있음을 보이고, 각각의 유형을 제시하여 분석해 볼 것이다. 마지막으로 이러한 논의를 통하여 '-고'와 '그리고'가 유사한 의미를 나타내면서 접속이라는 범주 안에서 어떻게 기능을 분담하고 있는지 그 양상을 분석해 보고자 한다.

기존에 '-고'에 대한 연구는 의미적 특징이나 통사적 특징을 중심으로 활발하게 이루어져 왔다. 그러나 접속 부사에 대한 연구는 상대적으로 그 수가 적고, 특히 접속의 기능을 중심으로 하여 접속 어미와 비교한 연구는 찾아보기가 어렵다. 접속 부사 '그리고'는 통시적으로 '그리ᄒᆞ- + -고'가 축약되어 현재의 '그리고'가 되었는데, 형태상 접속 어미 '-고'를 포함하고 있는 만큼 '-고'와 의미적 연관성이 깊을 수밖에 없다. 따라서 '그리고'와 '-고'의 비교는 접속 부사, 접속 어미를 아울러 살펴봄으로써 동일한 기능을 수행하는 문법 형식을 한데 묶어 설명할 수 있는 발판을

내부에 주어와 서술어의 관계를 갖고 있지 않은 것을 이른다. 그러나 통사론에서 구는 단위의 크기에 상관없이 문장을 이루는 구성 요소로 보는 것이 일반적이다(유현경 외 2018: 391). 물론 형태론적인 관점에서 단어와 구를 정의한다 하더라도 용언의 활용형을 한 단어로 볼 수 있는가, 즉 흔히 어절이라고 하는 단위를 하나의 단어로 간주할 수 있는가에 대해 고민해 볼 필요가 있다. 이 장의 목적은 '-고'와 '그리고'를 비교하는 것에 있으므로 학교 문법에서의 단어와 구의 개념을 사용하였다.

2 '-고'는 다른 접속 어미와 달리 이형태를 가지지 않는다. 따라서 말뭉치 용례를 추출할 때 품사를 어미로 한정하여 '-고'를 입력 후 용례를 추출해 냈으며, 구어 말뭉치에서 구어형 검색을 포함하여 '-고'를 검색하면 이형태인 '-구'가 함께 추출된다. '그리고'는 품사를 접속사로 한정 후 '그리고'를 입력하여 용례를 추출하였고, '-고'와 마찬가지로 구어 말뭉치에서 구어형 검색을 포함하여 이형태인 '그리구'의 용례를 함께 추출했다.

마련할 수 있다는 데 의의가 있다.

2절에서는 먼저 '-고'와 '그리고'가 나타내는 기본적인 의미에 대해 살펴볼 것이다. 3절에서는 말뭉치 분석을 통하여 각 의미별로 문어와 구어의 사용역에 따른 빈도가 어떠한지를 알아볼 것이다. 또한 말뭉치에서 분석해 낸 '-고'의 다단어 표현에 대해서도 논의할 것인데, 다단어 표현들을 몇 가지로 유형화하고 이들이 수행하는 기능은 무엇인지를 알아보고자 한다. 4절에서는 앞서의 논의들을 토대로 '-고'와 '그리고'의 기능 분담 양상에 대해 정리하고 5절에서 논의의 마무리를 짓는다.

2. '-고'와 '그리고'의 의미

이 절에서는 말뭉치 예문을 중심으로 분석한 '-고'와 '그리고'의 의미를 제시하고자 한다. '-고'와 '그리고'의 의미에 대한 선행 연구를 살피고 '-고'와 '그리고'의 의미를 설정할 것이며, 문어와 구어를 통틀어 그 의미가 어떻게 실현되는지를 알아본다.

2.1. 접속 어미 '-고'의 의미 기능

접속 어미 '-고'의 의미에 대한 논의는 전통문법 시기부터 꾸준히 진행되어 왔다. 최현배(1937/1971: 306-313)에서는 '-고'를 벌림꼴의 하나로 차례 벌림꼴(시간적 나열)과 얼안 벌림꼴(공간적 나열)을 나타내는 것으로 보았다. 차례 벌림꼴은 한 임자 또는 두 임자가 두 가지 넘어의 움직임을 차례차례 하여 감을 보이는 꼴로 완료와 방법의 의미를 드러내는 것이고, 얼안 벌림꼴은 두 가지나 두 가지 더 되는 움직임이 각각 딴 임자 또는 한 임자로 말미암아 들어남을 공간적으로 벌리는 꼴로 시간이 관여되지 않은 순수한 벌림을 말한다. 이후의 연구들에서 '나열'의 의미를 세밀하게 나누어 공간 나열, 동시 나열, 상태지속 나열, 계기 나열로 분석하거나(남기심 1994),[3] 이에 더하여 화제적 나열의 의미를 추가하기도 하였다(박종갑 1998, 2000 등). 또 '-고'의 의미에 수단/방법, 이유/근거 등의 의미를 분석하기도 했다(유현경 2008 등). 초기에는 '나열'의 의미 분석에 집중되었던 '-고'의 의미 설정이 접속 어미에 대한 연구가 지속되면서 현재로서는 상당히 세분화되어 [나열], [계기], [동시], [동작지속], [수단/방법], [이유/근거]의 의미가 있다는 것은 어느 정도 용인되는 듯하다.[4]

사전에서도 '-고'의 의미를 선행 연구들과 유사하게 분류하고 있다. 『표준국어대사전』(이하 『표준』)에서는 '-고'를 나열, 계기, 동작지속, 대조, 강조, 보조 용언 접속의 여섯 가지로 설명하고 있다.[5] 『연세한국어사

---

3 남기심(1994)의 의미 분류는 '나열'이라는 용어를 포함하고 있기는 하지만, '공간 나열'은 대등 접속으로, '동시 나열, 상태지속 나열, 계기 나열'은 종속 접속으로 분석한다.

4 임동훈(2009: 113)에서는 '-고'의 다양한 의미가 화용론적 추론에서 발생하였다고 보는데, '-고'의 의미의 일부는 추론 의미에서 어휘적 의미로 전이되는 과정에 있다고 판단된다고 언급했다.

5 『표준』의 '-고'에 대한 기술은 다음과 같다.

(1) (('이다'의 어간, 용언의 어간 또는 어미 '-으리-', '-더-'를 제외한 다른 어미 뒤에 붙어)) 두 가지 이상의 사실을 대등하게 벌여 놓는 연결 어미. (예) 오고 가는 정. / 높고 낮은 산봉우리. / 여름에는 비가 내리고 겨울에는 눈이 내린다.

(2) ((동사 어간이나 어미 '-으시-' 뒤에 붙어)) 앞뒤 절의 두 사실 간에 계기적인 관계가 있음을 나타내는 연결 어미. (예) 오빠는 나에게 얼른 눈짓을 하고는 나가 버렸다. / 동생은 여행을 다녀오고부터 사람이 달라졌다. / 할머니께서는 상한 음식을 드시고 탈이 나셨다.

(3) ((동사 어간이나 어미 '-으시-' 뒤에 붙어)) 앞 절의 동작이 이루어진 그대로 지속되는 가운데 뒤 절의 동작이 일어남을 나타내는 연결 어미. (예) 어머니는 나를 업고 병원까지 달려가셨다. / 언니는 오늘 새 옷을 입고 출근했다. / 선생님께서는 내 손을 쥐시고 말씀하셨다.

(4) (('이다'의 어간, 용언의 어간 또는 어미 '-으리-', '-더-'를 제외한 다른 어미 뒤에 붙어)) 서로 뜻이 대립되는 말을 벌여 놓는 연결 어미. '하다'의 선행 형식이

전』(이하 『연세』)에서는 '-고'의 의미를 더욱 세분화하여 기술했는데, 나열, 대조, 강조, 행위의 반복, 동시, 계기, 결과지속, 수단/방법, 이유/근거, 조건, 보조 용언 접속, 단어형성소의 열두 가지 용법을 제시했다.[6]

되게 하거나 명사적으로 쓰이도록 한다. (예) 누가 우등생이었고 누가 열등생이었고 간에 서로 친하게 지내도록 하여라. / 실성한 사람처럼 울고 웃고 하더라. / 누가 잘했고 못했고가 문제가 아니다.

(5) ((일부 형용사 어간 뒤에 붙어)) 형용사 어간을 반복하여 그 뜻을 강조하는 연결 어미. 흔히 '-고 -은' 구성으로 쓴다. (예) 길고 긴 세월. / 멀고 먼 고향. / 넓고 넓은 하늘.

(6) (('-고 있다', '-고 싶다', '-고 지고', '-고 나다', '-고 보다', '-고 보니', '-고 보면', '-고 말다', '-고 들다' 등 보조 용언이 있는 구성에서)) 본용언에 붙는 연결 어미. (예) 천년만년 살고 지고. / 너 아직도 울고 있구나. / 나는 금강산을 보고 싶다.

6 『연세』의 '-고'에 대한 기술은 다음과 같다.

Ⅰ-(1) 두 가지 이상의 사실을 나열함을 나타내는 연결 어미. (예) 돌밭은 삭막하고 답답하기만 했다. / 그녀는 목장을 경영하며 젖소를 기르고, 3남매를 키우는 40대의 미망인이었습니다.

Ⅰ-(2) 반대되는 사실을 맞세움을 나타내는 연결 어미. (예) 홍정은 붙이고 싸움은 말리라고 했다. / 크고 작은 상선들과 멀리서 이를 보호하는 군함이 보였다.

Ⅰ-(3) [형용사의 어간에 붙어] 상태나 성질 등을 강조함을 나타내는 연결 어미.
※참고:'도'를 덧붙여 그 뜻을 더욱 강조할 수 있음. (예) 희고 흰 그 손으로 막일을 한다는 것은 무척 힘들었을 것이다. / 넓고도 넓은 바다 한복판으로 나오니 가슴이 뚫리는 것 같았다.

Ⅰ-(4) [동사의 어간에 붙어] 행위의 반복을 나타내는 연결 어미. (예) 가슴에 쌓이고 쌓인 한을 풀지 못하고 그는 죽었다.

Ⅱ-(1) 앞의 행동이 뒤의 행동과 동시에 이루어짐을 나타내는 연결 어미. (예) 군인들이 온종일 비를 맞고 행군했다. / 그는 시골에서 농사를 짓고 산다.

Ⅱ-(2) 앞의 행동이 뒤에 오는 동작보다 시간상 앞섬을 나타내는 연결 어미. (예) 성희는 돈을 챙겨 넣고 옷을 갈아입었다.

Ⅱ-(3) 앞의 행동이나 그 결과가 뒤에 오는 행동에 그대로 지속됨을 나타내는 연결 어미. (예) 김 박사가 여행 가방을 들고 기차에 올랐다. / 우리는 촛불을 켜고 공부를 했다.

Ⅱ-(4) 앞의 행동이 뒤의 행동의 수단이나 방법임을 나타내는 연결 어미. (예) 김 사장이 차를 몰고 부산에 갔다.

『고려대한국어대사전』(이하 『고려』)에서는 대등나열, 대조나열, 계기, 보조 용언 접속, 결과/동작지속, 강조, 이유/근거/조건의 일곱 가지 의미를 제시했다.[7] 사전에서의 의미 기술을 종합해 보면 나열, 계기, 동작지속,

---

Ⅱ-(5) 앞의 사실이 뒤의 사실의 이유나 근거를 나타내는 연결 어미. (예) 그는 연탄가스를 마시고 죽었다. / 그 글을 읽고 생각이 달라졌다.

Ⅱ-(6) [수사 의문문에 써서] 앞절의 사실이 다음 사실의 조건이 됨을 나타내는 연결 어미. (예) 그렇게 능욕을 당하고 어찌 낯 들고 살아가겠소. / 저런 오합지졸을 데리고 어찌 적당을 맞아 싸울 수 있으랴.

Ⅲ-(1) 용언의 어간과 '있다', '싶다', '말다', '나다' 등을 이어 주는 보조적 연결 어미. (예) 여자는 고개를 이쪽으로 돌려 유심히 나를 보고 있었다. / 동생은 낙담하여 병을 얻더니 한 달 남짓 시름시름 앓다가 숨을 거두고 말았다. / 이 말을 듣고 나서 나는 누님에게 잠시 전화를 끊으라 했다.

Ⅳ-(1) 특별한 뜻이 없이 단어를 형성하는 데에 쓰는 요소. (예) 들고뛰다. / 타고나다. / 하고많다. / 먹고살다.

7 『고려』의 '-고'에 대한 기술은 다음과 같다.

(1) 용언이나 '이다'의 어간 또는 선어말 어미 '-으시-', '-었-', '-겠-'의 뒤에 붙어, 둘 이상의 사실을 대등한 자격으로 나열하는 말. (예) 하늘이 높고 푸르다. / 나는 대학생이고 언니는 선생님이다.

(2) 용언이나 '이다'의 어간 또는 선어말 어미 '-으시-', '-었-', '-겠-'의 뒤에 붙어, 서로 상반되는 둘 이상의 말을 나란히 나열하는 말. (예) 네가 잘되고 못되고는 내가 알 바 아니다. / 부두는 오르고 내리는 승객들로 붐비고 있었다.

(3) 동사의 어간이나 선어말 어미 '-으시-'의 뒤에 붙어, 앞 절의 일이 일어난 뒤에 뒤 절의 일이 순차적으로 일어남을 나타내는 말. (예) 배고픈데 밥을 먹고 떠나자. / 우리는 12시쯤 이불을 펴고 잠자리에 들었다.

(4) 용언의 어간이나 선어말 어미 '-으시-'의 뒤에 붙어, 그것을 본용언으로 하여 보조 용언과 이어 주는 역할을 하는 말. (예) 시집간 누님이 보고 싶다. / 실컷 울고 나니 속이 후련하다.

(5) 동사의 어간이나 선어말 어미 '-으시-'의 뒤에 붙어, 뒤에 서술한 행동의 과정에서 앞선 행동이 야기한 상태가 여전히 유효함을 나타내는 말. (예) 그는 검은색 가방을 들고 나타났다. / 그녀는 어린 딸을 들어 안고 뺨에 입을 맞추었다.

(6) 일부 형용사의 어간 뒤에 붙어, 주로 '-고 -은'의 구성으로 쓰여, 형용사를 반복하여 그 상태나 성질 따위를 강조하는 뜻을 나타내는 말. (예) 길고 긴 여름이 끝났다. / 넓고 넓은 바다에 나와 보니 고향이 그립구나.

(7) 동사의 어간이나 선어말 어미 '-으시-'의 뒤에 붙어, 앞 절이 뒤 절에 대한 이유

대조, 강조, 보조 용언 접속의 기능은 동일하게 분석하고 있으나, 이밖에 다른 의미 분석에서는 그 세분화에 차이를 보인다. 사전은 용법을 중심으로 사용자가 최대한 자세히 해당 표제어의 기능을 알 수 있도록 풀이하는 것을 원칙으로 한다. 이러한 원칙에 따라 '강조'나 '단어형성소'와 같은 '-고'의 쓰임도 하나의 의미 항목으로 설명하고 있는데, 문법적 요소로서 '-고'의 의미를 설정한다면 이들이 의미 표지로 기능할 수 있는가에 대해서는 재고해 볼 여지가 있다. '강조'는 동일한 형태를 '-고'를 이용해 접속하여 나열함으로써 발생하는 부가적인 의미라고 볼 수 있으며, '단어형성소'로서의 '-고'는 단어 형성의 측면에서 '-고'가 단순히 접속의 기능만을 수행할 뿐, 특정한 의미를 가진다고 보기는 어렵다. 또한 '대조'와 같은 의미도 선·후행절이 대조되는 내용을 가지고 대등하게 '나열'되었을 때 발생하는 의미라고 볼 수 있다. 이러한 점들을 고려한다면 '-고'의 의미를 설정하면서 사전의 의미 기술을 고려하더라도 선행 연구에서 제시한 '-고'의 의미 분류와 크게 차이를 둘 만한 점은 없을 것으로 보인다.

이 절에서는 '-고'의 의미를 [나열], [계기], [동시], [동작지속], [수단/방법], [이유/근거], [부연]으로 나누어 논의할 것이다. 구어는 특성상 화자의 순서 교체가 일어나다 보니 '-고'의 선·후행 단위가 연결되어서 발화되지 않고, 중간에 청자의 간섭이 개입되는 경우가 많다. 청자의 중도 개입이 있다 하더라도 동일 화자의 발화가 '-고'에 의해 접속될 때에는 '-고'가 드러내는 의미가 문어와 차이를 보이지 않는다. 다만 그것이 실현되는 방식에 있어서 화자 교체에 의한 단절이 있느냐 없느냐, 청자의 개입으로 인하여 '-고' 이후에 후속 발화가 이어지느냐 이어지지 않

나 근거, 조건이 됨을 나타내는 말. (예) 그녀의 편지를 읽고 마음이 달라졌다. / 그렇게 게으름을 피우고 어찌 꾸지람을 안 들을까?

느냐 등의 차이가 발생한다. 청자의 개입으로 인하여 후속 발화가 이어지지 않는 경우는 '-고'가 종결 어미처럼 한 발화 단위를 끝맺는 기능을 수행하게 된다.

'-고'는 대등 접속과 종속 접속의 기능을 모두 수행하는데, [나열]의 의미를 드러내는 경우는 대등 접속의 기능을, [계기], [동시], [동작지속], [수단/방법], [이유/근거]의 의미를 드러내는 경우는 종속 접속의 기능을 수행한다. 이들 의미는 선행 연구에서도 밝혀진 의미로, '-고'의 의미 기능에 이들을 설정하는 데에는 무리가 없어 보인다. 여기서는 이들에 더하여 말뭉치 예문의 분석을 통해 [부연]의 의미를 설정하였다. '-고'가 [부연]의 의미를 드러낼 때에는 대등 접속과 종속 접속의 어느 한쪽으로 분류하기 어려운 특징을 보이는데, 이에 대해서는 후술하도록 하겠다.

(1) 가. 어떤 선은 가늘고 어떤 선은 조금 두껍다. (절 접속, 나열, 문어) 〈소설수필〉
 가'. 어떤 선은 조금 두껍고 어떤 선은 가늘다. (절 접속, 나열, 문어)
 나. 설 전후해서 내린 눈으로 산책로도 눈으로 덮였고, 소나무와 떡갈나무도 눈을 이고 있어서 한겨울의 풍경과 다름이 없다. (절 접속, 나열, 문어) 〈소설수필〉
 나'. 설 전후해서 내린 눈으로 소나무와 떡갈나무도 눈을 이고 있고, 산책로도 눈으로 덮여서 한겨울의 풍경과 다름이 없다. (절 접속, 나열, 문어)

접속 어미 '-고'는 선·후행절의 사태를 평면적으로 나열한다. 윤평현(1994)는 '-고'가 선행 명제와 후행 명제를 무색투명하게 나열하여 두 명제를 평면적으로 단순하게 배열한다고 보았다. 특히 '-고'의 선·후행절 서술어가 [+상태성]의 성격을 가지거나, 서술격 조사의 활용형인 경우 단순 나열의 해석이 두드러진다.

(1가', 나')에서 보듯이 '-고'가 [나열]의 의미를 나타낼 때는 선·후행항의 자리가 바뀌어도 의미가 변하지 않는다. 이것은 선·후행항의 통사적 지위가 대등하기 때문이다.

(2) 가. 어 개성이 없구 그러구, 너무 성격이나 마음이 좀 그렇지만 획일::적인 그런 기분이 들어요. (절 접속, 나열, 구어) 〈사적대화〉

가'. 어 너무 성격이나 마음이 좀 그렇지만 획일::적인 그런 기분이 들고 그러구, 개성이 없어요. (절 접속, 나열, 구어)

나. 아~ 낮에는 자구 밤에 공부해야지 안 되겠다. (절 접속, 나열, 구어) 〈사적대화〉

나'. 아~ 밤에 공부하구 낮에는 자야지 안 되겠다. (절 접속, 나열, 구어)

다. A: 국물 내는 멸치도 다 갖고 오고,
B: 어.
A: 된장 진짜 된장을 사 가지고 와 가지구, (절 접속, 나열, 청자 간섭, 구어) 〈사적대화〉

다'. A: 된장 진짜 된장을 사 가지고 오고,
B: 어.
A: 국물 내는 멸치도 다 갖고 와 가지구, (절 접속, 나열, 청자 간섭, 구어)

라. A: 비프 라자냐 하나 하셨구,
B: 예::.
A: 통감자 샐러드 하나 하셨구, (절 접속, 나열, 청자 간섭, 구어) 〈사적대화〉

라'. A: 통감자 샐러드 하나 하셨구,
B: 예::.
A: 비프 라자냐 하나 하셨구, (절 접속, 나열, 청자 간섭, 구어)

(2)의 예문은 구어에서 '-고'가 [나열]의 의미를 실현하는 경우이다. (2가, 나)는 청자의 간섭이 없는 경우이고, (2다, 라)는 청자의 간섭이 개입된 경우이다. 그러나 청자의 개입 여부와 상관없이 동일 화자의 발화는 '-고'에 의해 접속되어 [나열]의 의미를 드러낸다. 또한 문어에서와 마찬가지로 (2가', 나', 다', 라')처럼 선·후행절의 위치가 바뀌더라도 문장은 성립된다.

'-고'는 대등 접속뿐 아니라 종속 접속의 기능도 수행하며, 종속 접속으로 사용될 때에는 그 의미가 더욱 다양하게 드러난다.

(3) 가. 미술실 문을 닫고 우리는 천천히 어두워 오는 교정을 걸어 나왔다. (계기, 문어) 〈소설수필〉

나. A: 편의점에 딱 들어가서 삼각김밥을 사고 학교루 갈라구,

B: 응.

A: 김밥을 딱 사서 카운터에 딱 내는데 지갑이 없어.

B: 응.

A: 그래서 다시 도로 갖다 놓고 나왔어. (계기, 구어) 〈사적대화〉

다. 자기 의자에 주저앉은 배조교가 얼굴을 가리고 흐느낀다. (동시, 문어) 〈준구어〉

라. 그 소리 하믄서 그냥 계속 집에 가서 깔깔거리구 웃구 그래? (동시, 구어) 〈사적대화〉

마. 처음 만난 우리는 서로 부둥켜안고 형제처럼 함께 울었다. (동작지속, 문어) 〈잡지〉

바. 켄넥에서 나오는 부모두 양복 입구 나오는 사람이 대다수였어. (동작지속, 구어) 〈사적대화〉

사. 우려와는 달리 휠체어를 타고 나오는 S선배의 얼굴 표정이 그렇게 밝을 수가 없다. (수단/방법, 문어) 〈수기전기〉

아. 솔직히 저는 생일 선물 해 주면 그런 걸 해 주고 싶거든요. 그러니까

음~ 남들이 이렇게 자기가 돈 주고 살 수 있는 거 말고. 자기가 돈 주기에는 사기에는 너무 아까운 거 있잖아요. (수단/방법, 구어) 〈사적대화〉

자. 범인은 이곳이 범행을 하기에 위험한 곳이라는 걸 깨닫고 곧 사라질 것이다. (이유/근거, 문어) 〈학술교양〉

차. 애들은 더 많은 걸 요구하면서 들어오구. 왜냐하면 그만큼 애들이 풍족하기 때문에 거기에 대해서 많은 관심을 갖구 많이 알구 있는 데서 더 많은 걸 바라구 들어오는데, 우리가 하는 건 우리는. 진전이 없거든 옛날이랑 똑같다구. (이유/근거, 구어) 〈사적대화〉

(3)의 예문에서 보듯이 '-고'는 [계기], [동시], [동작지속], [수단/방법], [이유/근거]의 의미를 드러내며 선·후행항을 종속적으로 이어 준다.[8] [계기]는 접속된 선·후행항이 시간상 선후 관계를 가지며, [동시]는 접속된 선·후행항이 시간상 동시에 일어나는 것으로 해석되는 경우를 말한다.[9] [동작지속]은 선행항에서 이미 일어난 사태가 후행항의 사건시까지 지속되는 것이며, [수단/방법]은 선행항의 사태가 후행항의 수단이나 방법이 되는 경우이다. [동작지속]과 [수단/방법]의 의미는 동사나 동사구 간의 접속에서만 드러난다는 특징이 있다.

다음으로 '-고'가 [부연]의 의미를 나타내는 경우를 보겠다.

---

8 (3)의 예문들은 '-고'에 의해 접속되는 선·후행항에 시간 관계를 암시하는 특정한 단어가 있다거나 수단/방법 혹은 이유/근거를 나타내는 별도의 어휘가 사용되지 않았음에도 불구하고, 선·후행항 사이의 관계가 [계기], [동시], [수단/방법], [이유/근거]의 의미로 해석된다. 따라서 이러한 의미는 '-고'가 가지고 있는 어휘적 의미로 분석되는 것이 타당하다.

9 윤평현(1994: 11)에서는 시간 관계를 나타내는 '-고'가 동일 주어를 취해야 하는 동일 주어 제약을 갖는다고 하였다. 하지만 '나는 아이들에게 옷을 입히고, 남편은 아이들이 먹을 밥을 준비했다'와 같이 동일 주어가 아니더라도 동시적으로 일어나는 사태를 연결하는 것이 가능하다.

(4) 가. 버지니아의 원고는 출판되기 전에 완전한가의 여부에 대한 레오나드의 검토가 반드시 따랐고, 그것은 상당히 정확한 것이었다. (절 접속, 부연, 문어) 〈소설수필〉

가'. 버지니아의 원고는 출판되기 전에 완전한가의 여부에 대한 레오나드의 검토가 반드시 따랐고, 부연하자면 그것은 상당히 정확한 것이었다. (절 접속, 부연, 문어)

나. 활자 문화 속에서 자라난 구세기적인 인간은 고립적인 개인주의에 그 특징이 있지만 전파 시대에서 생활하는 현대인은 높은 참여성이 있다고 맥루한은 주장하고, 전화야말로 현대인에게 그러한 성격을 부여한 챔피언이라는 이야기다. (절 접속, 부연, 문어) 〈소설수필〉

나'. 활자 문화 속에서 자라난 구세기적인 인간은 고립적인 개인주의에 그 특징이 있지만 전파 시대에서 생활하는 현대인은 높은 참여성이 있다고 맥루한은 주장하고, 부연하자면 전화야말로 현대인에게 그러한 성격을 부여한 챔피언이라는 이야기다. (절 접속, 부연, 문어)

다. 투수란 감정이 섬세한 포지션이고, 이 섬세한 감정의 변화가 곧 투구내용으로 이어질 가능성이 높다. (절 접속, 부연, 문어) 〈신문〉

다'. 투수란 감정이 섬세한 포지션이고, 부연하자면 이 섬세한 감정의 변화가 곧 투구내용으로 이어질 가능성이 높다. (절 접속, 부연, 문어)

라. 기껏해야 뭐~ 영화 보고 밥 먹고, 그건 어쩔 수 없이 해야 되니까. (절 접속, 부연, 구어) 〈사적대화〉

라'. 기껏해야 뭐~ 영화 보고 밥 먹고, 부연하자면 그건 어쩔 수 없이 해야 되니까. (절 접속, 부연, 구어)

마. 그렇다고 그게 그거 가지고 크게 해 가지고 막 이렇게 막 이렇게 미움이 막 정말 아~ 그러니까 막 일어나구 그런 경우는 아니구요 단순히 그냥, 단순히 단순한 감정들이죠. (절 접속, 부연, 구어) 〈사적대화〉

마'. 그렇다고 그게 그거 가지고 크게 해 가지고 막 이렇게 막 이렇게 미움이 막 정말 아~ 그러니까 막 일어나구, 부연하자면 그런 경우는 아니구요 단순히 그냥, 단순히 단순한 감정들이죠. (절 접속, 부연, 구어)

(4)의 예문들은 문어와 구어에서 '-고'에 의한 절 접속이 [부연]의 의미를 나타내는 경우이다. [부연]이란 선행하는 절의 의미를 후행하는 절이 덧붙여 보충적으로 설명하는 것이다. 위의 예들은 [나열], [계기], [동시], [동작지속], [수단/방법], [이유/근거]의 어느 범주에도 속하지 않는다. 넓게 보아 위의 문장들이 [나열]의 범주에 속한다고 볼 수도 있으나, 일반적으로 '-고'에 의한 [나열]은 대등 접속의 기능을 수행하는 것으로 설명된다. 하지만 (4)의 예들은 선·후행절의 관계가 대등적이지 않으며, 서로 대치하는 것이 불가능하다. 또 (4가', 나', 다', 라', 마')과 같이 후행절의 첫머리에 '부연하자면'을 첨가하여도 문장이 성립한다. 따라서 여기서는 '-고'에 [부연]의 의미를 설정하고자 한다.

[부연]의 일반적인 특징으로는 후행하는 절에 선행하는 절의 전부 혹은 일부를 받는 대용어나 선행절의 내용과 관련된 단어가 후행절에 나타난다는 점이다. (4가)의 '그것'은 선행하는 절 전부를, (4다)의 '이 섬세한 감정의 변화'는 선행절의 '감정이 섬세한 포지션'이라는 서술을 받아 이어나가고 있다. (4나)에서는 명확한 대용어가 사용되지는 않았으나, 후행절의 '전화'가 선행 문장에 언급된 '전파 시대'의 특징을 나타내는 대표적인 기기로 제시되었다. 구어 예문인 (4라, 마)에서도 '그건, 그런' 등 선행절을 대용하는 어휘가 사용되었다.

그렇다면 [부연]의 의미는 종속 접속의 한 부류인가? [계기], [동시], [동작지속], [수단/방법], [이유/근거]의 의미 기능에서는 후행절이 주가 되며 선행절이 후행절에 대해 어떠한 의미 관계를 보이느냐에 따라 명칭이 부여되었다. 그러나 [부연]은 이들과 달리 선행절이 주가 되고, 후행절이 선행절의 의미를 보충하는 역할을 한다. 그렇다면 일반적인 종속 접속과는 의미 구조가 다르므로 종속 접속이라고 단언하기도 어려운 것이다. 이은경(2000: 138)에서는 대등과 종속이 명확하게 이분되는 것이 아니라 정도성을 가지는 것으로 보았다. 유현경(2002: 340)에서도 대등 접속과 종속 접속이 구조적인 차이가 아니라 문맥적 의미의 차이로 구분될 수 있다고 하였는데, 이러한 논의를 받아들인다면 [부연]의 의미는 종속 접속에 가깝지만 선행절이 주가 되고 후행절이 부가 되는 형식이라고 할 수 있다.[10]

2.2. 접속 부사 '그리고'의 의미 기능

접속 부사 '그리고'의 의미에 대한 논의는 접속 어미의 논의에 비하면 그 수가 현저히 적은데, 이것은 '그리고'가 이미 많은 논의가 있어 왔던 '-고'와 유사한 의미를 가졌을 것이라는 생각과 '그리고'가 문장 이상의 텍스트 단위를 이어 주는 기능을 가졌으므로 다양한 텍스트 속에서의 '그리고'의 의미를 파악하기가 어렵다는 것이 원인일 것이다(차윤정 2002: 50).[11]

'그리고'의 의미 분석을 시도한 논의는 김미선(1998ㄴ)과 차윤정(2002), 장기열(2003) 등이 있다. 김미선(1998ㄴ)은 '그리고'의 의미가 접속 어미의 의미에서 파생되었다고 보았으며, 그 의미를 기본 의미와 문맥 의미로

10 김영희(1988)에서는 대등 접속문이 가지는 고유한 통사적 특징으로 선·후행절 자리 바꾸기, 접속사 되풀이, 내포 접속문 구성이 가능하며, 선행절 옮기기, 재귀 대명사화, 후행절 주제어 주제화가 불가능하다는 것을 들었다. 이 장에서의 예문들이 말뭉치에서 가져온 예문들이므로 선·후행절의 주어나 목적어 등이 일치하지 않아 이와 같은 기제들을 모두 검토해 보기는 어려우나, 김영희(1988: 98-99)에서 '독립성'으로 보아서는 같은 유형에 속하지만, '대칭성'으로 보아서는 차이가 나는 종속 접속문과 등위접속문을 가르는 것이 타당하다고 언급한바 [부연]의 예문들은 통사적으로는 두 절이 독립적인 형태를 취하고 있으나 의미적으로는 의존적인 유형으로 보아야 한다.

11 비단 '그리고'뿐 아니라 많은 접속 부사들이 형태상 접속 어미를 포함하고 있으므로, 접속 어미와 의미적 연관성이 긴밀할 수밖에 없다. 그러나 언어는 시간이 지날수록 의미가 분화되기도 하고 융합되기도 하며 변화되는 모습을 보인다. 따라서 접속 부사와 접속 어미가 형태적으로 연관성이 있고 기원적으로 동일한 의미를 가졌다고 하여 접속 부사의 의미를 독립적으로 분석하는 것이 불필요하다고 할 수는 없다.

나누어 제시했다. 기본 의미는 '나열', '계기', '동시'가,[12] 문맥 의미는 '대립', '양보', '전환'이[13] 있는데 문맥 의미는 '그리고' 자체의 의미라기보다는 문맥의 의미 관계에 따라 파악된 것을 말한다(김미선 1998ㄴ: 44). 차윤정(2002)는 '그리고'가 단락이나 월 같은 텍스트 단위들뿐 아니라 마디, 낱말 같은 통사 단위에 이르기까지 다양한 단위들을 이어 주는 기능을 하지만, 그중에서도 두 월을 이어주는 기능이 가장 활발하다고 하였다. '그리고'의 의미로는 '공간 나열', '계기 나열'을 제시하였고, '계기 나열'의 경우 대립 관계나 인과 관계를 드러내는 문장들의 나열도 포함하는 것으로 보았다.[14] 장기열(2003)은 국어 접속 부사를 아울러 살펴보며 '그리고'의 의미를 '나열', '계기', '대립', '동시진행', '선택'으로 설정했다.[15]

---

12 김미선(1998ㄴ: 42)에서 '나열'은 대등 접속 관계로, '계기', '동시'는 종속 접속 관계로 연결되는 것으로 보았다.

13 김미선(1998ㄴ)에서의 '전환'은 전술한 내용을 그대로 이어받지 않고 새로운 내용으로 화제를 바꾸는 것을 말하는데, 이것은 '그리고'의 담화적 기능에서 기인한 것이라 하겠다. 이러한 기능은 구어에서 빈번하게 나타나는데, 구어에서는 '그리고'가 하나의 화제에 대한 내용을 여러 화자가 말을 주고받으며 '나열'할 때에도 사용된다.

14 차윤정(2002)에서도 김미선(1998ㄴ)과 마찬가지로 대립 관계의 접속은 '그리고'가 가지는 기본 의미가 아니라 '공간 나열'에서 확장된 의미로 보았다. '인과' 또한 '공간 나열'에서 확장된 의미로 분석했다.

15 장기열(2003)의 의미 분석에서 특징적인 것은 '선택'의 의미를 설정했다는 것인데, 이에 대한 예는 아래와 같은 것이 있다.

ㄱ. 철수에게는 양복도 어울린다. <u>그리고</u> 한복도 어울린다.
→ 철수는 양복이거나 한복이거나 다 어울린다.

ㄴ. 사람은 남자 <u>그리고</u> 여자 중 어느 하나이다. (이상 장기열 2003: 182)

그러나 (ㄱ)에서 '그리고'가 '-거나 -거나'로 대치된다고 하여 '그리고'의 기본 의미에 '선택'을 설정하는 것은 무리가 있다고 본다. 오히려 원래의 문장이 '철수는 양복이거나 한복이거나 다 어울린다.'로 대치된다는 것은 부사어 '다'를 통해서도 알 수 있듯이 양복과 한복이 '철수에게 어울리는' 하나의 대상으로 통합되어 있기 때문이다. 따라서 이때의 '그리고'는 '나열'을 통하여 둘을 접속시켜 주는 기능을 하는 것으로 보아야 할 듯하다. 또한 (ㄴ)의 예에서도 서술어가 '어느 하나이다'인데, '선택'의 의미는 서술어에 의해서 발생하는 의미로 보아야 한다.

사전에서는 '그리고'의 의미를 각기 다른 방식으로 설명하고 있다. 『표준』에서는 '그리고'를 '단어, 구, 절, 문장 따위를 병렬적으로 연결할 때 쓰는 접속 부사'로 설명한다.[16] 반면 『연세』에서는 '그리고'를 다른 부사어로 치환하여 의미를 제시하는데, 이에는 '또한/이에 더하여 말하자면,[17] 그 다음에/그 후에, 또'의 세 가지가 있다.[18] 『고려』에서는 '그리고'의 기본 의미를 '앞뒤 내용을 나란히 연결할 때 쓰여 앞뒤 문장을 이어 주는 말'이라고 설명하며, 그밖에 '셋 이상의 어구가 나열될 때 그중 마지막 어구의 앞에 쓰여 이어 주는 말, 시간적인 순서로 일어난 두 내용을 연결할 때

---

16 『표준』의 '그리고'에 대한 기술은 다음과 같다.
단어, 구, 절, 문장 따위를 병렬적으로 연결할 때 쓰는 접속 부사. (예) 너 그리고 나. / 초등학교, 중학교, 고등학교 그리고 대학교. / 그는 자리에서 일어났다. 그리고 창문을 열었다.

17 여기서 '그리고'의 풀이말에 '또한/이에 더하여 말하자면'을 선택한 것이 [부연]의 의미를 설명하는 것처럼 보일 수 있으나, 각주18의 사전 기술을 보면 이것이 [나열]의 의미를 설명하고 있음을 알 수 있다. [나열]의 의미를 풀이하며 '또한/이에 더하여 말하자면'의 풀이말을 사용한 것은 부사를 부사어로 풀이한다는 『연세』의 대원칙에 따라 취해진 결과인 것으로 보인다.

18 『연세』의 '그리고'에 대한 기술은 다음과 같다.
Ⅰ-(1) [앞에서 말한 것과 뒤에서 말하는 것을 단순히 나열하며] 또한. 이에 더하여 말하자면. (예) 전 술 못해요. 그리고 너무 늦었어요. / 정직하게 살아라. 그리고 열심히 노력해. 그러면 반드시 성공할 거야. / 얼마나 많이 회의했던가? 그리고 얼마나 많이 그 구원을 찾아 헤맸던가?
Ⅰ-(2) [시간상 앞의 행동이나 사건에 뒤따름을 나타내어] 그 다음에. 그 후에.
※참고 : 시간을 나타내는 말이 자주 함께 쓰임. (예) 그 날 밤 우리 전 가족은 이야기를 주고받으면서 지냈다. 그리고 나는 이튿날 고향으로 돌아와서 군에 입대했다. / 빨리 좀 끝내라. 그리고 이것도 마저 해! / 세 사람은 죽은 시체를 마당으로 끌어냈다. 그리고 집 밖으로 나갔다.
Ⅱ-(1) [대등한 내용을 세 가지 이상 나열할 때 마지막 말 앞에 써서] 또. (예) 그는 오늘 오전 환자복 차림에 검정색 모자, 그리고 흰 장갑을 착용한 채 휠체어를 타고 나타났다. / 돌은 한탄강과 낙동강 상류로 쏟아지는 산간의 지류, 그리고 남한강에서 나온다. / 미국 공군은 어둠과 영하 87도의 추위, 그리고 눈보라 속에서 의약품 공수 작전에 성공하여 남극에서 일하던 여성 암 환자를 구했다.

쓰여 앞뒤 문장을 이어 주는 말'의 두 가지 용법을 추가적으로 보였다.[19]

기존의 논의를 분석해 보면 '그리고'에 '나열'과 '계기'의 의미가 있는 것은 확실해 보인다. 그렇다면 연구자들마다 설정에 차이가 있는 '동시', '대립', '인과' 등의 의미를 '그리고'의 기본 의미로 설정할 수 있을 것인가가 문제가 된다. 또한 이 의미들로 '그리고'가 가지는 의미 기능이 충분히 설명되는가도 검토해 볼 필요가 있다.

이 절에서는 '그리고'의 의미를 [나열], [계기], [동시], [이유/근거], [부연]으로 설정하고자 한다.[20] '그리고'의 이러한 의미는 '-고'와 마찬가지로 문어와 구어에서 동일하게 드러나는 의미이다. [나열], [계기], [동시], [이유/근거]의 의미는 선행 연구에서도 논의가 있어 왔던 것이며 접속 어미 '-고'와의 의미적 연관성을 생각하면 분석해 낼 수 있는 의미이

---

19 『고려』의 '그리고'에 대한 기술은 다음과 같다.

(1) (기본의미) 앞뒤 내용을 나란히 연결할 때 쓰여 앞뒤 문장을 이어 주는 말.
(예) 경미는 매일 그리고 매주 단위로 해야 할 일들을 수첩에 적어 나갔다. / 지민이네 학원에서는 아이들이 할 수 있는 범위 내에서 그리고 아이들의 부모가 허락하는 한도 내에서 야외 교육을 실시한다고 한다.

(2) 셋 이상의 어구가 나열될 때 그중 마지막 어구의 앞에 쓰여 이어 주는 말.
(예) 내가 선택한 색은 빨강, 검정 그리고 회색이었다. / 대성이는 두 벌의 바지와 회색 정장 한 벌, 세 벌의 파란 상의, 신발 한 켤레 그리고 두세 켤레의 양말들을 챙겼다.

(3) 시간적인 순서로 일어난 두 내용을 연결할 때 쓰여 앞뒤 문장을 이어 주는 말.
(예) 형은 숙제를 끝냈다. 그리고 방 청소를 시작했다. / 영배는 설거지를 마쳤다. 그리고 옥상에 올라가 빨래를 걷기 시작했다.

20 '그리고'가 드러내는 [나열], [계기]의 의미는 이견 없이 받아들여지는 듯하다. 그러나 [동시], [이유/근거]의 의미가 기본 의미로 설정되는 것이 타당한가에 대해서는 선행 연구를 분석한 것에서도 알 수 있듯이 논란이 있을 수 있다. 그럼에도 불구하고 [동시], [이유/근거]의 의미를 설정한 이유는 (5사, 아, 자)의 예문에서 선·후행문의 서술어 간 관계를 따져 보았을 때, '그리고'에 [동시]나 [인과]의 의미를 설정하지 않고는 문맥에 따른 어떠한 의미 관계를 분석해 낼 수 없기 때문이다. 따라서 여기서는 '그리고'의 기본 의미에 [동시]와 [이유/근거]를 설정하였다.

나, 여기에서는 말뭉치 예문을 중심으로 분석한 [부연]의 의미를 추가하고자 한다.

(5) 가. 오늘의 TV와 라디오 그리고 신문은 주체성을 잃고 대중문화의 상업성만을 향해 채찍질을 한다. (단어 접속, 나열, 문어) 〈소설수필〉
나. 광고는 해프닝적이라는 면에서도 현대의 그리고 미래의 인간들 성격에 부합된다. (구 접속, 나열, 문어) 〈소설수필〉
다. 이제 우리 모두가 이 승리를 마음껏 즐기고 자축하자. 그리고 내친김에 다시 한번 불가능에 도전해 기적을 이뤄보자. (문장 접속, 나열, 문어) 〈신문〉
라. 주춤한 이유 중에 하나가 그거야. 갔다와서 그 사람이 지금 상태루 취업이 된다는 보장이 없구, 억대 연봉을 받는다는 보장이 없는 거야. 그리구 기업들두, 그 동포들 현지:: 현지인들이나 아님 현지에서 학교를 다니구 나서 엠비에이 딴 사람들 우대를 해 주지. (문장 접속, 나열, 구어) 〈사적대화〉
마. 그녀는 이 편지를 거실의 벽난로 위에 놓고 집을 빠져나갔다. 그리고 지팡이를 짚고는 풀이 돋아나는 강변을 따라 걸었다. (문장 접속, 계기, 문어) 〈소설수필〉
바. 오늘 하루 종일 회사에 있었어. 그리고 집에 왔어. (문장 접속, 계기, 구어) 〈사적대화〉
사. 그 순간 나는 조건반사처럼 입 안에 손가락을 구부려 넣고 휘익, 휘이익 휘파람을 불어댔다. 그리고 역시 조건반사처럼 바다 저쪽의 산모퉁이로 전설의 선녀를 닮은 그 소녀를 유인해냈다. (문장 접속, 동시, 문어) 〈소설수필〉
아. 물론 이들은 "대가성 없이 받은 돈"이라고 주장하지만, 서민들은 엄청난 액수의 공돈을 받은 것 자체에 격분하고 있다. 그리고 이런 민심은 6.13 지방선거에서 그대로 표출됐다. (문장 접속, 이유/근거, 문어) 〈신문〉

자. 우선 이슬람이라는 종교를 이해하지 않으면 안 됩니다. 어떤 종교를 위해서 그 신념에 있어 에~ 성전이라는 이름에서 신을 위해서 싸우고서, 자기 목숨을 바쳐서 더 큰 일을 한다고 하는, 또 팔레스타인 그~ 테러 전사자들만 봐도 조국과 민족을 위해서 자기 생명을 바쳤다. 그리고 영웅의 팻말에 붙어 가는 겁니다. (문장 접속, 이유/근거, 구어) 〈공적대화〉

'그리고'는 단어부터 구, 절, 문장, 문단까지 다양한 단위들을 접속한다. 그런데 단어나 구 단위의 접속에서는 대등적인 [나열]의 의미만을 나타낸다는 특징이 있다. [계기], [동시], [이유/근거], [부연]의 의미는 절 이상의 단위를 접속할 때 드러난다.[21] '그리고'는 문장 부사라는 통사 범주의 특성상 하나의 화제에 해당하는 여러 사태를 나열하여 접속하는데, (4다)에서 보듯이 선·후행 문장의 서법은 대칭의 형태를 보이는 것이 일반적이다.[22]

구어에서 '그리고'가 나타내는 [나열]은 문어보다 다양한 양상을 보인

21 (5마, 사, 아)의 예문을 절 접속의 예문으로 바꾸어 보아도 의미 변화 없이 적법한 문장이 된다.

(5) 마'. 그녀는 이 편지를 거실의 벽난로 위에 놓고 집을 빠져나갔고, 그리고 지팡이를 짚고는 풀이 돋아나는 강변을 따라 걸었다. (절 접속, 계기)

사'. 그 순간 나는 조건반사처럼 입 안에 손가락을 구부려 넣고 휘익, 휘이익 휘파람을 불어댔고, 그리고 역시 조건반사처럼 바다 저쪽의 산모퉁이로 전설의 선녀를 닮은 그 소녀를 유인해냈다. (절 접속, 동시)

아'. 나는 한 달 동안의 단조로운 병원생활에서 삭막한 현대문명의 단면을 쉽게 볼 수 있었고, 그리고 스스로 한탄하기 시작했다. (절 접속, 인과)

22 이 밖에도 말뭉치에서는 아래와 같은 예문들이 발견된다.

ㄱ. 비야, 어서 오너라. 그리고 너의 부드러운 감촉으로 이 대지를 적시거라.

ㄴ. 왜 나에게 이 엄청난 일이 일어났는가? 그리고 나는 왜 차라리 죽지 않고 이렇게 살아서 고통을 받는 살아있는 송장 노릇을 해야 하는가.

이처럼 '그리고'가 단순 [나열]의 의미 기능을 수행할 때 '그리고'의 선·후행 문장이 동일한 서법의 형태를 보이는 경우가 있다.

다. 구어는 여러 화자가 돌아가며 발화를 하게 되므로 한 발화가 끝나기 전에도 다른 화자의 발화가 시작될 수 있고, 화자가 교체되며 동일한 화제의 발화를 이어 말할 수도 있다.

(6) 가. A: 근데 막 어려운 것은 없어. 계속 하는 일이, 계속 앉아 있기만 하니까.
B: 응.
A: 그리구 딴 것두 하구 막~ 인터넷 신문, 원래, 이렇게 눈치 보면서 봤지. (나열, 청자 간섭, 구어) 〈사적대화〉
나. A: 숙제도 너무 많고 막~ 이러니까
B: 죽더라 애들 진짜
A: 어 어 어. 그러니까 못 하겠어.
B: 그리구 되게 수업 자체가
A: 응.
B: 스트레스 많이 받는다고.
A: 맞어 맞어 맞어. (나열, 청자 반응, 구어) 〈사적대화〉

(6)은 동일한 화제가 '그리고'에 의해 나열되며 발화되는데, 도중에 청자의 반응이 개입하거나 화자가 바뀌는 경우이다. (6가)에서는 화자의 발화 도중 청자가 이야기를 듣고 있음을 알리기 위해 반응을 하고, 화자가 다시 '그리고'에 의해 이전 발화를 이어간다. (6나)는 동일한 화제가 '그리고'로 접속되며 이어지기는 하지만, '그리고'를 전후하여 화자가 교체되는 양상을 보인다. 구어는 여러 사람의 발화가 불규칙하게 이어지기 때문에 '그리고'가 [나열]의 의미를 드러내는 양상이 문어와 다르게 나타난다.

[나열]의 의미는 '그리고'가 문장을 넘어 문단을 이어 줄 때에도 드러난다. '그리고'는 문단과 문단을 접속함으로써 각 문단의 화제를 연결하

는 기능을 수행하기도 한다.

(7) 가. 그때 내 방 건너편에 할아버지와 어린 계집애가 기거하는, 내 방과 별다를 바 없는 누추함의 세계가 있었다. 그 계집애는 늘 신경질을 부렸고 할아버지에게 말대꾸하는 싹수가 노란 애였다. 결국 그 방의 문짝이 부서지는 불상사가 벌어지고 할아버지의 탄식은 내 귀에 미쳤다. 다음 날 할아버지는 불탄 절에서 나온 거라면서 시커먼 문짝을 아퀴지어 억지로 맞추었다.

그 문짝이 솟을꽃살문이라는 것은 몇 년이 훨씬 지나고야 알았다. 솟을꽃살문은 전체가 하나의 조각이다. 그것은 궁궐의 정전이나 대웅전의 법당에나 쓰이는 귀한 것이다.

대문 바로 옆의 화장실을 다니러 가다가 그 방에서 흘러나오는 솟을꽃살문 무늬는 내 걸음을 오래 멈추게 했다. 아마 내 걸음을 멈추게 한 것은 할아버지와 그 계집애의 애옥살이와 신문지와 백열등을 배경으로 한 그 솟을꽃살문 무늬의 평화로움의 비교로 인한 충돌이었을 것이다.

<u>그리고</u> 나는 솟을꽃살문 무늬를 잊었다. 아니 그게 꼭 솟을꽃살문 무늬인지조차 확신이 없다. 내 기억은 따뜻한 꽃에 있다. 그리고 다시 단칸방으로 돌아오고 내 방은 없어졌다. 누군가 세계를 향하는 문을 모두 잠가버렸다. … 〈소설수필〉

나. 지난 해 7차례의 체급별 대회에서 무려 4차례나 한라장사에 등극하는 등 프로 경력 2년 동안 통산 6차례나 정상을 차지했건만 도무지 실속이 없다는 느낌이 ○○○의 겨울을 우울하게 만든다. 프로의 능력을 재는 바로미터라는 연봉 때문이다.

○○○은 지난해 12월부터 청구 씨름단 측과 4차례에 걸쳐 연봉 조정을 위한 협상을 벌였다. 그의 94년 연봉은 3천1백만원. 1차 협상 때 단 측이 제시한 연봉액은 3천6백만원. 그는 5백만원을 올려주겠다는 데서부터 기운이 빠지기 시작했다.

그리고 다시 한달여 동안 세 차례의 협상을 거듭한 끝에 최근 단측에서 나온 새 조정액은 4천만원. ○○○은 입을 다물고 말았다. 2개월여에 걸쳐 협상 테이블에 나가 '씨름'한 결과가 자존심을 세워주기에는 턱없이 모자라기 때문이다. 〈신문〉

(7)의 예문을 보면 '그리고'가 문단과 문단을 접속시키는 기능을 한다. 이것은 [나열]의 일종이라고 할 수 있다. 그러나 문단 간 연결에서의 [나열]은 절이나 문장 접속의 [나열]과는 그 층위가 다르다. 절이나 문장 접속의 [나열]이 사태 간 나열이라고 한다면 문단 접속의 [나열]은 결속 단위가 텍스트로 확장됨으로써 담화 층위에서 실현되는 것이다. 그러므로 절, 문장 접속의 [나열]과 문단 접속의 [나열]은 구분될 필요가 있다. 이들의 가장 큰 차이로는 절이나 문장 접속의 [나열]이 선·후행항의 순서 바꾸기를 허락한다면, 문단 접속의 [나열]은 선·후행항의 순서 바꾸기가 불가능하다는 것이다. '그리고'가 문단을 접속할 때, 이것이 문장 이하 단위의 접속에서 '그리고'가 나타낼 수 있는 의미인 [계기], [동시], [이유/근거], [부연]의 의미를 나타내는 것과 다르게 단순히 [나열]의 기능만을 가진다는 것, 문단과 문단의 연결을 담화 층위에서 실현시킴으로써 문단의 흐름을 매끄럽게 하는 역할을 한다는 것이 문장 접속의 '그리고'와 다른 점이다.

'그리고'가 절 접속에 사용될 경우에는 접속 어미와 공기하여 나타나게 된다.

(8) 가. 학교에서 어쩌다 우리 말이 튀어나오면, 그리고 담임 선생이 그 사실을 알면 그 학생은 교무실로 끌려가 벌을 서야 했습니다. (절 접속, 계기, 문어) 〈잡지〉

나. 그분만큼은 나오는 음식의 이름은 물론, '클로부조'의 연도까지 맞히

며 이모의 요리가 얼마나 대단한지, 그리고 얼마나 거창한 준비가 필요한지를 입이 닳도록 말씀하셨지요. (절 접속, 나열, 문어) 〈잡지〉

다. 인간의 먼 조상들이 동굴 옆에 모여 밤의 공포와 추위를 몰아내기 위해서, 그리고 사냥해 온 멧돼지를 구워 먹기 위해서 생나무를 태우던 그 불빛과 별로 다를 것이 없다. (절 접속, 나열, 문어) 〈소설수필〉

예문 (8)에서 볼 수 있듯이 '그리고'는 '-면, -ㄴ지, -아서' 등 다양한 접속 어미의 뒤에 나타나 절 접속의 기능을 수행한다. 이때 접속 부사의 선·후행절은 동일한 접속 어미를 취함으로써 절이 형식적으로 대칭을 이루는 경향이 있다. 이것은 접속 부사에 의한 문장 접속에서 선·후행 문장의 서법이 대칭적으로 나타나는 것과 유사하다. '그리고'가 절 접속의 기능을 수행할 때 '-고'와 공기하면 단순 [나열] 이외에 [동시]나 [계기]의 의미를 나타내는 것이 가능하다.[23] 그러나 다른 접속 어미와 공기할 경우에는 단순 [나열]의 기능만을 가진다.

이 절에서 새롭게 제시하고자 하는 '그리고'의 의미는 [부연]이다. 앞서 '-고'의 논의에서도 설명했듯이 '그리고'가 나타내는 [부연]이란 선행하는 절 혹은 문장의 의미를 후행하는 절이나 문장이 덧붙여 보충적으로 설명하는 것이다.[24] 논의의 편의를 위하여 예문 (4)를 수정한 (4')을 아래

23 이것은 '-고'와 '그리고'가 모두 [동시], [계기]의 의미를 나타낼 수 있기 때문이다. 그러나 '그리고'가 다른 접속 어미와 공기하게 되면 해당 접속 어미가 가지는 의미로 인하여 '그리고' 자체는 [나열]의 의미만 실현할 수 있다.

24 [부연]의 의미는 접속 부사가 담화 표지로 기능할 때 어떠한 의미를 드러내는가에 대한 연구들에서 제시된 바가 있다(차윤정 2000, 심란희 2019 등). 차윤정(2000: 5-6)은 '그러니까, 그런데' 등이 부연적 전개를 나타내는 표지로 사용된다고 설명하고, 이러한 표지는 후행하는 텍스트에서 선행하는 텍스트의 내용에 대한 부연 설명을 한다는 것을 미리 보여주는 기능을 하는 것으로 보았다. 부연적 전개 표지의 사용은 필수적이 아니며, 이를 사용할 때는 말할이가 들을이에게 자신의 목적을 올바로 이해하는 데 도움을 주고자 하는 협력의 원리가 작용한 것이라고,보았다. 심란희(2019)는 '그러니까, 이제'

에 보인다.

(4′) 가. 버지니아의 원고는 출판되기 전에 완전한가의 여부에 대한 레오나드의 검토가 반드시 따랐다. <u>그리고</u> 그것은 상당히 정확한 것이었다. (문장 접속, 부연) 〈소설수필〉

가′. 버지니아의 원고는 출판되기 전에 완전한가의 여부에 대한 레오나드의 검토가 반드시 따랐다. <u>부연하자면</u> 그것은 상당히 정확한 것이었다.

나. 활자 문화 속에서 자라난 구세기적인 인간은 고립적인 개인주의에 그 특징이 있지만 전파 시대에서 생활하는 현대인은 높은 참여성이 있다고 맥루한은 주장한다. <u>그리고</u> 전화야말로 현대인에게 그러한 성격을 부여한 챔피언이라는 이야기다. (문장 접속, 부연) 〈소설수필〉

나′. 활자 문화 속에서 자라난 구세기적인 인간은 고립적인 개인주의에 그 특징이 있지만 전파 시대에서 생활하는 현대인은 높은 참여성이 있다고 맥루한은 주장한다. <u>부연하자면</u> 전화야말로 현대인에게 그러한 성격을 부여한 챔피언이라는 이야기다. (문장 접속, 부연)

다. 투수란 감정이 섬세한 포지션이다. <u>그리고</u> 이 섬세한 감정의 변화가 곧 투구내용으로 이어질 가능성이 높다. (문장 접속, 부연) 〈신문〉

다′. 투수란 감정이 섬세한 포지션이다. <u>부연하자면</u> 이 섬세한 감정의 변화가 곧 투구내용으로 이어질 가능성이 높다. (문장 접속, 부연)

(4′)의 예문들은 기존에 '그리고'의 의미로 제시되었던 [계기], [동시],

를 화제를 미시적으로 결속하며 부연 설명의 기능을 가지는 담화 표지로 분류했다. 앞의 연구들 모두 [부연]의 의미를 가지는 접속 부사 목록에 '그리고'를 포함시키지 않았는데, 아마도 (4′)과 같은 예들을 '그리고'가 가지고 있는 주된 의미 중 하나인 [나열]에 속하는 것으로 보았기 때문이 아닌가 한다. 그러나 다른 접속 부사들에 [부연]의 의미 표지를 부여한다면, '그리고'에 부여하지 못할 이유가 없고 흔히 전형적인 [나열]이라고 생각하는 범주와는 [부연]이 차이를 보이는바, [부연]의 의미를 설정하였다.

[이유/근거]에 부합하지 않는 것들이다. [계기]나 [동시]의 의미를 드러내려면 선·후행항의 사건시가 시간적인 연관을 보여야 하는데 그러한 모습을 보이지도 않는다. 그렇다고 이들을 원인과 결과의 의미 관계를 가지는 [이유/근거]의 범주에 넣기에도 부적절하다. 마지막으로 남은 것은 [나열]인데, 이 예문들은 선·후행 문장이 담고 있는 정보의 깊이에서 차이가 있다. '그리고'에 의한 [나열]은 흔히 하나의 화제에 해당하는 여러 사태의 나열을 말하는데, 앞에서 언급했듯이 선·후행항의 서법이 대칭적인 형태를 보이거나 담고 있는 정보량이 비슷하다. 그러나 (4′)의 예들은 모두 후행하는 문장이 선행하는 문장을 이어받아 보충적으로 설명해 주고 있다. 따라서 '그리고'에도 '-고'와 마찬가지로 [부연]의 의미를 설정한다. 이것은 (4′가', 나', 다')에서와 같이 접속 부사 '그리고'를 '부연하자면'으로 대치해 보아도 문장이 성립하는 것을 통해서도 뒷받침된다.

그런데 '그리고'는 접속 부사의 특성상 담화 층위에서 담화 표지로 기능하는 경우가 있다. 하영우(2015)에서는 접속 부사가 문어보다 구어에서 자주 쓰인다고 하였는데, 이것이 발화 단위가 짧고, 접속 부사의 기능도 다층화되어 있기 때문이라고 보았다. 김미선(2008: 118)에서도 구어에서 접속 부사의 사용 빈도가 높음을 언급하며 이들이 담화 표지로 쓰임을 분석했다. 그런데 접속 부사로 쓰이든 담화 표지로 쓰이든 기본적으로 문맥 연결의 기능을 가지고 있기 때문에 이들이 본래의 의미 기능을 완전히 상실한 담화 표지는 아니지만, 구어에서만 실현되고 문어에서는 실현되지 않는 의미 기능을 가지고 있어 이런 경우 '담화 표지 기능'을 수행한다고 볼 수밖에 없다고 하였다.

앞서 문어에서 '그리고'가 화제 간 나열을 통하여 문단 단위를 접속시켜 주는 기능이 있음을 보았는데, 구어에서는 화제와 화제를 접속시키며 새로운 담화를 도입하기도 한다.

(9) 가. A: 오늘 하루 뭐~ 뭐야.
B: 아~ 그리고 이번에 또 방학 때 전공 그걸 들었거든. (도입, 구어) 〈사적대화〉
나. A: 우리두 개울이라 부르기엔 좀 뭐하니까.
B: 그리고 막~ 뭐가 있었다고 그랬지? 그리고 저 광복관 쪽에도 원래 벚꽃 나무가 되게 이쁜 데가 있었대.
A: 어. (도입, 구어) 〈사적대화〉
다. A: 저희 이십대가 조금, 너무 이성적이지도 않으면서 현실적이지 않잖아요.
B: 음.
A: 약간 이상적인 그 측면이 있잖아요.
C: 아 그리고 제가, 한 가지 참고로 말씀드린, 여기 한번 애드벌타이징 그 싸이트 있잖아요. (도입, 구어) 〈공적대화〉

(9)의 예들을 보면 '그리고'가 문두에 위치하여 새로운 화제를 도입하고 있다. 이것은 문어의 화제 간 나열과 마찬가지로 큰 틀에서 보면 [나열]의 일종이라고 볼 수 있겠으나, 화자가 교체되며 이전 발화의 화제에 이어 새로운 화제를 연결시킨다는 점에서 일반적인 [나열]과는 구분이 필요하다. 이는 '그리고'가 담당하는 담화적 기능으로 볼 수 있으며, 단순한 문장 접속의 [나열]과는 층위가 다르므로 [나열]의 표지를 붙이지 않고 '도입'으로 구분하였다.

이 밖에도 '그리고'의 담화적 기능은 다양하게 드러난다. 담화적 기능은 '그리고'가 본래 가지는 접속의 기능과 더불어 나타나는데, 앞서 논의했던 '그리고'의 [나열], [계기], [이유/근거], [동시], [부연]의 의미들과는 층위가 다르다. '그리고'가 담화 표지로 사용될 때 결속되는 단위는 '화제/화제', '화자/화제', '화자/청자'로 구분할 수 있으며, 이들을 결속하는 동시에 '강조하여 표현하기, 부연 설명하기, 부정적 태도 표현하기, 인지 상태 알리기, 후속 발화 요구하기' 등의 기능을 수행한다.

(10) 가. 그러니까 걔는 초코렛 먹고 자도 안 찐대. 그리구 초코렛 먹고 자도 안 찐대. 걔가 잠을 평균 열 다섯 시간 잔대 살 찔려구. (나열, 화자/화제 결속, 강조하여 표현하기) 〈사적대화〉

나. A: 왜 두 살림 차리게? 그렇게 재력이? 돈이 많으신가?

B: 진짜 해야 되니까 하지. 두 번 다시 하라면 그거는 못 해.

A: 그런 거 같애. 아니 그러구 나는 식 준비한 했잖아. 그러니까 가구 같은 거 안 샀잖아. 그런데

C: 어 언니 그런 거 하나도 안 했…

A: 그거 사는 것도 보통 일이 아닐 거 아냐? (도입, 화제/화제 결속, 부연 설명하기) 〈사적대화〉

다. A: 그러니까 덤프트럭은 밀도가 높은 거를 싣기 위해서 만든 거구, 화물차는 아니라구. 근데 그걸 난 그렇게 안 듣구 몰랐…

B: 그거잖아?

C: 그 화물차는 그리구 아니었어 언니야. (부연, 화자/화제 결속, 부정적 태도 표현하기) 〈사적대화〉

라. A: 인자 방사선 마~ 한참 받으 열 열 번 넘어가니까 힘들어해, 지금도 한 열 번 정도 남았대는데, 힘들어하는 거 같애. 누워서 못 일어나고 막 이 정돈 아닌데, 인제~ 뒤로 아직까지 잡기 힘들어서,

B: 그리고 방사선 치료 그래도 머리 안 빠지시고

A: 방사선 치료는 머리 안 빠진대. 항암 치료가 빠진다 그러던데. (도입, 화자/청자 결속, 인지상태 알리기) 〈사적대화〉

마. A: 그래 일본에서 약간 똥글똥글한 애들 있잖아.

B: 음.

A: 그런 계통인 거 같애.

C: 그리구?

A: 뭐~ 그~ 수업하구. 지갑을 안 갖구 가서. (청자 반응, 화자/청자 결속, 후속발화 요구) 〈사적대화〉

(10)의 예문은 '그리고'가 담화 표지로 사용된 예이다. (10가)와 (10다) 각각은 [나열], [부연]의 의미 기능을 수행하고 있으나, (10나, 라, 마)는 접속의 층위가 달라 이와 같은 의미로 분석하기는 어렵다. (10나, 라)는 화자가 이전 화자의 발화에 이어 새로운 화제를 도입하며 부연 설명하거나 화자의 발화 내용을 인지하고 있음을 알리고 있다. (10마)는 청자가 화자의 발화에 반응하는 것으로 '그리고'의 일반적인 의미로 분석할 수 없는 예이다. 청자가 화자의 발화에 반응하는 경우는 '그리고'가 화자와 청자를 결속하게 되며, 청자는 '그리고'를 의문형으로 발화하여 후속 발화를 요구한다. '그리고'가 담화 표지의 기능을 수행할 때에도 특정 대상을 결속시키고 있으므로 접속 부사로서 '접속'의 기능이 드러나지 않는 것은 아니다. 다만 담화 표지로 기능할 때에는 사용 양상에 따라 [나열], [계기], [이유/근거], [동시], [부연]의 의미로 분류할 수 있는 경우와 그렇지 않은 경우가 구분된다.

3. '-고'와 '그리고'의 말뭉치 분석

이 절에서는 2절에서 논의한 '-고'와 '그리고'의 의미가 말뭉치에서 어떠한 빈도로 나타나는지를 알아보고자 한다. 또 '-고'가 다른 어휘와 함께 다단어 표현으로 나타나는 경우가 있음을 보이고 각각의 다단어 표현이 어떠한 기능을 가지는지를 알아본다.

3.1. '-고'의 말뭉치 분석

3.1.1. '-고'의 의미별 빈도 분석

전체 말뭉치에서 접속 어미 '-고'는 문어에서 30,215회, 구어에서 31,999회 등장한다. 여기서는 문어와 구어 용례에서 각 500개의 예문을 무작위로 추출하고 이에 대한 의미 빈도를 산출했다.

〈표 2-1〉 '-고'의 의미 기능별 빈도

	문어		구어	
	빈도	비율(%)	빈도	비율(%)
나열	193	38.6	111	22.2
계기	43	8.6	39	7.8
동시	1	0.2	1	0.2
동작지속	10	2	23	4.6
수단/방법	25	5	32	6.4
이유/근거	33	6.6	27	5.4
부연	2	0.4	16	3.2
보조 용언 접속	190	38	98	19.6
다단어 표현	2	0.4	102	20.4
종결	1	0.2	51	10.2
합계	500	100	500	100

'-고'의 용례별 빈도를 살펴보면 보조 용언의 접속에 사용되는 경우가 고빈도로 나타나는 것을 알 수 있다. 보조 용언 접속 기능의 '-고'는 투명하게 어떠한 의미를 드러내지 않고 단순히 접속의 기능만 수행하므로 앞서 분석한 의미 기능으로는 분류할 수 없다. 이밖에 2.1절에서 제시한 '-고'의 의미별 빈도를 보면 [나열]의 의미로 사용되는 경우가 문어 194

회, 구어 114회로 압도적으로 많다. 다음으로 [계기], [동작지속], [이유/근거]로 사용된 경우가 위의 표와 같은 빈도를 보였다. 그런데 [동시]의 의미는 '-고'가 나타낼 수 있는 의미이기는 하지만 실제 용례에서는 거의 발견되지 않았다. 구어와 문어 모두 1회 출현함으로써, [동시]는 '-고'가 가지는 의미 기능이기는 하지만 실사용에서는 활발하게 쓰이지 않음을 알 수 있다.

실제 용례를 통해 새롭게 분석한 [부연]의 의미는 문어에서보다 구어에서 더 높은 빈도를 보였다. 또 '-고'가 접속 어미가 아니라 종결 어미의 용법으로 사용되는 경우도 있는데, 이 경우 문어와 구어에서 크게 빈도 차를 보인다. 이것은 구어의 특성상 발화가 이어질 때 빈번하게 화자 교체가 이루어지고 청자의 간섭이 있기 때문이다.

(11) 가. A: 저번에 싸운드 블러스 한 거 보니까, 음, 소리를 갖다 끊어 가지구 이어 붙여서 변조시킬 수가 있드라구요.
B: 중요한 얘기는 이따가 하구.
A: 에?
B: 그런 얘긴 이따가 하구. 질문부터 대답을 해 일단은. (종결, 구어) 〈사적대화〉

나. A: 여기 말구 뭐~ 아무 써클이나.
B: 오르페우스두 몇 명 들었구, 와이씨브이두 몇 명 들었구. (종결, 구어) 〈사적대화〉

다. A: 그냥 솔직히, 진짜 탁상공론이야 그런 거는.
B: 필요도 없잖아 그래서,
A: 어.
B: 막 그거에 대해서 우리 커피를 마십시다 얘기하는 거 자체가 너무 황당한 거야. 왜 왜 이걸 해야 되구.
A: 음.

B: 솔직히 농민 분들 다, 다 그런 거 쓰시든데. (종결, 구어) 〈사적대화〉

라. A: 뭐 뭐 하지 마라,

B: 어.

A: 요리도 되게 못 하면서 막, 그런 식으로 막 그러니까 결국에 먹는 거 부실하고

B: 근데 어떻게 먹어 그러면은? (종결, 구어) 〈사적대화〉

(11)의 예문은 구어에서 '-고'가 종결 어미의 역할을 하는 예들이다. (11가, 나)는 화자가 '-고'를 종결 어미의 용법으로 사용하고 있으며, (11다, 라)는 중간에 청자의 발화가 개입되어 이전 발화가 '-고'로 종결된 것이다. 구어에서도 격식적인 자리이냐 비격식적인 자리이냐, 미리 준비된 발화이냐 즉흥 발화이냐에 따라 다르겠지만 실제 발화에서 '-고'가 종결 어미로 사용되는 것이 일반적으로 일어나는 일임을 알 수 있다.

마지막으로 다단어 표현의 빈도가 문어와 구어에서 크게 차이가 나는 것이 특징적이다. 다단어 표현은 문어에서 단 2회 등장했으나, 구어에서는 102회로 전체 500개의 용례에서 거의 20%가 되는 비율을 차지하고 있다. '-고'가 문어에서 다단어 표현으로 사용되는 유형은 '-에도 불구하고, -를 막론하고'의 두 가지가 있다. 구어에서 다단어 표현으로 사용되는 유형으로는 '-아/어 가지고, -고 그러다/이러다'가 있다. '-아/어 가지고'는 '-고'가 다단어 표현의 말미에 결합되어 하나의 접속 어미와 같은 역할을 수행한다. '-고 그러다/이러다'는 '-고'가 표현의 맨 앞에 선행하는 유형으로 전체가 종결 표현과 같은 기능을 가진다. 이에 대해서는 다음에서 보다 자세히 후술하겠다.

3.1.2. '-고'의 다단어 표현 분석

문어에서 '-고'는 '-에도 불구하고'와 같이 다단어 표현에 쓰여 관용어구처럼 여러 단어가 하나의 단위를 이루어 접속의 기능을 수행하기도 한다.[25]

(12) 가. 1998년 프랑스영화계는 기록적인 투자와 영화제작에도 불구하고 최악의 성적을 보였다. 〈잡지〉

나. 이러한 기대와 자신에도 불구하고 나의 유학생활은 처음부터 처절한 절망의 연속이었다. 〈소설수필〉

다. 요컨대 변화의 균형성이 학문의 존재 이유를 통해 함께 기획돼야 한다는 것이다. 그럼에도 불구하고 90년대 한국 대학의 '변화'는 필연적인 것으로 받아들여지고 있다. 〈신문〉

라. 물가는 오르고 실업자는 1백만 명이 더 넘을 것이라고 하며 월급은 줄어들었다. 그럼에도 불구하고 그만큼 저축을 더 해야 한다. 〈신문〉

마. 따라서 언제고 한 표를 던질 전체 유권자들로부터 얻은 지지율은 어느 정당을 막론하고 빈약하기 짝이 없다. 〈신문〉

바. 그들은 나이를 막론하고 우리를 향해 꼬박꼬박 '선생'이라고 불러주었고 우리도 그들을 그렇게 불렀다. 〈잡지〉

(12)의 예문에서 보듯이 '불구하다'와 '막론하다'는 항상 '-에도 불구하고, -를 막론하고'의 형태로만 쓰인다. 우형식(1996)에서는 접속 기능의 명사구에 대해 다룬 바 있는데,[26] '-에도 불구하고'나 '-를 막론하고'

---

25 여러 단어가 화석화되어 하나의 난어처럼 사용되는 것을 관용어, 표현 문형, 우언적 구성 등 다양하게 지칭할 수 있으나, 여기서는 여러 단어가 하나의 표현을 나타내는 것임에 중점을 두어 '다단어 표현'이라는 용어를 사용했다.

26 우형식(1996)에서는 X Adn N (P) Y (Adn N (P)는 '관형형 어미-명사-조사' 순의 통사적 복합체) 혹은 X N (P) Y의 구조를 접속 기능을 수행하는 명사구의 특징적인

도 이와 비슷한 측면에서 하나의 덩어리로 접속의 기능을 수행한다고 볼 수 있을 것이다. 또한 '불구하다'의 경우 '그럼에도 불구하고'의 형태로 쓰이면 문장의 첫머리에 나와 접속 부사처럼 쓰이기도 한다. 접속 부사는 '그러나, 그런데, 그러니까'처럼 '대용어+접속 어미'의 형태를 가지고 있는 것들이 많은데, '그럼에도 불구하고'는 '그럼에도'가 선행 문장을 대용하는 역할을 하고, '불구하고'가 '얽매여 거리끼지 아니하다'라는 의미를 드러내 접속 부사와 유사한 쓰임을 보인다. '불구하고'나 '막론하고'의 '-고'는 독립적으로 [나열], [계기], [동시] 등의 의미를 변별할 수 없으므로 무표적으로 동사의 의미에 기대어 접속의 기능을 수행하는 다단어 표현으로 굳어졌다고 보아야 할 것이다.

구어에서도 '-고'가 결합된 다단어 표현이 나타나는데, '-아/어 가지고, -고 그러다/이러다'가 그것이다. 이들은 빈도표에서 알 수 있듯이 전체 분석 용례 중 약 20%를 차지할 정도로 높은 빈도로 사용된다.

(13) 가. A: 아~ 저번에 싸운드 블러스 한 거 보니까
B: 음.
A: 소리를 갖다 끊어 가지구 이어 붙여서 변조시킬 수가 있드라구요. 〈사적대화〉
가'. A: 아~ 저번에 싸운드 블러스 한 거 보니까
B: 음.
A: 소리를 갖다 끊어서 이어 붙여서 변조시킬 수가 있드라구요.
나. 와 내가 지리산 안 가니까 오빠 친구들이 왔거든, 언니랑 이렇게. "서울랜드 가요" 그랬더니 어 서울랜드 가재. 너무 좋아 가지구 티티

구조로 보고, '-을 적에, -는 고로' 등의 선·후행 요소의 통사 관계, 의미 관계를 밝힌 바 있다.

엘 카드 다 챙기구 이랬다? 〈사적대화〉

나'. 와 내가 지리산 안 가니까 오빠 친구들이 왔거든, 언니랑 이렇게. "서울랜드 가요" 그랬더니 어 서울랜드 가재. 너무 좋아서 티티엘 카드 다 챙기구 이랬다?

다. 어렸을 때부터 조용하긴 했지만 자기가 사람들한테 나서고 싶구 어? 좀 자랑스러워 보이구 싶은 그런 거 많이 가졌었대. 그래 갖구 지금두 조금 많이 그렇게 보인 거 같구, 회사 사람들이 되게 좋아해. 〈사적대화〉

다'. 어렸을 때부터 조용하긴 했지만 자기가 사람들한테 나서고 싶구 어? 좀 자랑스러워 보이구 싶은 그런 거 많이 가졌었대. 그래서 지금두 조금 많이 그렇게 보인 거 같구, 회사 사람들이 되게 좋아해.

라. 그러니까 그 뭐지? 신체 검사 같은 거 받으러 가는 것도 다 취재하고 막 그랬었어요? 〈사적대화〉

마. 전 아직두 애처럼 입고 다니는데 정장도 많이 입구 그래요. 〈사적대화〉

바. 힘들죠. 힘들… 막 풀 뽑고 막 이런대요. 〈사적대화〉

(13)의 예들은 구어에서 나타나는 '-고'의 다단어 표현들이다. '-아/어 가지고'는 (13가', 나', 다')에서 볼 수 있듯이 '가지고'를 접속 어미 '-서'로 대치하는 것이 가능하다. 따라서 '-아/어 가지고' 전체가 접속 어미 '-(아/어)서'의 역할을 한다고 볼 수 있다. 이때의 '-고'는 2절에서 논의한 '-고'의 의미로는 분석할 수 없으며, 구어에서만 나타나는 특수한 용법으로 보아야 한다. '-고 그러다/이러다' 또한 '-고'가 후행하는 '그러다/이러다'의 활용형과 이어지면서 접속 어미로서의 어떠한 의미를 드러낸다고 보기가 어렵다. '그러다/이러다'의 의미 자체가 불분명할 뿐더러 '-고'가 보조 용언과 결합하는 것과 마찬가지로 여타의 의미 기능을 수행하지 않고 투명하게 후행 요소와 접속시키는 기능만을 수행한다. '-고 그러다/이러다'의 용법은 대체로 문말에 쓰여 문장을 종결한다.

3.2. '그리고'의 말뭉치 분석

전체 말뭉치에서 '그리고'는 문어에서 1,406회, 구어에서 2,550회 등장한다. '그리고'도 '-고'와 마찬가지로 각각 500개의 용례를 무작위로 추출하여 용법을 살펴보았다.

〈표 2-2〉 '그리고'의 의미 기능별 빈도

	문어		구어	
	빈도	비율(%)	빈도	비율(%)
나열	387	77.4	336	67.2
계기	79	15.8	25	5
이유/근거	11	2.2	1	0.2
동시	0	0	0	0
부연	17	3.4	23	4.6
담화 기능	1	0.2	77	15.4
종결	0	0	12	2.4
무의미 반복	0	0	9	1.8
청자 반응	0	0	5	1
분석 불가	5	1	12	2.4
합계	500	100	500	100

'그리고'는 [나열]의 의미 기능을 수행하는 경우가 압도적으로 많은 것으로 나타났다. 문어와 구어 모두 300개 이상의 용례에서 [나열]의 의미가 드러났다. 그다음으로는 문어는 [계기]의 의미로 쓰인 용례가, 구어는 담화 기능으로 쓰인 용례가 많은 것으로 나타났다. '그리고'는 2.2절에서 살펴본 바와 같이 담화 표지로서 '화자/화제, 화자/청자, 화제/화제' 결속의 기능을 수행하며 '그리고'의 접속 부사 용법과는 다른 층위에

서 여러 역할을 담당하는데, 구어에서 이러한 용법의 빈도가 높게 나타난 것은 사용역의 특성이 여실히 드러나는 것임을 알 수 있다. 또한 '그리고'가 '종결'의 용법으로 분석된 경우가 있는데, 일반적으로 '그리고'는 종결의 기능을 수행할 수 없다. 여기서의 '종결'은 화자가 의도하지 않았으나 청자의 개입에 의해 '그리고'가 문말에 나타나고, 그 후에 후속 발화가 이어지지 않아 '그리고'가 접속의 기능을 수행하지 않은 채 한 발화 단위가 종결된 경우를 말한다. 따라서 일반적인 종결 어미의 '종결'과는 다르며, 이러한 이유로 구어에서만 빈도가 나타나게 된다.

특징적인 것은 [동시]의 의미로 쓰인 용례가 문어와 구어에서 500개의 용례를 추려냈을 때 그 안에 나타나지 않았다는 것인데, 이론적으로 '그리고'는 [동시]의 의미를 나타낼 수 있지만 실제 사용에서는 잘 쓰이지 않는 용법임을 알 수 있다.[27] 이밖에 구어에서는 '그리고'가 무의미하게 반복되는 경우가 있었으며, 청자가 화자의 발화에 대한 반응으로 '그리고'를 사용하는 용법도 소수 분석되었다.

---

27 500개의 용례 안에는 포함되지 않았으나, 이 장의 (5사)에서 보인 예문과 같이 '그리고'가 [동시]의 의미를 나타내는 예들을 소수 발견할 수 있었다. 또한 보다 규모가 큰 1억 5천만 어절의 '연세 20세기 한국어 말뭉치('연세 말뭉치 용례 검색 시스템(https://ilis.yonsei.ac.kr/corpus/)'에서 검색 가능)'에서는 다음과 같은 예문들이 발견된다.

ㄱ. 두 번째 병이 다 빌 때쯤 나는 돌연 엉뚱한 추측에 빠졌다. 그 칼갈이 사내도 분명 나처럼 바다로 가고 있으리라는 것이었다. 아마 취한 탓이었겠지만, 그 추측은 차츰 확신으로 변해갔다. <u>그리고</u> 그와 함께 이유모를 조급이 나를 사로잡았다. 〈문학〉

ㄴ. 병수씨는 당황했다. <u>그리고</u> 자기의 실수를 알았다. 〈문학〉

ㄷ. 나는 그저 차나 고장없이 달려 주기를 바랐다. <u>그리고</u> 차를 세우러 나서는 사람이 없이 계속 셋이서만 달리기를 바랐다. 〈문학〉

4. '-고'와 '그리고'의 기능 분담 양상

4.1. 접속 단위의 비교

2절을 통하여 접속 부사 '그리고'와 접속 어미 '-고'의 의미를 간략하게 제시해 보았다. '-고'와 '그리고'는 접속하는 단위가 서로 다른데, 이를 정리하자면 아래의 표와 같다.

〈표 2-3〉 '-고'와 '그리고'의 접속 단위

형태 \ 접속 단위	단어	구	절	문장	문단
-고	○	○	○	×	×
그리고	○	○	○	○	○

'-고'는 단어, 구, 절을, '그리고'는 단어, 구, 절, 문장에서 문단까지 이어 주는 역할을 한다.[28] '그리고'는 '-고'와 달리 담화 표지로 사용되는 경우가 있다. 이때는 접속의 단위가 달라지는데, 일반적인 언어 단위가 아닌 '화자/화제, 화자/청자, 화제/화제'를 결속해 주며, 절 이상의 단위를 접속할 때에 담화 표지로서의 용법을 아울러 가진다.

4.2. 의미 기능의 비교

'-고'는 [나열], [계기], [동시], [동작지속], [수단/방법], [이유/근거], [부연]의 의미를, '그리고'는 [나열], [계기], [동시], [이유/근거], [부연]

28 각주1에서 언급하였듯이 이때의 단어와 구는 형태론적 관점에서의 단어와 구를 의미한다. 즉 한 단어는 단어로, 두 단어 이상이 주술 관계를 가지지 않고 하나의 문장 성분으로 기능하는 것은 구로 지칭했다.

의 의미를 나타낸다. '-고'와 '그리고'는 접속 단위에 따라 각기 드러내는 의미가 달라지기도 한다. '-고'가 나타내는 의미 중 [동작지속], [수단/방법]의 의미는 동사구 층위의 접속에서만 드러난다. '그리고'가 접속하는 단위가 단어나 구, 문단일 경우에는 [나열]의 의미만 드러난다.[29]

〈표 2-4〉 접속 단위에 따른 '-고'의 의미 실현 양상

접속 단위 / '-고'의 의미	단어	구	절
[나열]	○	○	○
[계기]	○	○	○
[동시]	○	○	○
[동작지속]	×	○	×
[수단/방법]	×	○	×
[이유/근거]	○	○	○
[부연]	×	×	○

〈표 2-5〉 접속 단위에 따른 '그리고'의 의미 실현 양상

접속 단위 / '그리고'의 의미	단어	구	절	문장	문단
[나열]	○	○	○	○	○
[계기]	×	×	○	○	×
[동시]	×	×	○	○	×
[이유/근거]	×	×	○	○	×
[부연]	×	×	○	○	×

29 '그리고'가 문단 간의 연결에 사용된 경우에는 담화 표지의 관점에서 접근할 필요가 있다. 이때의 [나열]은 화제 간 나열이라고 보아야 하며, 단어나 구, 문장 접속에서의 [나열]과는 구분되어야 한다.

[나열]의 의미는 '-고'와 '그리고'에 동일하게 단어와 구, 절 층위에서 실현되는데, 특히 단어의 나열에 있어서 나열되는 항들이 3개 이상인 경우 가장 마지막 항의 앞에 '그리고'가 쓰이는 경향이 있으며, '-고'는 접속 어미라는 특성상 동사나 형용사, '명사+이다'만을 나열할 수 있으나, '그리고'는 품사에 제약을 받지 않고 나열할 수 있어 사용되는 범위에서 차이를 보인다.

위의 〈표 2-4〉와 〈표 2-5〉를 보면 '-고'는 [동작지속], [수단/방법]의 의미를 나타내는데, '그리고'는 이러한 의미를 나타내지 못함을 알 수 있다. [동작지속]이나 [수단/방법]의 전형적인 예들로 제시되는 문장들은 아래와 같다.

(14) 가. 아영이가 가방을 메고 학교에 간다. (동작지속)
나. 그녀는 치마를 입고 모임에 나갔다. (동작지속)
다. 지우가 버스를 타고 출근을 했다. (수단/방법)
라. 그 사람이 차를 몰고 대구에 갔다. (수단/방법)

(14)의 예들을 '그리고'에 의한 문장 접속으로 바꾼 예들이 (14')이다.

(14') 가'. 아영이가 가방을 멘다. 그리고 학교에 간다.
나'. 그녀는 치마를 입었다. 그리고 모임에 나갔다.
다'. 지우가 버스를 탔다. 그리고 출근을 했다.
라'. 그 사람이 차를 몰았다. 그리고 대구에 갔다.

(14')의 예들은 '그리고'에 의해 (14)의 선행절에 서법과 종결 어미가 결합됨으로써 [동작지속]이나 [수단/방법]보다는 [계기]의 의미가 더 강하게 드러난다. 선행 문장이 이미 하나의 사태를 완결시킴으로써 후행

문장에 의미가 종속적으로 귀속되는 것을 단절시키는 것이다. 오히려 선·후행 문장이 각각 의미적으로 동일한 비중을 가지는 사건으로 인식됨으로써 두 사태의 나열이 도상적으로 [계기]의 의미를 가지게 된다.[30] 이를 통하여 '-고'의 의미 중 동사구 층위의 접속에서만 실현되는 의미는 '그리고'가 나타내지 못하는 의미임을 알 수 있다.

4.3. '-고'와 '그리고'의 변별적 선택 기제

앞서 '-고'와 '그리고'의 공통적 의미와 변별적 의미를 살펴보았다. 변별적 의미는 '-고'의 동사구 층위 접속에서 실현되는 [동작지속], [수단/방법]의 의미로 접속 단위가 무엇이냐에 따라 '-고'와 '그리고'의 의미 기능에 차이가 발생함을 알 수 있었다. 하지만 두 형태가 공유하는 의미인 [나열], [계기], [동시], [이유/근거], [부연]의 경우 어떠한 상황에서 '-고'가 선택되고 '그리고'가 선택되는지에 대해 논의할 필요가 있다. 여기서는 '-고'와 '그리고'의 변별적 선택 기제를 화자의 선·후행 사태의 독립성에 대한 인식, 선·후행 사태의 정보량의 차이, 선·후행 사태의 의미 관계에 대한 해석 주체의 차이에 따른 것으로 보고자 한다.[31]

30 시제가 명확하게 드러나지 않는 여러 문장이 연속해서 나타날 경우, 인간의 인지 구조상 어순을 시간 순으로 해석하는 것이 가장 자연스럽다. 가령 '철수가 학교에 갔다. 밥을 먹었다.'와 '철수가 밥을 먹었다. 학교에 갔다.'라는 두 가지 예를 비교해 본다면 별도의 시간에 대한 설명이 없을 경우 전자는 철수가 학교에 먼저 갔다가 밥을 먹은 것으로, 후자는 철수가 밥을 먹은 후에 학교에 간 것으로 해석되는 것이 가장 자연스럽다는 것이다.

31 인간의 사고방식은 사용하는 언어에 영향을 준다. 화자가 여러 사태를 연결하여 발화하고자 한다면 접속 기능을 하는 어휘를 활용하게 되는데, 각각의 사태 간 긴밀성, 각 사태의 중요도 등을 어떻게 인지하느냐에 따라 접속을 통해 문장 또는 담화를 조직하는 방식이 달라질 수 있다. 예를 들어 화자는 여러 사태의 중요도를 등급화하고 전략적으로 각 사태의 발화 순서를 달리할 수도 있으며, 보다 긴밀하다고 생각하는 여러

먼저 화자가 선·후행 사태의 의미 구조나 독립성을 어떻게 인식하느냐에 따라 '-고'와 '그리고' 중 하나를 변별적으로 선택하여 두 가지 이상의 사태를 구조화할 수 있다. '-고'와 '그리고'가 동일한 의미를 드러낼 때, '-고'에 의한 절 접속은 선·후행절이 결국 하나의 문장을 이룸으로써 각각의 문장을 접속하는 '그리고'에 비해 선·후행 사태의 독립성이 떨어진다. 각각의 사태가 독립적으로 일어난 것이라 하더라도 하나의 문장으로 연결되어 서로 긴밀한 연관이 있는 것으로 인식되는 것이다.[32] 또한 통사적으로도 시간이 개입되면 시제 형태소가 후행절에만 나타나고 선행절은 후행절에 의존적으로 해석된다든가, 선행절이 독립적인 상, 서법 형태를 취하지 못한다는 점에서 선·후행절이 통사 구조상 의존적이다.

반면 '그리고'에 의한 문장 접속은 선·후행문이 완결된 형태를 취하므로 선·후행 사태가 '-고'에 의한 접속에 비해 단절되어 있는 것으로 인식된다. 통사적으로도 선·후행문 각각이 시제, 상, 서법 형태소를 가질 수 있다. 따라서 화자가 선·후행 사태를 의존적으로 인식하느냐, 독립

사태는 담화 내에서 서로 더 가깝게 위치하도록 발화할 수도 있다.

이은경(2017)에서는 어순이 담화 구성에 어떠한 영향을 미치는가에 대해 논의했는데, '내재적 인과 관계 동사'라고 통칭되는 일련의 동사들을 이용하여 실험 자극 문장을 구성하고 한국어와 영어 화자를 대상으로 주어진 문장에 대해 자유 문장 잇기 실험을 수행했다. 그 결과 문장 조건과 상관없이 한국어에서 '결과-원인'의 구성이 영어에서보다 절대적으로 더 적은 것으로 나타났는데, 한국어는 '원인-결과'의 구성이 더 자연스러운 구성으로 받아들여지기 때문이다. 이처럼 어떠한 방식으로 사고하는가는 언어 표현에 영향을 주며 '-고'와 '그리고'의 선택도 화자가 사건을 인식하고 조직하는 방식에 따라 달리 나타날 수 있다.

32 하지만 '-고' 접속에서도 어떤 의미가 실현되느냐에 따라 선·후행 사태의 연관성이 다르게 인식된다. 유현경(2008)에서는 '-고' 접속문을 대상으로 선어말 어미 '-겠-'의 작용역과 결합 양상을 살펴보았는데, '-고' 접속문에서 선어말 어미가 선행절에 결합할 수 있는지를 검토한 결과 대등 접속(나열)의 경우에만 '-겠-', '-었-', '-시-'의 결합이 모두 가능함을 보였다. 그리고 이것은 '-고'가 [나열]의 의미를 드러낼 때, 다른 의미를 드러내는 것보다 선행절과 후행절의 사태가 독립적임을 알려준다.

적으로 인식하느냐에 따라 '-고'와 '그리고' 중 하나를 선택하게 되는 것이다. '-고'와 '그리고'에 의한 접속 형식에 따른 선·후행 사태의 의존성과 독립성을 스펙트럼화하면 아래와 같다.

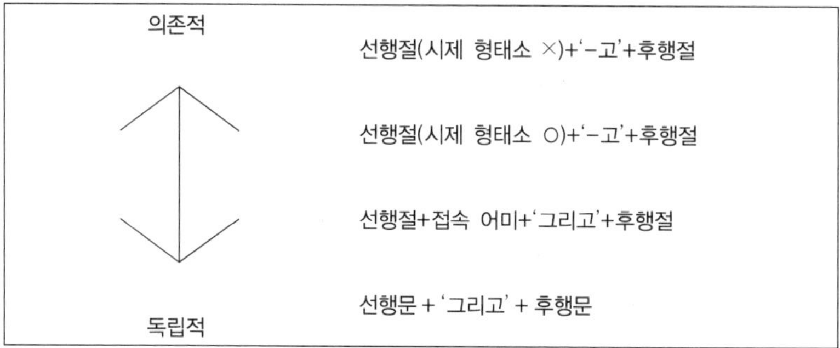

〈그림 2-1〉 선·후행 사태의 의존성과 독립성

또한 '-고'와 '그리고'는 선·후행 사태의 정보량에서 차이를 보인다. '-고'는 접속된 완전체가 문장 안에 귀속되고, 의미의 작용역도 선·후행절을 넘지 못하므로 선·후행 사태의 정보량이 제한적이다. 그러나 '그리고'는 문장 이상의 단위도 접속할 수 있어 선·후행 사태의 정보량이 절 접속에 비해 많다.

(15) 가. [[무거운 약수통을 집에 갖다놓]-고 [뜰의 나무들을 보니]] [[역시 봄의 요정들이 물통을 들]-고 [부지런히 수액의 통로를 따라 오르내리고 있는 것]]이 보이는 듯하였다. 〈소설수필〉

나. [[단양팔경으로 널리 알려져 있는 이 고장은 고구려 때는 적산현 또는 적성현이라 해서 남진기지로 크게 중시되던 곳으로, 1981년 네안데르탈인이라는 원시 인류의 사람뼈가 발견된 곳도 이곳이며, 수몰지역 유적조사 때는 굴 속에서 멸종된 코뿔소와 원숭이 등 구석기시대의

동물 화석과 전기 구석기시대의 주먹도끼 및 청동기시대의 유물들이 나오기도 했으니, 어쩌면 이 고장은 우리 나라에서 사람이 가장 먼저 살기 시작한 고장일는지도 모르겠다.] 그리고 [하진나루는 신단양이 자리한 상진나루와 함께 남한강에서도 가장 번창한 나루의 하나였으며, 술 파는 색시들이 됐시글거려 그런 이름이 붙었다는 꽃거리나루는 소금장수가 한번 오면 갈 줄을 몰랐다는 전설을 지니고 있지만, 모두 물에 잠겨 이제는 유래를 아는 사람조차 드물다.]] 〈수기전기〉

(15)의 예문은 각각 '-고'와 '그리고'에 의해 둘 이상의 항이 접속된 예이다. (15가)에서 '-고'에 의한 접속을 보면 '-고'의 작용역은 '-고'를 중심으로 선·후행절에 한정하여 미치는 것을 알 수 있다. 예문에서 '-고'가 두 번 등장하는데 각각의 '-고'는 접속 어미를 중심으로 선·후행절을 결속하여 하나의 더 큰 항을 형성한다. (15나)에서 '그리고'의 선·후행항은 각각 한 문장에 불과하나, 한 문장에 여러 개의 절이 접속 어미를 통해 연결되어 있다. '그리고'를 중심으로 앞뒤에 있는 각각의 절이 여러 가지의 정보를 담고 있고, 이 정보들이 '그리고'에 의하여 담화상에서 하나의 큰 덩어리로 결합되는 것이다. '그리고'가 접속하는 단위가 커지면 커질수록 정보량은 필연적으로 많아질 수밖에 없다. 그러나 '-고'는 접속의 최대 단위가 절이기 때문에 선·후행항이 담을 수 있는 정보의 양이 제한적이다.

또한 '-고'와 '그리고'의 사용이 분명하게 구별되는 기능이 바로 화제 간 나열이다. '그리고'는 문장을 넘어 문단 이상의 단위까지도 접속하는 기능을 가지고 있어 화제 간 나열에 사용된다. 이러한 점을 고려해 보았을 때 화자가 인식하는 선·후행 사태의 정보량이 어떠한가도 '-고'와 '그리고'의 변별적 선택을 야기하는 하나의 요인이 될 수 있다. 선·후행 사태의 정보량이 비교적 적다면 '-고'를 사용하여 한 문장으로, 정보량이 많다면

'그리고'를 사용하여 두 문장 이상으로 정보를 구조화할 수 있는 것이다.

문숙영(2018)에서는 접속 부사가 절차적 의미, 즉 의미 해석의 추론 경로를 나타내는 형식이라고 주장하였다. 접속 부사가 생략되어도 문장들의 내용 연결이 추론될 수 있으며, 문장 간 의미 연결에는 응집성을 위해 별도의 장치가 꼭 필요한 것은 아니라는 것이다.[33] 이를 받아들인다면 접속 어미 '-고'는 선·후행 사태의 의미 관계를 화자가 보다 긴밀하게 설정하고 분명하게 드러내는 반면, 접속 부사 '그리고'는 선·후행 사태의 의미 관계의 해석에 청자의 추론 과정이 필요한 것임을 알 수 있다. '-고'는 생략이 불가능하지만 '그리고'는 생략이 가능하다는 점에서 접속 부사에 의한 결속은 그 문맥에 대한 해석의 권한이 청자에게 부여되며, 화자가 접속 부사를 명시하는 것은 추론 과정을 보다 용이하게 만들어 준다.

4.4. 사용역별 '-고'와 '그리고'의 용법 비교

'-고'와 '그리고'는 문어와 구어의 사용역에 따라 용법에 차이를 보인다. '-고'는 문어에서 대다수의 용례가 전형적인 접속 어미의 용법으로 사용되어 [나열], [계기], [동시], [동작지속], [수단/방법], [이유/근거]의 의미를 드러냈으며, 다른 어휘와 하나의 덩어리를 이루어 다단어 표현으로 사용되기도 하지만 그 빈도는 현저히 적었다. 구어에서 '-고'가

---

33 문숙영(2018: 5)에 따르면 후행 담화를 해석할 때는 선행 담화의 해석을 포함한 문맥 정보가 활용된다. 문숙영(2018: 5)의 예를 아래에 보이겠다.

ㄱ. 나는 백화점으로 걸어 들어갔다. 커피향이 가득했다.

ㄴ. 우리는 점심 후 가벼운 조깅을 했다. 강가는 참 한가로웠다.

위의 문장들은 (ㄱ)의 '커피향'이 '백화점의 커피향'으로, (ㄴ)의 '강가'는 '우리가 조깅을 한 곳'으로 해석이 된다고 하며, 접속사가 없는 선·후행 문장은 의미 관계의 적절한 해석이 전적으로 청자의 몫으로 남겨진 것일 뿐이라고 말한다.

드러내는 의미는 문어에서 '-고'가 가지는 의미와 다르지 않았으나, 구어의 특성상 '-고'의 사용 양상에 특이점을 보였다. 구어에서는 '-고'가 종결 어미로 사용되는 빈도가 높으며, 다단어 표현 또한 큰 비중을 차지할 만큼 빈번하게 사용되었다.[34]

'그리고'도 문어에서 '-고'와 마찬가지로 전형적인 접속 부사의 용법으로 사용되어 거의 모든 용례가 [나열], [계기], [이유/근거], [동시], [부연]의 의미 중 하나를 나타내는 것으로 분석되었다. 그러나 구어에서는 문어가 나타내는 의미들을 모두 나타냄과 동시에 담화 표지의 기능을 함께 수행함으로써 다면적인 사용 양상을 보였다. 또 구어의 특성상 '그리고'가 문말에 도치됨으로써 문장을 종결하는 위치에 사용되거나, 상대방의 간섭으로 인해 '그리고'가 등장하고 문장이 종결되기도 하는 등 문어에서 일반적으로 볼 수 없는 모습들이 구어에서 포착되었다. 화자가 관심을 촉구하거나 강조의 효과를 위하여 '그리고'를 무의미하게 반복하기도 하며, 청자가 화자의 발화에 대한 반응으로 '그리고'를 사용하기도 한다.

5. 마무리

지금까지 말뭉치 용례를 통하여 '-고'와 '그리고'의 의미를 분석하고, 문어와 구어에서 각각의 의미 빈도가 어떻게 나타나는지, 사용역에 따라

34 손옥현·김영주(2009)에서는 구어를 중심으로 종결 어미화된 접속 어미의 양상을 연구하였는데, '-고, -는데, -다고, -거든, -다니까, -다면서, -려고, -게'의 순으로 종결 어미화된 접속 어미가 높은 빈도로 나타남을 보였다. '-고'는 가장 높은 빈도로 종결 어미의 용법으로 사용되었으며, 접속 어미일 때는 두 가지 이상의 사실을 대등하게 연결하거나 시간적 순서에 따라 나열의 의미로 사용되지만, 종결 어미로 쓰일 때는 물음, 부정, 항의, 완곡한 명령 등의 의미로 사용되어 평서문, 의문문, 명령문, 감탄문의 서법을 실현한다고 하였다(손옥현·김영주 2009: 58).

차이를 보이는 용법은 무엇이 있는지를 알아보았다. 그리고 이러한 분석을 토대로 유사한 의미를 드러내는 '-고'와 '그리고'가 변별적으로 선택되는 기제가 무엇인지를 밝혀보고자 했다. 결론적으로 '-고'와 '그리고'는 [나열], [계기], [동시], [이유/근거], [부연]의 의미를 나타낼 수 있으며, 동사구 층위에서 드러나는 의미인 [동작지속], [수단/방법]의 의미는 '-고'만이 나타낼 수 있는 의미이다. '-고'는 다른 어휘와 결합하여 다단어 표현으로서 특수한 용법을 보이기도 하며, '그리고'는 구어에서 담화 표지로서 담화 층위에서의 여러 가지 기능을 담당하기도 한다. '-고'와 '그리고'가 화자에 의해 변별적으로 선택되는 기제는 화자의 선·후행 사태의 독립성에 대한 인식, 선·후행 사태의 정보량의 차이, 선·후행 사태의 의미 관계에 대한 해석 주체의 차이라고 할 수 있다.

제3장

'-(으)ㄴ데'와 '그런데'의 비교

1. 들머리

접속 어미 '-(으)ㄴ데'는 '-(으)ㄴ데'류 접속 어미 '-는데', '-은데', '-ㄴ데' 간의 관계에 대하여 이형태 관계를 설정할 수 있는지에 대한 논의를[1] 비롯하여 '-(으)ㄴ데'의 성립 과정[2] 및 이들 접속 어미가 나타내는 의미

---

1 '-은데'와 '-ㄴ데'는 선어말 어미가 나타나지 않을 경우 선행 용언의 어간 마지막 음절의 종성 유무에 따라 조건지어진 이형태로 설명할 수 있으나 선어말 어미가 결합될 경우 그 양상을 음운론적 조건만으로 결정지을 수 없는 것으로 보인다(유현경 2011). '-는데'의 경우 형용사 어간 또는 '이다'가 선어말 어미 없이 나타날 때에는 통합이 불가능하나(ㄱ, ㄴ) 선어말 어미('-겠-', '-었-')가 개재할 경우 '-은데'는 나타나지 못하고 '-는데'가 통합될 수 있어 문제가 된다.

ㄱ. 사람은 {착한데, *착하는데} 일을 못해.

ㄴ. 철수는 {학생인데, *학생이는데} 공부를 안 한다.

ㄷ. 사진을 보니 키는 {*크겠은데, 크겠는데} 얼굴이 별로다.

ㄹ. 그 당시에는 {*회사원이었은데, 회사원이었는데} 지금은 백수입니다.

이러한 분포상의 특징으로 보아 '-는데'와 '-은데'를 각기 다른 형태소로 취급할 수도 있으나 이때 '-는데'와 '-은데' 사이에는 뚜렷한 의미적 차이가 없어 별개의 형태소로 취급하기에도 어려움이 있다. 따라서 여기에서는 기본 형태를 '-(으)ㄴ데'로 설정하고 '-는데', '-은데', '-ㄴ데'는 이형태 교체를 보이는 것으로 간주하기로 한다.

2 '-(으)ㄴ데'의 기원과 발달에 대한 논의에서는 주로 중세국어 시기에 구체적인 공간

기능이 무엇인지에 대한 논의가 활발하게 이루어져 왔다. 또한 '-(으)ㄴ데'는 종결 어미로의 쓰임이 발달하여 종결 어미 '-(으)ㄴ데'와 접속 어미 '-(으)ㄴ데'의 의미와 기능 면에서도 차이를 보인다. 이에 따라 접속 어미 '-(으)ㄴ데'와 종결 어미 '-(으)ㄴ데'의 의미 기능에 대하여 논의한 연구도 적지 않다. 선행 연구에서의 '그런데' 논의의 쟁점은 주로 '그런데'의 담화·화용적 기능에 대한 것이 주를 이루고 있으나 '그런데' 자체의 의미 기능과 더불어 다시 한번 고찰할 필요가 있는 것으로 보인다.[3] 또한 접속 부사 '그런데'의 경우 '-(으)ㄴ데'에서 발달한 것이기 때문에 '-(으)ㄴ데'와의 의미 기능과의 관련성이 높을 것으로 보이는데, 이에 따라 '-(으)ㄴ데'와 '그런데'의 관련성에 대하여 기술할 필요가 있다.

이 장에서는 이른바 '배경'의 접속 어미로 다루어지는 '-(으)ㄴ데'와 접속 어미 '-(으)ㄴ데'로부터 비롯한 접속 부사 '그런데'의 의미 기능을 살펴본 뒤 말뭉치 분석을 통하여 '-(으)ㄴ데'와 '그런데'가 어떠한 의미 분담 양상을 보이는지 제시하고자 한다.

한국어 접속 어미의 의미를 논의하는 연구에서 '-(으)ㄴ데'는 [배경], [상황], [환경], [도입], [설명], [묘사], [이유], [정보], [대조] 등의 의미를 나타내는 것으로 언급되어 왔다. 특히 '-(으)ㄴ데'는 뚜렷한 시간적 또는 논리적 의미를 가지지 못하고 선·후행절의 의미 관계에 영향을 받아 그 의미가 나타나는 경향이 있어 '-(으)ㄴ데'의 대표적인 의미 또는 기능이 무엇인가에 대하여 논의가 모아지기 어렵다. 이러한 '-(으)ㄴ데'의 의미

을 나타내는 '데(ᄃᆞ)'가 의미의 추상화를 거쳐 의존명사로 발달하게 되고, 이 의존명사 'ᄃᆞ' 앞에 관형형 어미 '-(으)ㄴ'이, 'ᄃᆞ' 뒤에 처소격 조사 '에(의)'가 융합되어 만들어진 것으로 보는 견해가 일반적이다(김용석 1981, 정재영 1996).

3 이러한 연구들의 경우 '그런데'를 접속 부사로 보아 접속 부사 '그런데'가 가지는 담화·화용적인 기능을 논의하는 연구와 접속 부사 '그런데'와 담화 표지 '그런데'를 구분하고 담화 표지 '그런데'가 가지는 담화·화용적 기능을 논의하는 연구로 나눌 수 있다.

는 교체되는 다른 접속 어미를 통하여 추정할 수 있으며 말뭉치 자료를 통하여 '-(으)ㄴ데'가 담당하고 있는 의미 기능이 무엇인지 제시할 필요가 있다. 아래에서는 이러한 과정을 바탕으로 '-(으)ㄴ데'의 의미를 크게 [배경], [전환], [이유], [대조], [양보]로 나누고 '-(으)ㄴ데'를 [배경]의 접속 어미로 설정한다. 특히 [배경] 의미의 경우 시간적인 배경이나 논리적인 배경(전제 등)을 나타낼 수 있어 다시 '시간적 배경([전환])'과 '논리적 배경([이유])'과 밀접한 관련을 보인다. 또한 '전제', '상황', '설명', '환경' 등의 다양한 용어가 이러한 [배경] 의미를 나타내기 위해 사용되었으나 여기에서는 [배경]을 채택하여 '-(으)ㄴ데'의 의미를 기술하고자 하는데 이에 대한 논의 또한 아래의 2절에서 논의하고자 한다. 또한 이러한 [배경]의 접속 어미 '-(으)ㄴ데'는 생략이나 도치 등의 통사적 현상이 빈번하게 나타남에 따라 종결 어미 '-(으)ㄴ데'로 발달하게 되는데 접속 어미 '-(으)ㄴ데'의 의미와 종결 어미 '-(으)ㄴ데'의 의미와의 관련성을 추정해 볼 수 있을 것이다.

접속 어미 '-(으)ㄴ데'에서 발달한 접속 부사 '그런데'는 '-(으)ㄴ데'가 가지고 있는 의미와 동일한 의미 기능을 갖기도 하고 접속 어미 '-(으)ㄴ데'에서는 나타나지 않는 의미 기능을 보이는 경우도 있다. 이는 접속 부사 '그런데'가 접속하는 단위가 절이 아닌 문장 이상의 단위이기 때문이다. 한 문장 안에서 절과 절을 접속하는 '-(으)ㄴ데'는 그 절 간의 관계가 비교적 긴밀한 반면 문장과 문장, 또는 담화와 담화를 접속하는 '그런데'는 접속하는 대상 사이의 의미적 관계가 '-(으)ㄴ데'에 비해 다소 느슨하다. 이에 따라 앞선 문장 또는 담화와는 다른 화제가 도입되거나 앞선 문장 또는 담화가 나타내던 의미와는 대조적인 의미가 '그런데'에 후행하는 경우가 발생한다. 특히 '그런데'는 구어에서 그 축약형인 '근데'로[4] 사용되는 경우, 간투사로서의 용법 또는 상대방의 발화를 재촉하는 용법 등의 담화 접속 기능을 수행하는 경우가 눈에 띄게 증가하는 경향이 있다. 또한 '그런데'가 가지는 [대조]의 의미로부터 상대방의 의견에 반대하는 정서를 표현하는 기능이 발달하기도 한다. 이러한 '그런데'의 문장 접속, 담화 접속 기능 또한 말뭉치 자료를 통하여 3절에서 자세히 다룬다.

4절에서는 '-(으)ㄴ데'와 '그런데'의 의미가 어떠한 관계가 있으며 이들 의미 기능의 분담 양상이 어떠한지 제시한다. 또한 '-(으)ㄴ데'의 의미 중에서 중심 의미로부터 주변 의미가 어떻게 연관을 맺게 되는지, '그런데'의 담화 접속 기능이 '그런데'의 의미와 어떠한 관계를 보이는지 제시한다. 특히 접속 어미 '-(으)ㄴ데'의 중심 의미는 [배경]으로 설정할 수 있으나 '그런데'의 경우 '-(으)ㄴ데'에서 나타나는 [배경]의 의미는 약화되고 [대조] 또는 [전환]의 의미를 강하게 나타내게 되는데 이러한 차이는 '-(으)ㄴ데'와 '그런데'의 접속 단위의 차이와도 관련이 된다. 더 나아가 담화 접속의 '그런데'의 경우 상대방의 말을 끊거나 화자 자신이 이야기하고 있던 화제에서 다른 화제로 전환되는 용법을 보여 이러한 접속 단위와 접속 형식의 의미 간의 상관성을 더욱 잘 보여 주는 근거가 될 것이다.

본 장에서는 위와 같은 논의를 통해 '-(으)ㄴ데'와 '그런데'가 나타내는 의미가 각각 무엇이며 이들이 나타내는 의미 사이의 관련성과 접속

4 '그런데'와 '근데' 사이의 관계에 대해서 중점적으로 논의한 연구는 많지 않으나 대부분의 연구에서 '근데'가 '그런데'의 축약형임을 언급하고 있다. 이 장에서 직접적으로 다루지는 않았으나 말뭉치 상에서의 분포를 관찰하였을 때, 문어에서는 준구어 텍스트(시나리오 등)를 제외하고는 '근데'의 분포가 거의 나타나지 않으며 구어에서 나타나는 '근데'를 '그런데'로 바꾸어 보았을 때 의미 차이가 나타나지 않기 때문에 '근데'를 '그런데'의 축약형으로 보는 것이 타당한 것으로 보인다. 따라서 이 장에서 역시 '근데'를 '그런데'의 축약형으로 간주하여 '그런데'를 기본 형태로 삼고 논의를 진행하도록 하겠다. 더불어 말뭉치에서 출현한 '그런데'와 '근데' 또한 형태를 바꾸어 보아도 의미 차이가 없는 것으로 보이나 구어에서 '근데'의 출현 비율이 높은 것으로 보인다. 또한 담화 접속 기능을 나타내는 경우에는 '그런데'의 형태보다 '근데'의 형태가 매우 높게 나타난다.

단위와의 상관성에 주목하여 살펴봄으로써 한국어 접속 어미, 접속 부사 체계에서의 '-(으)ㄴ데'와 '그런데'의 의미 분담 양상 및 접속 어미와 접속 부사 사이의 관련성 또한 살펴본다.

2. '-(으)ㄴ데'와 '그런데'의 의미

2.1. 접속 어미 '-(으)ㄴ데'의 의미 기능

접속 어미 '-(으)ㄴ데'는 그 의미 기능이 무엇인지에 대하여 개념에서부터 용어에 이르기까지 서로 다른 견해가 많이 제시되어 왔다. 여기에서는 '-(으)ㄴ데'의 기본적인 의미로 [배경]을 제시하고 [배경]의 의미 기능이 무엇인지 비슷한 의미 기능을 가지는 다른 어미들과 함께 사전 기술을 비교하여 제시한 뒤 '-(으)ㄴ데'의 의미 기능에 대해 논의하도록 하겠다.

[배경]은 접속 어미 '-(으)ㄴ데', '-(으)니까', 종결 어미 '-거든' 등의 의미 기능으로 제시되어 왔다. 특히 [배경]을 나타내는 것으로 알려진 어미들은 [이유] 또는 [원인]을 나타낼 수 있기 때문에 이들 의미 사이의 관계가 긴밀하다고도 할 수 있다.

(1) 가. 내가 집에 <u>갔는데</u> 그때 전화벨이 울렸어.
나. 내가 집에 <u>가니까</u> 그때 전화벨이 울렸어.
다. 내가 집에 <u>갔거든</u>. 그때 전화벨이 울렸어.

(1)과 같이 '-(으)ㄴ데', '-(으)니까', '-거든' 등은 후행절의 사태가 일어나는 시간적 배경(또는 지각 상황)을 나타낼 수 있다. 또한 '-(으)ㄴ데'에 대한 사전 기술에서도 이러한 [배경]에 대한 의미가 나타나 있다.

(2) 『표준국어대사전』(이하 『표준』)의 '-(으)ㄴ데'

(('ㄹ'을 제외한 받침 있는 형용사 어간 뒤에 붙어)) 뒤 절에서 어떤 일을 설명하거나 묻거나 시키거나 제안하기 위하여 그 대상과 상관되는 상황을 미리 말할 때에 쓰이는 연결 어미. 예) 볼 것은 많은데 시간이 모자란다. / 방이 좁은데 가구를 너무 많이 가져오지 마라. / 미친놈, 달이 대낮 같은데 어둡다니. - 현진건, 《무영탑》

(3) 『연세한국어사전』(이하 『연세』)의 '-(으)ㄴ데'

뒷절에 표현될 이야기를 끌어가기 위한 설명적 지식이 되는 일반적 상황을 제시함을 나타내는 연결 어미. 예) 보아하니, 학생들 같은데 대낮에 웬일이야. / 난 괜찮은데 당신이 걱정이오.

(2)와 (3)은 각각 『표준』, 『연세』에서의 접속 어미 '-(으)ㄴ데'의 기술을 발췌한 것이다. 이와 같이 '-(으)ㄴ데'는 후행절에서 나타나는 내용에 대한 '설명적 지식이 되는 일반적 상황' 또는 '관련되는 상황'을 제시하는 역할을 한다.

(4) 『표준』의 '-거든'

「2」 해할 자리에 쓰여, 앞으로 할 어떤 이야기의 전제로 베풀어 놓음을 나타내는 종결 어미. 예) 오늘 체육 시간에 씨름을 배웠거든. 그런데 수업이 끝나고 쉬는 시간에 아이들끼리 씨름판을 벌이다가 한 아이가 다쳤어. / 어려운 거 하다가 떨어져 다리라도 부러져 봐, 그놈은 밥 빌어먹을 거밖에 할 게 없거든. 위험에 대한 보상이 없는데 누가 목숨 걸고 미친 짓을 하겠어. - 한수산, 《부초》

(5) 『연세』의 '-거든'

Ⅲ. 종결 어미처럼 쓰임. [말끝을 올리는 등 일정한 억양과 함께 쓰이어] 어떤 사실의 전제로 기능하게 하며 이 다음 내용은 이를 조건으로 받아 전개됨을 나타냄. '-단 말이야, 그래서'의 뜻. 예) 이 독사는 별로 크지도 않은 놈이 독은 지독하거든, 물리기만 하면 당장 죽거든

요. / 내 등록금 훔쳐 가는 걸 붙잡았거든, 그랬더니 이게 내 코를 치잖아.

이러한 [배경]의 의미는 '-거든'의 사전 기술에서도 찾아볼 수 있다. '앞으로 할 어떤 이야기의 전제' 또는 '어떤 사실의 전제'와 같은 기술은 [배경]이 후에 기술되는 사건 또는 사태에 대한 배경 지식, 즉 전제로 제시된다는 것을 의미한다.[5]

그러나 '-(으)니까'나 '-거든'의 경우 [이유]를 뚜렷하게 나타내는 용법이 있는 반면 '-(으)ㄴ데'의 경우 [이유] 의미는 다소 약하게 나타내는 것으로 보인다.

(6) A: 어제 왜 늦게 들어 왔어?
B: 친구들과 약속이 {있었거든, 있었으니까, *있었는데}.

(6)에서처럼 어떠한 사실에 대한 이유를 직접적으로 나타낼 때에는 '-(으)ㄴ데'가 사용되기 어려운 반면 '-거든'이나 '-(으)니까'는 자연스럽게 사용될 수 있다. 이러한 현상은 사전 기술에서도 드러나는데, '-(으)니까'와 '-거든'의 사전 기술에는 [이유]에 대한 의미 항목이 존재하

5 반면 '-(으)니까'에 대한 사전 기술에서는 [배경]에 대한 의미 기술이 다르게 나타나는데, 특히 『표준』에서는 "앞말이 뒷말의 원인이나 근거, 전제 따위가 됨을 나타내는 연결 어미."로 기술되어 [이유]와 [배경]이 하나의 의미 항목으로 제시되었으나 『연세』에서는 '-(으)니까'의 기술에서 "앞의 사실이 진행된 결과 뒤의 사실이 그러함을 나타낸다.", "앞의 행동을 진행한 결과 곧 뒤의 행동이 일어나거나 어떠한 상태로 됨을 나타낸다."와 같이 [배경]으로 보이는 의미를 제시하고 있다. 즉 '-(으)니까'의 경우 '발견 또는 지각 상황'에 좀 더 초점을 맞추어 제시하고 있는 것으로 보인다. 이러한 의미는 [배경]을 넓게 정의할 경우 포함될 수 있으나 [배경]과 [지각(상황)]을 분리하는 경우 '-(으)니까'는 [배경]이 아닌 [지각(상황)]을 나타내는 것으로 기술될 수 있다.

는 반면 '-(으)ㄴ데'의 사전 기술에는 이러한 용법에 대한 기술이 없다.

여기에서는 [배경]을 후행절(또는 후행 문장)을 이해하기 위한 배경적 상황 또는 지식을 제시하는 의미 기능으로 정의하고자 한다. 특히 '-(으)ㄴ데'의 이러한 [배경] 의미에 대해서는 아래에서 자세히 논의하도록 하겠다.

선행 연구에서 '-(으)ㄴ데'의 의미 기능으로 제시한 것은 [대조(대립)], [상황], [배경], [이유] [정보], [환경], [도입], [설명] 등으로 다양하다. '-(으)ㄴ데'의 의미 기능에 대하여 논의한 주요한 선행 연구에서 제시한 '-(으)ㄴ데'의 의미 기능을 예문과 함께 보이면 다음과 같다.

(7) 이기동(1979) : 배경설정소

가. [도입] 옛날 이 고을에 주막이 있었는데, …

나. [배경] 너 이제 잘 하는데 뭣이 걱정이냐? / 방안에 책상이 하나 있는데 그 위에 물병이 있다. / 미국에 있는 친구들을 만나보았는데 한 친구는 돈을 많이 벌었더라.

다. [단언의 근거] 내 짐작인데 그 사람 내일 온다. / 내가 직접 가서 확인했는데 철수는 시험에 떨어졌다.

라. [묘사] 저 사람들은 한밤중인데 저렇게 떠든다. / 무심코 길을 걷고 있는데 무서운 개가 불쑥 나타났다.

이기동(1979)에서는 '-(으)ㄴ데'를 '배경설정소'로 설정했는데 이때 배경으로 제시되는 사실은 청자가 전혀 모르는 사실일 수도 있고 아는 사실이지만 대화 시에 의식을 하고 있지 않는 사실일 수도 있다고 하였다. 특히 이기동(1979)에서는 화용론적 입장에서 '-(으)ㄴ데'가 화자가 어떤 사실을 청자에게 상기시켜서 청자 자신이 뒤에 오는 사실이나 행동을 연관지어 보도록 하는 것이라고 설명하였고 이에 따라 '-(으)ㄴ데' 절이 나타내는 사태는 [배경]이 된다고 하였다. 이에 따라 다양한 문장 유형에서 나타나는 '-(으)ㄴ데'의 화용상의 기능을 여러 가지로 나누어 제시한 것이다. 즉, (7)에서 제시한 화용상의 기능은 [배경]을 나타내는 접속 어미인 '-(으)ㄴ데'가 사용되었을 때 나타날 수 있는 화용상의 기능을 몇 가지 보인 것이다.

이와 관련하여 서정수(1994)에서는 '-(으)ㄴ데'가 [설명 상황], [대조 상황], [지시 상황], [함축 상황] 등의 의미 기능을 가지는 '상황 접속소'라고 제시한 바 있다. 이희승(1961)에서는 '다음의 말을 끌어내기 위하여 미리 관계될 만한 사실을 말할 때 쓰는 연결 어미'와 '남의 반응을 기대하거나 미진한 뜻을 남기며 감탄의 뜻을 나타내는 종결 어미'로 나누어 제시하기도 하였다.

또한 '-(으)ㄴ데'를 [대조]의 접속 어미로 파악한 논의가 적지 않은데, 아래의 (8가, 나)에 해당하는 '-(으)ㄴ데'는 선행절과 후행절이 대조 또는 대립을 이루고 있는 것으로 보인다. 또한 (8다)와 같이 선행절로 인하여 추론되는 기대의 부정, 즉 [양보]의 예로 보이는 예도 발견된다.

(8) 가. 철수는 착한데 고집이 세다.
나. 영수는 키가 큰데 민수는 키가 크지 않다.
다. 난방을 했는데 따뜻하지 않다.

(이재성 2016: 260)

일부 논의에서는 '-(으)ㄴ데'의 의미 기능으로 [이유]를 제시하기도 하는데 (9)와 같은 예문에서 '-(으)ㄴ데'로 나타나는 선행절이 후행절의 이유 또는 근거를 제시하는 역할을 하기 때문이다.

(9) 비가 오는데 우산 가지고 가라.

(이재성 2016: 260)

이 글에서는 '-(으)ㄴ데'의 의미를 크게 [배경], [전환], [대조], [양보], [이유]의 총 다섯 가지로 보고 '-(으)ㄴ데'를 [배경]의 접속 어미로 설정하고자 한다. 각각의 의미 및 의미 기능 간의 관련성에 대해서는 아래에서 논의한다.

먼저 [배경]에 해당하는 '-(으)ㄴ데'를 살펴보면 다음과 같다.

(10) 가. 옛날에 한 농부가 <u>살았는데</u>, 어느 날 그 농부가 밭을 갈고 있었다. (김용석 1981)

나. 한강은 남한강과 북한강으로 크게 <u>나누어지는데</u> 이 두 물줄기는 두물머리에서 하나로 합쳐진다. 〈수기전기〉[6]

다. 구관과 신관이 <u>있는데</u> 구관은 백 년이 넘는다고 한다. 〈소설수필〉

(10가)는 전형적으로 '-(으)ㄴ데' 절이 후행절 사태를 이해하기 위하여 필요한 배경 지식을 도입하는 역할을 하는 '-(으)ㄴ데'의 예이다. 또한 (10가)의 경우에는 이야기의 첫머리에서 주로 나타나는 용법으로 이야기가 전개되기 위하여 필요한 전제(특히 존재 전제)를 제시하는 기능을 한다. 특히 '옛날에'라는 시간적 배경과 이야기의 주인공이자 화제인 '농부'가 '살았다'는 것을 제시함으로써 자연스럽게 독자 또는 청자가 앞으로 나올 이야기의 화제가 '농부'라는 것을 인식할 수 있게 하는 것이다. 이때의 '-(으)ㄴ데' 절은 해당 담화에 화제를 도입하는 역할을 한다. (10나, 다)의 경우 선행절이 초점이 되고 후행절이 선행절의 내용에 대하여 부연 설명을 하는 것으로 볼 수도 있으나 이러한 문장 또한 선행절이 후행절 내용을

6 본 장에서 제시하는 말뭉치 예문은 1장에서 언급한 〈새 연세 말뭉치 Ⅰ, Ⅱ〉에서 추출한 것이며 일부 말뭉치 예문은 이해를 돕기 위하여 간결하게 수정하여 제시하였음을 밝힌다.

제시하기 위한 배경 설명으로 기능한다고 보는 것이 더 적절하다고 본다.[7]

박재연(2011)에서는 이와 같은 '-(으)ㄴ데'의 의미 기술의 메타언어로 사용된 '설명, 상황, 배경' 중에서 '설명'은 문장 유형이나 발화 목적 등으로 사용될 수 있으므로 적절치 않다고 하였으며 '상황'에 대해서도 모든 명제 내용이 표상하는 바가 상황(situation)이라고 할 수 있기 때문에 적절치 않다고 보았다. 또한 '배경'은 '전경'이나 '초점'에 대비되는 개념이므로 정보 구조와 관련이 있을 가능성이 있다. 그러나 '-(으)ㄴ데'의 [배경] 의미 기능은 화자의 선행 지식이나 화자가 이미 가지고 있는 정보에 대한 가정(정보구조와 관련되는 개념)이 아니며 후행절 내용에 대하여 상대적으로 두드러지지 않는 내용인 '배경(전경과 대비되는 개념)'을 의미하는 것이 아니라, 후행절 사태가 일어나는 시간적·공간적 배경이나 후행절을 이해하기 위하여 선행절에서 제시하는 내용을 가리키는 것이다. 즉, '-(으)ㄴ데' 절은 후행절의 내용을 제시하기 위한 바탕이 되는 사태를 제시하는 역할을 한다. 이러한 측면에 비추어 일부 논의에서는 '도입'이라는[8] 용어를 사용하기도 했는데 '도입'이라는 기능은 일반적으로 선행절이 하는 기능으로 볼 수 있으며 무엇을 도입한다는 것인지 그 대상이 명확하지 않아 이 장에서는 '배경'이라는 용어를 사용하는 것이 적절하다고 보았다.

---

7 이러한 경우 필자 또는 화자의 의도에 따라 해석이 달라질 수 있을 것으로 보인다. 그러나 이 장에서는 한국어의 이어진 문장에서 일반적으로 후행절이 더 통사적·의미적으로 중요한 역할을 한다고 보아 선행절을 후행절에 대한 배경 설명을 하는 기능으로 파악하였다.

8 송대헌(2015)에서는 접속 어미 '-(으)ㄴ데'가 기본적으로 뒤에 오는 내용에 대한 상황을 설명하거나 제시하는 기능을 가지고 있다. 즉, 뒤에 언급할 내용과 관련되는 것을 먼저 도입하여 상대방의 관심과 호기심을 환기시키는 기능을 한다고 하였다.

(11) 가. 스케이트장에 가려고 언덕길을 내려가는데 앞이 보이지 않았다. 〈소설수필〉
나. 한참을 그렇게 걷고 있는데 인기척이 났다. 〈잡지〉
다. 회의 전 기자들이 넘긴 기획안을 쭉 훑어보는데 기획안 하나가 내 눈길을 끌었다. 〈소설수필〉

(11)의 예문은 [전환]에 해당하는 '-(으)ㄴ데'의 예문이다. (10)에서는 주로 후행절을 이해하기 위한 배경 지식을 도입하는 역할의 '-(으)ㄴ데'나 (11)에서는 후행절 사태가 일어나는 시간적 배경을 도입하는 역할을 한다는 점에서 차이가 있다. 이 장에서는 이러한 의미 기능 또한 넓은 의미에서의 [배경]으로 설정하고자 하는데, 이러한 '-(으)ㄴ데' 절은 문맥에 따라 [전환]의 의미를 드러내기도 한다. [전환]은 일반적으로 접속어미 '-다가'가 가지는 의미 기능으로 간주되는 것이다. 그런데 '-다가'는 선행절과 후행절의 주어가 동일한 것이 일반적이기 때문에 선행절과 후행절의 주어가 다른 (12나)는 비문이 되는 반면 '-(으)ㄴ데'는 그러한 제약이 거의 없다.

(12) 가. *한참을 걷고 있다가 인기척이 났다.
나. 한참을 걷고 있는데 인기척이 났다.
(13) 가. 잠을 자다가 무서운 꿈을 꾸었다.
나. 잠을 자는데 무서운 꿈을 꾸었다.
(14) 가. 아이는 공부를 하다가 잠이 들었다.
나. ?아이는 공부를 하는데 잠이 들었다.

(13가)와 (13나)는 거의 동일한 사태를 나타낸다. 그러나 '-다가' 절이 선행절 사태의 중단과 후행절 사태의 시작을 의미하는 (14가)와 같은 의

미 기능을 나타낼 때에는 '-(으)ㄴ데'로 교체되기 어렵다. (13)과 (14)의 의미를 고려하였을 때, '-다가'는 사태의 완전한 전환에 해당한다고 볼 수 있지만 '-(으)ㄴ데'는 선행절 사태가 일어나는 중에 후행절 사태가 함께 일어나거나 시작되는 경우를 나타내는 것으로 보인다. 즉, 이러한 '-(으)ㄴ데' 절은 후행절 사태의 시간적 배경이 된다. 그러나 초점이 되는 사건이 후행절로 도입되면서 사태의 국면이 전환된다는 점에서 (13)과 같이 '-다가'와 교체될 수 있는 '-(으)ㄴ데' 절이 나타나는 것이다. 또한 선행절과 후행절의 주어가 다른 경우 '-다가'가 쓰일 수 없고 '-(으)ㄴ데'만 가능한 것(12) 역시 이러한 '-(으)ㄴ데'와 '-다가'의 차이에서 비롯하는 것으로 보인다. 따라서 이 글에서는 '-다가'와 교체될 수 있는 일부 '-(으)ㄴ데'의 경우 [전환]의 의미 기능을 하는 것으로 본다. 그러나 이때의 '전환'은 행위의 중단과 시작이 일어나는 행위의 '전환'이라기보다는 사태의 국면이 '전환'되는 것이다. 또한 이러한 '-(으)ㄴ데'의 [전환] 의미는 [배경]에서 비롯하는 의미로 보인다.[9]

'-(으)ㄴ데'는 [대조]의 의미 기능도 나타내는 것으로 보이는데 [대조]의 의미 기능을 나타내는 접속문은 선행절과 후행절이 대등하게 연결된 것이기 때문에 선행절과 후행절의 위치를 바꾸어도 의미상의 변화가 없다고 보는 견해가 많다. 그러나 '-(으)ㄴ데'로 이어진 문장에서는 후행절 사건에 더 초점이 있는 것으로 보는 것이 적절한 것으로 보인다. 즉, 화자는 후행절 사건에 더 관심을 두고 있으며 이에 대하여 대조적인 사건을 선행절에 제시함에 따라 후행절 사건에 더 초점이 갈 수 있도록 하는 것이다.

9 의미 사이의 관계에 대해서는 4절에 기술되어 있다.

(15) 가. 형은 공부를 잘하는데 동생은 공부를 못한다.
나. 예전에는 가족들이 면회를 자주 왔는데 요즘은 통 오지 않는다고 하였다. 〈잡지〉
다. 아까는 분명 아무도 없었는데 지금은 파라솔에 두 쌍의 신혼부부가 앉아 맥주를 마시고 있다. 〈소설수필〉
라. 주변에 큰 회사들이 많아서인지 12시가 채 되지도 않았는데 벌써 만원이다. 〈수기전기〉
마. 불을 켰는데 방이 어둡다.

(15가)는 대표적인 [대조]의 '-(으)ㄴ데'라고 할 수 있다. 즉, 선행절과 후행절에 대조되는 두 사태가 제시되어 있다. 또한 (15나), (15다)의 경우에도 선행절과 후행절의 사태가 의미적으로 대조를 이루고 있음을 알 수 있다. 그런데 (15라)의 경우 단순히 명제적 의미의 대조로 설명하기 어렵다. 즉 어떠한 '기대'나 '예측되는 상황'이 필요한 것이다. (15라)에서 선행절인 '12시가 채 되지 않았다'와 후행절 '벌써 만원이다' 사이에는 '(12시가 채 되지 않아) 사람이 별로 없을 것이라고 예상하였는데'와 같은 논리적인 연결 고리가 필요하다. 이러한 관계는 주로 [양보]의 의미 기능으로 논의되는 것이다. [양보]란 선행절에 의해서 예상되는 내용에 어긋나는 내용을 후행절에 이어주는 것인데, 즉 선행절에 의해 일반적으로 예측되는 결과와 반대되는 내용이 후행절에 나타나는 것이다. 이러한 정의에 따르면 (15라)는 '양보'의 의미 기능을 나타내는 '-(으)ㄴ데'로 볼 수 있다.

그러나 일반적으로 [대조]를 나타내는 표현은 문맥에 따라 [양보]의 의미를 나타낼 수 있다. 대표적인 [대조]의 접속 어미 '-지만', '-으나'의 경우에도 [양보]를 나타낼 수 있는데 '-(으)ㄴ데' 또한 [대조]의 의미 기능이 있어 문맥에 따라 [양보]의 의미를 나타낼 수 있는 것으로 해석할 수 있다.

(16) 가. 형은 공부를 {잘하지만, 잘하나} 동생은 공부를 못한다.
나. 불을 {켰지만, 켰으나} 방이 어둡다.
다. 주변에 큰 회사들이 많아서인지 12시가 채 되지도 {않았지만, 않았으나} 벌써 만원이다.

특히 '-(으)ㄴ데'에 '도'가 결합하여 '-(으)ㄴ데도'와 같이 쓰이는 경우 [양보]의 의미를 나타내는 것으로 보이는데 이러한 의미는 특히 '도'에 이끌린 것으로 보인다.[10]

(17) 가. 소화제를 먹었는데도 체기가 가라앉지 않는다.
나. 철수가 갔는데도 명수가 안 간다.

또한 '-(으)ㄴ데'의 일부 용법 중에는 '-(으)니까'와 교체될 수 있는 용법이 있다. 예를 들어 아래의 (18가)는 (18나)와 같이 '-(으)ㄴ데'를 '-(으)니까'와 교체해도 큰 의미 차이가 없는 것으로 보인다.

(18) 가. 그 사람은 공부를 열심히 하는데 시험에 합격하겠지.
나. 그 사람은 공부를 열심히 하니까 시험에 합격하겠지.

그런데 '-(으)니까'와 교체되는 것으로 보이는 다른 예문에서 '-(으)ㄴ데'를 [이유]의 의미 기능을 하는 것으로 볼 수 있을지는 고찰이 필요할 것으로 보인다. 예를 들어 아래의 (19)의 경우 '-(으)ㄴ데'와 '-(으)니까'가 모두 나타날 수는 있으나 이들이 나타내는 의미가 모두 [이유]라고 보기는 어렵기 때문이다.

10 이는 다른 접속 어미 '-서', '-면서', '-고' 등에 '도'가 결합하여 쓰이는 경우에도 동일하게 '양보'의 의미 기능을 하기 때문이다. 이에 대해서는 이기동(1977)을 참조하라.

(19) 가. 비가 오는데 우산을 가지고 가세요.
　　나. 비가 오니까 우산을 가지고 가세요.

(19)의 두 문장을 나란히 놓고 비교하였을 때에는 모두 선행절이 후행절의 '이유'로 해석될 수 있을 것으로 보이지만 (19가)에서의 '-(으)ㄴ데'는 일종의 상황 설명 또는 배경 제시라고도 해석될 여지가 있기 때문이다. 즉, 우산을 가지고 가라는 발화를 하기 위한 일종의 배경 설명으로서의 기능을 한다고 볼 수 있다.[11] 또한 선·후행절이 인과 관계에 있는 다른 '-(으)니까'의 예문에서는 '-(으)ㄴ데'로 대치하기 어려운 것을 관찰할 수 있다. 특히 (20다)와 (20라)의 경우 '-(으)니까'를 '-(으)ㄴ데'로 바꿀 경우 선행절이 가지는 의미 기능이 마치 [배경] 또는 [대조]처럼 보인다.

(20) 가. 우리가 먼저 약속을 했으니까 만나야 한다.
　　나. *우리가 먼저 약속을 했는데 만나야 한다.
　　다. 그 길은 험하니까 다른 길로 돌아 왔다.
　　라. 그 길은 험한데 다른 길로 돌아 왔다.

따라서 이 장에서는 '-(으)ㄴ데'의 기본적인 의미 기능으로 [이유]를 상정하기는 어려우며 일부 문맥에서 나타나는 [이유]의 의미는 [배경]의 의미 기능에서 문맥에 따라 나타나는 의미로 본다. 논리적인 관계로 보았을 때 [이유]는 어떠한 결과 또는 결론이 나타나거나 내려지기 위한 일종의 논리적인 배경이기 때문이다. 따라서 그러한 배경에 따라 논리적으로 나타나는 결과 또는 결론이 후행절에 나타나는 경우 [이유] 의미가

11 특히 이러한 점은 아래와 같이 의문문으로 바꾸어 보았을 때 분명하게 드러난다.
　ㄱ. 비가 오는데 우산 안 가지고 가세요?
　ㄴ. *비가 오니까 우산 안 가지고 가세요?

문맥적으로 나타난다고 간주하는 바이다.

이에 따라 이 장에서는 '-(으)ㄴ데'가 나타내는 의미 기능이 크게 [배경]과 [대조]의 두 가지인 것으로 보고 [전환]과 [이유]의 의미는 [배경]에서, [양보]의 의미는 [대조]에서 문맥적으로 발생한 의미로 본다.[12] 그런데 이때 [배경]과 [대조]의 관계에 대해서도 살펴볼 필요가 있는데 '-(으)ㄴ데'의 기원(-ㄴ + ᄃᆞ + 의)을 고려하였을 때 [배경]이 더 원형적이고 기본적인 의미인 것으로 보인다.[13]

2.2. 접속 부사 '그런데'의 의미 기능

선행 연구에서 '그런데'의 의미 기능으로 논의된 것은 [(화제) 전환], [대조(대립)], [양보], [부연(설명)] 등이 있다. 김미선(2001)에서는 '그런데'의 의미로 [전환], [양보], [기대부정], [대조], [설명] 등을 제시하였고 '그런데'의 원형적 의미로 [전환]을 들고 있다. 또한 전영옥·남길임(2005)에서는 '그런데'의 기본 의미를 [대립]으로 설정하고 [대립]의 의미에서 [상황 제시]의 기능으로 나아간다고 설명하였다. 또한 전영옥·남길임(2005)에서는 '그런데'의 쓰임이 문어보다 구어에서 더 다양하게 실현된다고 하면서 구어에서 사용되는 '그런데'는 논리적인 전개뿐만 아니

---

12 그러나 3절에서 '-(으)ㄴ데'의 의미 기능에 대한 말뭉치 분석을 진행할 때에는 [배경], [전환], [이유], [대조]의 네 가지 의미 기능으로 나누어 분석하였다. 이는 [대조]와 [양보]의 의미 기능을 뚜렷하게 구분할 수 없는 예문이 많이 있었으며 [양보]의 의미는 [대조]의 의미 기능을 나타내는 대부분의 접속 어미 또는 접속 부사가 문맥적으로 나타낼 수 있는 의미이기 때문에 [배경]을 주된 의미 기능으로 가지는 '-(으)ㄴ데'의 의미 기능을 파악하는 데에 [대조]와 [양보]를 엄밀하게 구분하는 것이 중요한 관찰 대상은 아니기 때문이다.

13 이러한 '-(으)ㄴ데'의 의미 기능 사이의 관련성에 대해서는 4절에 상세히 기술되어 있다.

라 청자와의 상호작용을 통해 발언권을 획득하고 유지하는 기능으로도 활용된다고 하였다. 그러나 후자의 기능(발언권을 획득하고 유지하는 기능)은 아래에서 언급될 담화 접속 기능으로 접속 부사 '그런데'의 의미 기능이라고 보기에는 어려울 듯하다.

아래에서는 '-(으)ㄴ데'에서 설정한 의미 기능을 바탕으로 하여 '그런데'의 의미 기능을 살펴보고자 한다. 먼저, '그런데'는 '-(으)ㄴ데'가 가지고 있는 기본적인 의미 기능인 [배경]의 의미 기능을 동일하게 갖고 있다. 그런데 [배경]의 경우 특히 접속 부사의 의미 기능으로서 용어상의 문제가 있을 수 있기 때문에 이에 대하여 간략히 언급하고자 한다. 접속 부사인 '그런데'의 경우 후행문의 앞머리에 나타나는 것이 일반적이며 '그런데' 자체가 어떤 [배경]의 의미를 나타낸다고 보기는 어렵다. 그러나 [배경]을 나타내는 '-(으)ㄴ데'에서 나타나는 선행절과 후행절을 '그런데'로 접속되는 문장으로 바꾸었을 때 동일한 의미를 나타낸다고 할 수 있다. (편의상 위에서 제시한 '-(으)ㄴ데' 예문 (10, 11)을 함께 제시하였다.)

(10, 11) 가. 옛날에 한 농부가 <u>살았는데</u>, 어느 날 그 농부가 밭을 갈고 있었다. (김용석 1981)
나. 한강은 남한강과 북한강으로 크게 <u>나누어지는데</u> 이 두 물줄기는 두물머리에서 하나로 합쳐진다.
다. 스케이트장에 가려고 언덕길을 <u>내려가는데</u> 앞이 보이지 않았다.
라. 한참을 그렇게 걷고 <u>있는데</u> 인기척이 났다.
마. 회의 전 기자들이 넘긴 기획안을 쭉 <u>훑어보는데</u> 기획안 하나가 내 눈길을 끌었다.
바. 구관과 신관이 <u>있는데</u> 구관은 백 년이 넘는다고 한다.

(21) 가. 옛날에 한 농부가 살았다. <u>그런데</u> 어느 날 그 농부가 밭을 갈고 있었다.

나. 한강은 남한강과 북한강으로 크게 나누어진다. <u>그런데</u> 이 두 물줄기는 두물머리에서 하나로 합쳐진다.
다. 스케이트장에 가려고 언덕길을 내려갔다. <u>그런데</u> 앞이 보이지 않았다.
라. 한참을 그렇게 걷고 있었다. <u>그런데</u> 인기척이 났다.
마. 회의 전 기자들이 넘긴 기획안을 쭉 훑어보았다. <u>그런데</u> 기획안 하나가 내 눈길을 끌었다.
바. 구관과 신관이 있다. <u>그런데</u> 구관은 백 년이 넘는다고 한다.

위의 (10, 11)과 (21)과 같이 '-(으)ㄴ데'로 접속된 하나의 문장이 '그런데'로 접속되는 두 문장으로 바뀌어도 문장의 의미는 변하지 않는다. 이러한 경우의 '-(으)ㄴ데'는 [배경] 또는 [전환]을 나타내는 것으로 간주하였다.[14] 또한 아래의 (22)와 같은 문장 역시 '그런데'로 접속된 두 문장을 '-(으)ㄴ데'로 접속된 두 절로 대치할 수 있다고 보아 '-(으)ㄴ데'의 의미 기능으로 설정한 [배경]의 용법으로 보았다.

(22) 가. 최근엔 허균인가 누군가를 소재로 다시 그림을 그리기로 했다는 기사를 본 적이 있었다. <u>그런데</u> 난데없이 붓 꺾은 사연이라니. 〈소설수필〉
나. 곰은 원래 햇볕 따뜻한 풀밭에서 뒹굴거나, 시냇가에서 철벅거리며 물고기와 노는 것을 좋아하지요. <u>그런데</u> 곰은 다른 동물들을 난처하게 만들 때가 종종 있었습니다. 〈소설수필〉

또한 '그런데'는 [대조(양보)]의 의미 기능도 나타낸다. 이 역시 위와 같이 [대조(양보)]를 나타내는 '-(으)ㄴ데' 구문과 대치가 가능한 경우를 나타낸다.

---

14 여전히 '그런데' 자체를 '배경'의 접속 부사로 볼 수 있는지에 대해서는 논란의 여지가 있으나 이 장에서는 동일한 의미 기능을 나타내는 접속 어미와 접속 부사를 비교·대조하는 것이 목표이므로 '-(으)ㄴ데'에 맞추어 메타언어를 선정하기로 한다.

(23) 가. 그 사람은 멍청한 거야. 근데 똑똑한 줄 알어. 〈공적독백〉
나. 제가 북한을 봤을 때 민간은 있었습니다. 그런데 이 전문가들이 보고 민간이 없다 그러면 가서 본 저도 상당히 혼돈을 느낍니다. 〈공적대화〉
다. 참 어저께 영미가 분명히 마른다고 그랬잖아. 근데 안 말랐단 말이야. 〈사적대화〉

따라서 (23)와 같은 '그런데'의 용법은 [대조(양보)]로 볼 수 있을 것으로 보인다. 특히 [대조(양보)]의 '그런데'는 '그러나', '그렇지만'과 같은 대표적인 [대조]의 접속 부사와도 대치될 수 있다는 점에서 [대조]의 의미 기능이 뚜렷하게 드러난다.

또한 '-(으)ㄴ데'에는 나타나지 않는 '그런데'의 용법으로 [화제 전환]이 설정될 수 있다. [화제 전환]은 [배경], [전환]이나 [대조]와는 달리 앞서 언급되고 있던 화제가 아닌 다른 화제로 전환되는 것을 가리킨다. 예를 들어 아래의 (24가) 또는 (24나)는 '농부' 또는 '그 사람(의 속성)'이라는 공통된 화제로 텍스트가 전개되고 있으나 (24다)의 경우에는 앞서 이야기하던 화제(수동태, 문형)와 완전히 다른 화제(연극 감상문)로 새로운 텍스트를 시작하는 기능을 한다. 이러한 경우의 '그런데'는 [배경], [전환]이나 [대조]와는 다른 기능을 하는 것이기 때문에 [화제 전환하기]의 기능으로[15] 보았다.

(24) 가. 옛날에 한 농부가 살았다. 그런데 어느 날 그 농부가 밭을 갈고 있었다.
나. 그 사람은 멍청한 거야. 근데 똑똑한 줄 알어.

15 [화제 전환]의 의미 기능 또한 용어상의 문제가 있다. '화제' 개념은 주로 정보구조 또는 화용론적 논의에서 논의되는 것이므로 엄밀하게 통사의미적인 것이라고 보기 어렵기 때문이다. 그러나 접속 부사의 특성상 텍스트 단위에서 작동하는 의미 기능이 있어 불가피하게 도입하게 되었다. 이에 대해서는 추후 수정될 수 있다.

다. 문형 자체가 수동태라는 문형 자체는 없어요. 근데 여러분들 나중에 감상문 쓰는 거 보면 알겠지만, 해마다 매 학기마다 연극을 보거든요?

그러나 [화제 전환하기]는 '그런데'의 문장 접속 기능으로 보기는 어려울 것으로 보인다. [화제 전환]이라는 기능은 문장과 문장을 접속한다기보다 담화(텍스트)와 담화(텍스트) 사이에서 일어나는 기능이기 때문이다. 즉 (24다)의 경우 '근데' 앞에 나타나는 문장들을 '문형(또는 수동태)을 화제로 삼는 담화'와 '연극(감상문)을 화제로 삼는 담화'를 잇는 역할을 한다. 따라서 [화제 전환하기]는 '그런데'의 문장 접속 기능이 아닌 담화 접속 기능으로 파악된다. 따라서 여기에서는 '그런데'의 문장 접속 기능으로 [배경], [전환], [대조]의 세 가지를 설정하는 바이다.[16]

'그런데(근데)'의 담화 접속 기능으로는[17] [화제 도입], [이의 제기], [부연 요청], [발언 재촉] 등이 제시되어 왔다(김미선 2012). 특히 앞서 언급한 바와 같이 김미선(2012)에서 '그런데(근데)'의 기본 의미로 제시한 [화제 도입]의 경우 새로운 화제를 도입함으로써 담화의 기존 화제를 배경화하고 새로운 화제로 전환하는 담화 접속 기능으로 볼 수 있다. 그러나 '그런데(근데)'의 경우 앞서 언급되던 화제에서 다른 화제를 제시하는 기능을 하므로 '도입'보다는 '전환'이 더 적절한 용어라고 보여 여기에서는 [화제 도입]이 아닌 [화제 전환하기]를 설정하였다.[18] 그런데 '그런데(근데)'의

16 3절에서도 언급되겠지만 [이유]에 해당하는 '그런데'는 찾아볼 수 없었다.

17 이 장에서는 접속 부사 '그런데'가 여러 가지 담화 접속의 기능을 수행할 수 있다는 전제하에 접속 부사와 담화 표지를 별개의 것으로 분리하지 않고 접속 부사 '그런데'가 문장 접속(기존의 접속 부사가 수행하는 기능에 해당)과 담화 접속(주로 담화 표지가 가지고 있는 기능에 해당)의 두 가지 기능을 모두 가지고 있는 것으로 간주한다.

18 접속 부사가 가지는 문장 접속의 기능과 담화 접속의 기능을 구분해 주기 위하여 담화 접속 기능에 해당하는 것은 [~하기]와 같은 형식으로 제시하였다. 다만 선행 연구에서 제시된 용어의 경우 그대로 [부연 요청], [이의 제기] 등으로 표시하였다.

[화제 전환하기] 용법에는 한 화자가 앞서 이야기하던 화제가 아닌 다른 화제로 전환하기 위하여 '그런데(근데)'를 사용하는 경우와 한 화자(A)가 이야기하는 화제에서 다른 화제로 전환하기 위하여 다른 화자(B)가 '그런데(근데)'를 사용하는 경우로 나뉠 수 있다. 그러나 이 두 '그런데(근데)' 모두 화제를 전환하는 담화적 기능을 수행한다는 점에서 동일한 [화제 전환하기]의 기능을 수행하는 것으로 볼 수 있다.[19]

(25) 유경 : 뭐 저만 힘든 것도 아닌데요. 뭐... 선배들도 셰프님도 다들 열심인데 제가 조금이래도 도움이 되야죠... 참, 근데요, 지난번에 셰프님 집에서 둘이 무슨 얘기하신 거예요?

〈'파스타' 19회〉 (김미선 2012)

(26) A: (기존 화제에 대한 이야기) 그랬더라구.

B: 그런데 며칠 전에 티비에 나와서 연예인 누가 그랬는데, (생략) 〈사적 대화〉

또한 김미선(2012)에서 제시한 [이의 제기](27ㄱ), [발언 재촉](27ㄴ) 등도 '그런데'의 문장 접속 기능이라기보다 담화 접속의 차원에서 나타나는 기능이라고 볼 수 있다. 특히 [이의 제기], [부연 요청], [발언 재촉] 등이 어떤 화자 A가 발화하는 내용에 대하여 화자 B가 반응하는 상황에서 나타나는 점이기 때문에 이러한 경우 문장 접속의 기능은 거의 사라지고 담화 접속의 기능만 남아 있다고 볼 수 있다.

19 (26)과 같이 기존에 이야기하고 있던 화제와 전혀 관련이 없는 다른 화제로 전환되는 경우도 있으나 관련되는 화제로 전환되는 경우도 있다. 그러나 기존의 화제와는 다른 화제로 전환된다는 점에서 두 용법을 동일한 [화제 전환]의 기능으로 간주하였다.

(27) 가. [이의 제기]

유경: 여, 여기는 쫌 쉐프...

현욱: 내 말이 우습나?

유경: 안, 우습습니다.

현욱: (벼락같이) 근데?

유경: 주방 보조 비었잖습니까?

〈'파스타' 2회〉 (김미선 2012)

나. [발언 재촉]

A: 그래서 그 사람이 다시 만나자고 문자를 보냈잖아.

B: 근데?

A: 나는 별로 생각 없다 이거지.

그런데 김미선(2012)에서 제시한 [부연 요청]과 [발언 재촉]은 분리되기 어려운 기능인 것으로 보인다. 이에 따라 본 장에서는 '그런데(근데)'의 이러한 기능을 [후속 발화 요구하기]로 정의하도록 하겠다. 또한 [이의 제기] 역시 반론이나 이의를 직접적으로 제기한다기보다 선행 발화에 대한 부정적인 태도를 제시하는 것에 가까운 것으로 보인다. 이에 따라 '그런데(근데)'의 (27가)와 같은 담화 접속 기능을 [부정적 태도 표현하기]로 보도록 하겠다. 이러한 '그런데'의 여러 담화 접속 기능에 대해서는 3절에서 더 자세히 다루도록 하겠다.

3. '-(으)ㄴ데'와 '그런데'의 말뭉치 분석

여기에서는 '-(으)ㄴ데'와 '그런데'가 의미 기능별로 어떠한 쓰임을 보이고 있는지 〈새 연세 말뭉치〉를[20] 통하여 살펴보려고 한다. 각 접속어는 의미별로 어떤 사용을 보이고 있는지 문어와 구어로 나누어 살펴볼 것이다. 다음으로 사용역은 담화 방법에 따라 크게 문어와 구어, 그리고 다시 이를 세분화하여 살펴볼 것이다.

〈새 연세 말뭉치1〉은 1957년부터 2004년까지에 생성된 자료로 신문(32.2%), 잡지(19.4%), 소설 및 수필(17.1%), 학술 및 교양(9.4%), 수기 및 전기(8.5%), 교과서(8%), 준구어(5.4%)로 되어 있고, 〈새 연세 말뭉치2〉는 1990년부터 2005년까지에 생성된 자료로 대화-공적(20.8%), 대화-사적(39.2%), 독백-공적(27.5%), 독백-사적(12.4%)로 구성되어 있다. 연세 말뭉치는 문어와 구어의 비율이 1:1로 적절하고 다양한 장르의 글말과 입말로 구성되어 있는 균형 말뭉치로서 접속어의 의미 기능을 살펴보기에 적절한 규모라고 판단되었다. 〈표 3-1〉은 '새 연세 말뭉치'의 구성과 규모를 정리한 것이다.

〈표 3-1〉 '새 연세 말뭉치'의 구성과 규모

	새 연세 말뭉치1	새 연세 말뭉치2
언어	현대 한국어 문어	현대 한국어 구어
말뭉치 성격	문어 균형 말뭉치	구어 균형 말뭉치
규모	100만 마디	99만 마디
바탕 말뭉치	1975~2004년에 생성된 문어 말뭉치	1990년~2005년에 녹음 전사된 자연 발화 말뭉치
구성	신문(32.2%), 잡지(19.4%), 소설 및 수필(17.1%), 학술 및 교양(9.4%), 수기 및 전기(8.5%), 교과서(8%), 준구어(5.4%)	대화-공적(20.8%), 대화-사적(39.2%), 독백-공적(27.5%), 독백-사적(12.4%)

20 이후 '연세 말뭉치'로 약칭한다.

3.1. '-(으)ㄴ데'의 말뭉치 분석

연세 말뭉치에서 나타난 '-(으)ㄴ데'는 문어 2,823문장, 구어 11,982문장이 있었는데 이 중 각각 500개를 무작위로 추출하여 살펴보았다. 문어에서는 [배경](51.0%), [전환](24.2%), [대조](17.6%), [이유](7.0%) 순으로 나타났고, 구어에서는 [배경](42%), [대조](32.0%), [전환](23.0%), [이유](2.2%) 순으로 나타났다. 구어와 문어에서 '-(으)ㄴ데'의 의미 기능은 [배경]뿐만 아니라 다양하게 사용된다고 볼 수 있다. '-(으)ㄴ데'의 쓰임에 따른 말뭉치 출현 빈도 및 비율은 〈표 3-2〉와 같다.

〈표 3-2〉 접속 어미 '-(으)ㄴ데'의 의미 기능 분포

	문어		구어	
	문장 수	백분율	문장 수	백분율
배경	256	51.2%	214	42.8%
전환	121	24.2%	115	23.0%
이유	35	7.0%	11	2.2%
대조	88	17.6%	160	32.0%
종합	500	100%	500	100%

'-(으)ㄴ데'는 대표적인 [배경]의 접속 어미로 다양한 의미를 갖고 있는 접속 어미이다. 〈표 3-2〉는 '-(으)ㄴ데'가 다양한 의미를 갖고 있다는 것을 반영해 주고 있다. 특히 문어에서 '-(으)ㄴ데'의 여러 의미 가운데에서 [배경], [전환]의 쓰임이 많은 것을 알 수 있다. 반면 구어에서는 [대조]의 쓰임이 늘어나 문어에서는 [배경], [전환], [대조], [이유]의 순에서 구어에서는 [배경], [대조], [전환], [이유]의 순으로 순서가 다소 달라짐을 알 수 있다.[21]

(28) 가. 내 동생 성진이는 장난감을 무척 좋아하는데 그 중에서 자동차를 제일 좋아한다. 〈수기전기〉

나. 우리 쪽에서는 네 사람의 평론가와 소설가 두 사람이 참석했는데 나도 그 여섯 사람 중에 포함되어 있었다. 〈소설수필〉

다. 그러던 중 아내가 78년 10월에 다시 귀국하였는데 물론 정보기관은 모르고 있었다. 〈수기전기〉

라. 나두 아줌마 앞에 서 있는데 앉을려니까 좀 그래서 비켜 줬어. 〈사적 대화〉

마. 왜 그러냐면 내가 사립을 중학교를 나오고 고등학교는 공립을 나왔는데 난 지금도 사립 선생님들과는 영… 〈사적 대화〉

(28)에서는 '-(으)ㄴ데'의 [배경] 용법을 보인 것으로, '동생 성진이가 자동차를 제일 좋아한다'는 것을 제시하기 위한 배경 설명으로 '동생 성진이가 장난감을 좋아한다'는 사실을, '내가 지금도 사립학교 선생님들과는 사이가 좋지 않다'는 것을 제시하기 위한 전제가 되는 사실로 '내가 중학교는 사립학교를 나오고 고등학교는 공립학교를 나왔다'는 사실을 제시하고 있다. 이러한 [배경] 용법은 문어와 구어에서 공통적으로 가장 많이 나타나는 기능이다.

(29) 가. 나는 작은언니와 함께 외할머니께서 신경통에 쓰시는 약초를 캐러 개화산에 올라가는데 어디서 종소리와 이상한 노랫소리가 들렸다. 〈수기전기〉

나. 어느 토요일 밤늦게 퇴근해 집에 왔는데 갑자기 소주 생각이 났다. 〈잡지〉

---

21 그러나 이는 '-(으)ㄴ데'의 전체 용례를 검토한 결과가 아니기 때문에 이에 대한 통계적 검증이나 해석에 유의해야 할 필요가 있다.

다. 그래서 집에 가서 과외를 이렇게 하고 있는데 전화가 오더니, (생략) 〈사적독백〉

라. 어머니가 차로 갖고 오셔서 우리 데려다 줬는데 다음날 담임 선생이 우릴 부르는 거야. 〈사적독백〉

(29)는 '-(으)ㄴ데'의 [전환] 용법으로 구어에 비해 문어에서 더 많이 나타나는 용법이다. 특히 〈소설수필〉에서 많이 나타나는 것으로 보이는데 이는 사용역별 분석이 면밀하게 이루어져야 판단할 수 있을 것으로 보인다.[22]

(30) 가. 아들이 할머니에게 "어머니 사진관에 오셨는데 독사진 하나 더 찍으시죠". 〈준구어〉

나. 오빠는 운전을 하는데 졸면 안 되잖아요. 〈사적독백〉

(30)은 '-니까'로도 대치가 가능한 예로, (30가)는 '독사진을 하나 더 찍어야 한다'는 주장의 이유로서 '어머니가 사진관에 오셨다'는 사실을 제시한 것이다. 또한 (30나) 역시 '오빠는 운전을 해야 하니까 졸아서는 안 된다'라는 의미로, 선행절이 후행절의 이유로서 제시된 것이다. 즉 '-(으)ㄴ데'의 [이유] 용법에 해당한다. [이유] 용법은 문어와 구어에서 모두 빈도가 낮게 나타났는데 특히 구어에서는 [이유]에 해당하는 용례가 거의 발견되지 않았다.

22 현재의 말뭉치 분석에서는 사용역별로 통제하여 예문을 추출하지 않았기 때문에 사용역별 분석에 대해서는 자세히 언급하지 않았다. 이에 대해서는 추후의 연구를 통해 밝혀낼 수 있을 것으로 기대된다.

(31) 가. 접수구 아주머니가 "떡은 있는데 빵은 지금 다 떨어졌으니 낙케 오라" 라고 말했다. 〈수기전기〉

나. 김장관 치하의 교육부 1년은 벌여놓은 일은 많은데 막상 건질만한 업적은 별로 없다는 말로 요약할 수 있을 것 같다. 〈잡지〉

다. 구팔까지만 해도 괜찮은데, 구칠 쪽은 사실 사실 솔직히 사이가 그렇게 좋지도 않아. 〈사적대화〉

라. 그래서 나중에 보니까 나는 비행긴 줄 알았는데 배를 타고 가는 거야. 〈사적독백〉

(31)은 '-(으)ㄴ데'의 [대조(양보)] 용법으로, 문어와 구어에서 모두 나타나지만 구어에서의 비율이 더 높게 나타난다.

3.2. '그런데'의 말뭉치 분석

〈표 3-3〉 접속 부사 '그런데'의 의미 기능 분포

	문어		구어	
	문장 수	백분율	문장 수	백분율
배경	154	30.80%	81	16.20%
전환	108	21.60%	93	18.60%
이유	0	0.00%	0	0.00%
대조	215	43.00%	156	31.20%
담화 접속 기능	23	4.60%	170	34.00%
종합	500	100%	500	100%

이 장에서는 연세 말뭉치에서 문어 683문장, 구어 6,990문장에 나타난 '그런데'의 문장 중에서 무작위로 각각 500개씩 살펴보았다. 문어에서는 주로 [대조]의 기능이 많이 나타났으나 이외에도 [배경], [전환]의 의미도

대체로 높게 나타났다. 구어에서는 문어와 동일하게 [대조]가 가장 높은 빈도를 보였으나 담화 접속의 기능 또한 [대조]와 비슷한 수준으로 높게 나타났으며 [배경]이나 [전환]의 기능은 상대적으로 낮게 나타났다.

문어에서 '그런데'는 [대조]의 의미가 압도적이지만 구어에서는 담화 접속의 기능도 높게 나타난다. 또한 '-(으)ㄴ데'가 가지는 의미 기능 중 [이유]의 의미는 '그런데'에서는 발견되지 않았다는 점도 특징적이다.[23]

(32) 가. 실제로 사학연금관리공단은 2014년께는 자산 고갈이 예상된다고 밝히고 있다. 그런데 사학연금의 경우 공무원이나 군인연금처럼 기금고갈 후에는 정부에서 책임질 수 있는 어떠한 법적·제도적 장치가 마련돼 있지 않다는 데 문제의 심각성이 있다. 〈잡지〉

나. 이렇게 유알상에는 없던 영역이었어요. 자~ 근데 이 영역이 그러면 어떤 걸 뜻하냐 하면은, (생략) 〈공적독백〉

(32)는 '그런데'의 [배경] 용법이다. 앞선 문장에서 이야기한 내용을 바탕으로 후행절의 내용이 이어질 때 주로 나타나는 것으로 문어에서는 〈학술교양〉, 〈잡지〉 등에서 주로 나타나고 구어에서는 〈공적독백〉, 즉 강의 또는 강연 등에서 두드러지게 나타나는 것으로 보인다.

(33) 가. 엄마는 사진을 볼 때마다 입버릇처럼 8번이 없어서 머릿수가 안 맞는다고 하셨다. 그런데 어느 날 사진을 유심히 들여다보던 나는 깜짝 놀랐다. 〈잡지〉

---

23 이에 대해서는 전체 말뭉치 용례를 검토해 볼 필요가 있으나 현재로서는 [이유] 용법의 '그런데(근데)'는 없는 것으로 보인다. '그래서', '그러니까'의 [이유] 용법을 '그런데'로 대치해 보았을 때에도 [이유] 의미는 찾아볼 수 없고 [배경]이나 [대조]의 용법으로 해석되기 때문이다.

나. 세월이 흘러 왕이 죽고 그의 남편 역시 죽었다. 그런데 그의 남편이 죽은 지 얼마 지나지 않아 왕이 옛날과 같은 차림으로 도화랑의 방에 나타났다. 〈수기전기〉

(33)은 '그런데'의 [전환] 용법으로 [배경]과는 구분이 어려운 경우가 많으나 특히 시간적인 관계가 두드러지는 경우, 또는 앞서 진행되던 사건이나 사태와는 전혀 다른 국면의 사건 또는 사태가 나타나는 경우를 [전환]으로 간주하였다.

(34) 가. 기술에 의해서 다루어지는 도구는 인간의 손에 의하여 만들어졌고, 기계는 인간이 직접 조종하게 되었다. 그런데 이제는 인간이 기계를 부리는 것이 아니라, 반대로 기계가 인간을 부리게 되었고, 마침내 인간이 기계의 지배를 받고 기계에 봉사하게 되는 현상까지 속출하고 있다. 〈교과서〉

나. 만나기는 만나죠. 근데 요즘엔 바빠서 못 만났어요. 〈사적대화〉

(34)는 [대조]의 용법을 보이는 '그런데(근데)'의 예로 사용역별로 큰 차이 없이 고르게 나타나는 의미 기능이다. 특히 '그런데(근데)'의 전체 의미 기능 중에서 가장 많이 나타나며 담화 접속 기능을 제외하면 [배경], [전환]에 비해 두드러지게 나타나는 '그런데(근데)'의 문장 접속 기능이라고 할 수 있다.

'그런데(근데)'의 담화 접속 기능은 주로 구어에서 나타난다. 문어에서 나타난 담화 접속 기능은 주로 〈소설수필〉, 〈준구어〉 장르에서 나타난 대화에서 발견된 것이다. 이러한 담화 접속에서 나타나는 기능은 대부분 [화제 전환하기], [부정적 태도 표현하기], [듣고 있음을 알리기], [후속 발화 요구하기] 등으로 나타난다. 그러나 특히 [듣고 있음을 알리기]와

[후속 발화 요구하기]는 뚜렷하게 구분되지 않는 듯하다.

(35) 가. 내가 하나 지어줄까? (아기의 얼굴을 뚫어져라 쳐다보며) 근데 여자야? 남자야? 〈준구어〉

나. 지구는 둥글고 또 돌고 있는데 왜 바닷물은 넘치지 않을까. 그런데 말야, 저 파도는 끊임없이 솟았다 꺼졌다 하지만 결국 인력에 복종하지.[24] 〈소설수필〉

다. (다른 화제로 이야기 후) 근데 오빠, ○○이도 이번에 복학하는 거지? 〈사적대화〉

라. A: 그거는 선택할 수 없는 사람이 많아요.
B: 근데 있잖아, (생략) 〈공적대화〉

(35)는 '그런데(근데)'의 [화제 전환하기] 담화 접속 기능으로, (35가–다)의 경우 한 화자의 발화 내에서 화제 전환이 일어나는 경우, (35라)의 경우 서로 다른 화자의 발화에서 화제 전환이 일어나는 경우를 보이는 것이다. 이러한 [화제 전환하기]의 기능은 문장 접속 기능이 아닌 담화 접속의 차원에서 논의되어야 함을 2장에서 언급한 바 있다. 이에 따라 말뭉치에서 나타난 위와 같은 예는 모두 [화제 전환하기]의 기능으로 담화 접속 기능에 포함하였다.

---

24 이러한 '그런데 말이야(근데 말야)', '그런데 있잖아(근데 있잖아)' 등을 하나의 굳어진 표현으로 볼 수 있을 것으로 보인다. 이 표현이 하나의 단위로서 [화제 전환하기] 기능을 나타낸다는 점에서 더욱 그렇다. 그러나 [대조] 기능을 나타내는 경우도 있어 주의가 필요하다. 또한 말뭉치상에서 나타나는 용례가 그리 많지 않아 여기에서는 '그런데 말이야(근데 말야)', '그런데 있잖아(근데 있잖아)'를 굳어진 표현으로 처리하지는 않았다.

(36) 가. [부정적 태도 표현하기]

A: 그때 두 사람은 사귀고 있었어요.

B: 근데? 〈사적대화〉

나. [듣고 있음을 알리기 / 후속 발화 요구하기]

A: 일요일날 사람들이 다 나왔나 봐.

B: 근데? 〈사적대화〉

(36가)와 같이 '그런데(근데)'는 의문형으로 사용되는 경우 선행 발화의 화자에게 부정적인 태도를 표현하는 기능을 할 수 있는 것으로 보인다. 그러나 (36나)의 경우 부정적인 태도나 반대 의사 표현을 하는 것보다는 현재 대화에 집중하고 있음을 보이며 그다음의 발화를 재촉하는 용법으로 보인다. 이러한 [듣고 있음을 알리기]와 [후속 발화 요구하기]는 분리되기 어려운 '-(으)ㄴ데'의 담화 접속 기능으로 보인다. 따라서 하나의 담화 기능으로 제시될 수 있는데 특히 이러한 기능의 '그런데(근데)'가 주로 의문 억양으로 나타난다는 점에서 좀 더 적극적인 기능인 [후속 발화 요구하기]로 설정할 수 있을 것으로 보인다.

4. '-(으)ㄴ데'와 '그런데'의 기능 분담 양상

4.1. '-(으)ㄴ데'의 의미 기능 간 관계

이 장에서는 '-(으)ㄴ데'의 의미를 크게 [배경], [전환], [이유], [대조], [양보]의 다섯 가지로, 접속 부사 '그런데'의 의미 기능(문장 접속 기능)을 [배경], [전환], [대조]의 세 가지로 제시하였다. 또한 '그런데(근데)'의 담화 접속 기능으로 [화제 전환하기], [부정적 태도 표현하기], [듣고 있음을 알리기], [후속 발화 요구하기] 등을 제시한 바 있다. 본 절에서는 이들 의미 기능 사이의 관계를 논의한 뒤 '-(으)ㄴ데'와 '그런데'의 의미 기능을 비교해 보도록 한다.

먼저, '-(으)ㄴ데'의 의미는 '-(으)ㄴ데'가 가지고 있는 의미 기능([배경], [대조])과 이들 의미 기능이 문맥에 따라 나타낼 수 있는 문맥적 의미([전환], [이유], [양보])로 구분된다. 특히 '-(으)ㄴ데'의 기원을 고려하였을 때, '-(으)ㄴ데'의 기본적인 의미 기능은 [배경]으로 보는 것이 적절할 것으로 보인다. 이를 간단한 도식으로 보이면 다음과 같다.

(37) '-(으)ㄴ데'의 의미 기능 사이의 관계

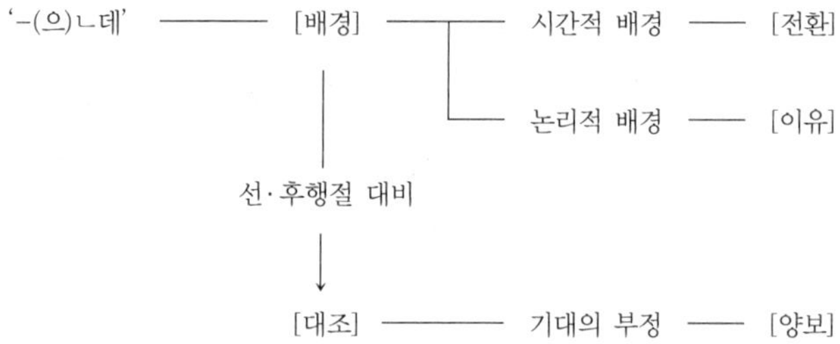

먼저, [배경]은 선행절 사태가 후행절 사태를 이해하는 배경 지식, 또는 후행절 사건이 일어나는 시간적 배경을 의미한다는 점에서 설정된 의미 기능이다. 이때, 후행절 사건이 일어나는 시간적 배경을 의미하는 '-(으)ㄴ데'는 선행절이 나타내는 사태에서 후행절 사태로 그 국면이 전환되는 문맥에서 '전환'의 의미를 나타낼 수 있다. 이때의 '-(으)ㄴ데'는 선행절과 후행절의 주어가 동일한 경우 '-다가'와 교체될 수 있다.

[배경]의 '-(으)ㄴ데'는 문맥에 따라 [이유]의 의미를 나타내기도 하는데, [배경]이 후행절 사태를 이해하는 배경 지식이 된다는 점에서 이러

한 관계가 논리적인 것으로 발달할 경우 선행절 사태가 후행절 사태가 일어나는 논리적 배경, 즉 이유 또는 근거가 될 수 있기 때문이다. 특히 '-(으)ㄴ데' 절이 후행절보다 선행하거나 동시적인 사태를 나타낼 수 있다는 점에서 [이유] 또는 [원인]을 나타내는 접속 어미 '-(으)니까', '-어서'와 동일한 시간적 관계를 보이고 있다.

[배경]의 의미 기능은 [대조]의 의미 기능으로 발달하였는데 [대조]를 나타내는 문장에서 선행절을 제시함으로써 후행절이 강조되는 의미를 나타내기도 한다.(형은 공부를 잘하는데 너는 왜 공부를 못하니?) 즉 후행절과 대조 또는 대비를 이루는 사태를 선행절에 배경으로 제시함에 따라 후행절의 의미, 또는 대조성을 더욱 강조하여 표현하는 기능을 한다는 것이다. 또한 [대조]를 나타내는 '-(으)ㄴ데'는 다른 [대조]의 접속 어미와 마찬가지로 [양보]의 문맥적 의미를 나타낼 수 있다.

4.2. '그런데'의 의미 기능 간 관계

이 장에서는 접속 부사 '그런데'가 가지는 [배경], [전환], [대조]의 의미 기능 중에서 [배경]의 의미 기능이 가장 기본적인 것으로 본다. 그 이유는 '그런데'가 '그러하- + -ㄴ데'에서 굳어져 만들어진 것이기 때문이다. 또한 앞서 '-(으)ㄴ데'의 의미 기능 간 관계에서 밝힌 것과 같이 [배경]의 의미 기능에서 [대조]의 의미 기능으로 발달할 수 있으며 [전환] 역시 [배경]에서 비롯한 의미 기능으로 설명할 수 있다. [배경]의 의미 기능이 텍스트 차원에서 나타날 경우 앞서 나타난 화제에 대한 텍스트(문장 또는 그 이상의 단위)를 이미 종료된 텍스트로 배경화하고 새로 도입되는 화제를 초점화(전경화)하는 것으로 이해될 수 있기 때문이다.

(38) 접속 부사 '그런데'의 문장 접속 기능

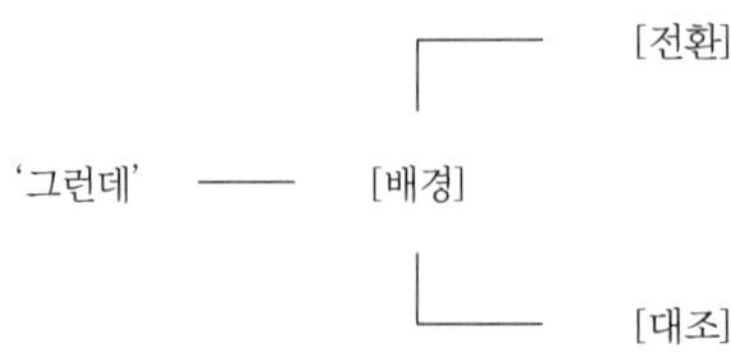

또한 '그런데(근데)'의 담화 접속 기능인 [화제 전환하기], [부정적 태도 표현하기], [듣고 있음을 알리기], [후속 발화 요구하기] 등은 접속 부사 '그런데'의 여러 의미 기능에서 온 것으로 보이는데, 특히 [화제 전환하기]는 [전환]에서, [듣고 있음을 알리기]는 [배경]에서, [부정적 태도 표현하기]는 [대조]에서 온 것으로 보인다.

(39) '그런데'의 문장 접속 기능과 담화 접속 기능

문장 접속 기능		담화 접속 기능
[배경]	→	[듣고 있음을 알리기]
[대조]	→	[부정적 태도 표현하기]
[전환]	→	[화제 전환]

4.3. '-(으)ㄴ데'와 '그런데'의 의미 기능 분담 양상

3절에서 살펴본 '-(으)ㄴ데'와 '그런데'의 의미 기능별 빈도를 종합하면 다음과 같다.

〈표 3-4〉 '-(으)ㄴ데'와 '그런데'의 의미 기능 분포

	'-(으)ㄴ데'		'그런데'	
	문장 수	백분율	문장 수	백분율
배경	470	47.0%	235	23.5%
전환	236	23.6%	201	20.1%
이유	46	4.6%	0	0.0%
대조	248	24.8%	371	37.1%
담화 접속 기능	0	0.0%	193	19.3%
종합	1,000	100%	1,000	100%

〈표 3-4〉에서 나타난 것처럼 '-(으)ㄴ데'와 '그런데'는 의미 기능의 분포 측면에서 다소 다른 특징을 보인다. 먼저 가장 특징적인 부분은 '-(으)ㄴ데'가 가지고 있는 [이유] 용법이 [그런데]에서는 발견되지 않는다는 점이다. 비록 '-(으)ㄴ데'의 [이유] 용법의 빈도는 다른 의미 기능에 비하여 소수이지만 '-(으)ㄴ데'가 일부 [이유]의 접속 어미 '-(으)니까' 또는 '-어서'와 비슷한 용법을 보이는 반면 '그런데'는 '그러니까', '그래서'의 [이유] 용법과는 대치되기 어렵다. 이러한 차이는 '-(으)ㄴ데'와 '그런데'가 모두 [배경]의 의미 기능에서 발달하였으나 그 접속 단위의 차이로 인하여 어떠한 용법이 발달하게 되는지에 차이가 있었음을 보여주는 것이라고 할 수 있다.

이러한 접속 단위의 차이는 '-(으)ㄴ데'와 '그런데'가 공통적으로 가지고 있는 의미 기능의 분포에서도 차이를 불러오는 것으로 보인다. '-(으)ㄴ데'의 의미 기능이 [배경] 〉 [대조] ≥ [전환]의 순서로 나타나는 것과 달리 '그런데'의 의미 기능은 [대조] 〉 [배경] 〉 [전환]의 순서로 나타난다. [전환]의 경우 [배경]에서 발달한 것이며 시간적인 관계에 국한된 것이라는 점에서 '-(으)ㄴ데'와 '그런데'에서 모두 비교적 낮게 나타난 것으로 보인다는

점을 고려하면, '-(으)ㄴ데'와 '그런데'의 [배경] 의미 기능과 [대조] 의미 기능이 서로 역전되어 나타난다는 것은 특징적이다. 이는 '-(으)ㄴ데'가 문장 내에서 문장 내 결속력을 더 강하게 나타내고 있으며 이에 따라 선행절과 후행절의 대비보다 선행절과 후행절이 자연스럽게 연결되는 의미인 [배경] 의미 기능이 더 많이 나타나는 반면, '그런데'는 분리된 두 문장을 접속하고 있기 때문에 두 절 사이의 대비를 더 부각하게 되어 [대조] 의미 기능이 더 뚜렷하게 나타나는 것으로 생각해 볼 수 있을 듯하다.

마찬가지로, '-(으)ㄴ데'는 '그런데'가 가지는 담화 접속 기능을 보이지 못한다. 이 또한 '-(으)ㄴ데'가 문장 내에서 절과 절을 접속하는 반면 '그런데'는 문장 이상의 단위, 텍스트 또는 담화 차원에서의 접속 기능도 수행할 수 있다는 측면에서 나타나는 차이인 것으로 보인다. 특히 이러한 '그런데'의 담화 접속 기능은 주로 구어에서 두드러지게 나타나는 기능으로, 문어에서는 찾아보기 어렵다.

'그런데(근데)'의 담화 접속 기능은 크게 i) 한 화자의 발화 내에서 나타나는 경우와 ii) 서로 다른 화자의 발화에서 나타나는 경우로 나눌 수 있다. 전자의 경우 크게 두 가지 용법을 보였는데 그중 하나는 일부 화자의 경우 간투사와 같이 특별한 의미 없이 습관적으로 문장 내에 '그런데(근데)'를 넣어 발화하는 용법을 보인다는 것이다. 그러나 더 일반적인 용법은 [화제 전환하기]인 것으로 보인다. 이러한 [화제 전환하기]는 유사하거나 관련된 화제로 전환하는 경우와 전혀 다른 화제로 전환하는 경우로 나눌 수 있다.

후자의 경우 좀 더 다양한 양상으로 나타났는데 [화제 전환하기], [부정적 태도 표현하기], [듣고 있음을 알리기], [후속 발화 요구하기] 등이다. [화제 전환하기]의 경우 한 화자의 발화 내에서 나타나는 경우와 마찬가지로 유사하거나 관련된 화제로 전환하는 경우, 전혀 다른 화제로 전환하는 경우가 모두 나타난다. [부정적 태도 표현하기]는 주로 의문형으로 나타나는 담화 접속 기능이며 [후속 발화 요구하기]의 기능을 함께 수행하는 것으로 보인다. 즉, 선행 발화의 화자가 발화한 내용에 반감, 불쾌함, 이의 등을 표현하면서 이에 대한 피드백을 요구하는 것이다. [듣고 있음을 알리기] 또한 [후속 발화 요구하기]와 함께 나타나는 것으로 보이는데 [듣고 있음을 알리기]의 경우에는 [부정적 태도 표현하기]와는 달리 선행 발화에 대한 판단이나 태도 등을 표현하지 않는다. 다만 선행 발화를 듣고 있으며 이 대화에 지속적으로 참여하고 있다는 것을 표현하면서 다음 발화가 계속 이어지기를 요청하는 것이다.

이러한 '그런데(근데)'의 담화 접속 기능은 문장 접속 기능과도 긴밀한 관련이 있는 것으로 [배경]의 의미 기능이 [듣고 있음을 알리기], [전환]의 의미 기능이 [화제 전환하기], [대조]의 의미 기능이 [부정적 태도 표현하기]와 각각 관련이 있다. 특히 [화제 전환하기]의 경우 [전환]과도 관련이 있지만 [배경]과도 밀접한 관련이 있는데 이는 [전환]의 의미 기능 또한 [배경]에서 비롯한 것임을 고려하면 자연스러운 현상인 것으로 보인다.

'-(으)ㄴ데'의 의미 기능과 '그런데(근데)'의 문장 접속 기능, 담화 접속 기능 사이의 관계를 도식으로 정리하면 다음과 같다.

(40) '-(으)ㄴ데', '그런데'의 접속 기능 사이의 관계

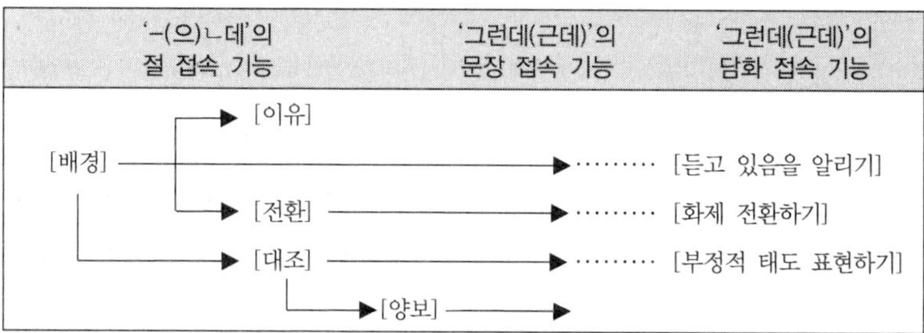

5. 마무리

본 장에서는 접속 어미 '-(으)ㄴ데'와 접속 부사 '그런데'의 의미 기능과 의미 사이의 관계를 각각 밝히고 '-(으)ㄴ데'와 '그런데'의 의미 기능 사이의 공통점과 차이점에 대하여 밝히고자 하였다. 또한 말뭉치에서 나타나는 '-(으)ㄴ데'와 '그런데'의 의미 기능 분담 양상에 대해서 살펴보았으며 '-(으)ㄴ데'와 '그런데'의 의미 기능 분담 양상의 차이가 접속 단위에서 비롯한 것임을 추정하였다.

특히 '-(으)ㄴ데'가 나타내는 의미 기능이 크게 '배경'과 '대조'의 두 가지인 것으로 보고 '전환', '이유'의 의미는 '배경'에서, '양보'의 의미는 '대조'에서 문맥적으로 발생하는 의미로 보았다. 특히 '-(으)ㄴ데'의 기원을 고려하였을 때, '-(으)ㄴ데'의 기본적인 의미 기능은 '배경'인 것으로 간주하였다. 또한 접속 부사 '그런데'의 기원을 고려하여 '그런데'가 가지는 '배경', '대조', '화제 전환'의 의미 기능 중에서 '배경'의 의미 기능이 가장 기본적인 것으로 보았다. 그리고 접속 부사 '그런데'가 가지고 있는 '부정적 태도 표현', '듣고 있음을 알리기', '후속 발화 요구', '화제 전환' 등의 담화 접속 기능을 제시하고 이들 간의 상관관계를 추정하였다.

이러한 접속 어미 '-(으)ㄴ데'와 접속 부사 '그런데'의 의미 사이의 관계에는 이들이 접속하고 있는 단위의 문제가 관련되어 있는 것으로 보인다. 특히 '-(으)ㄴ데'가 한 문장 내에서 두 개 이상의 절을 접속한다는 점에서 문장 이상의 단위를 접속하는 '그런데'에 비하여 문장 내 결속력이 강하고 이러한 문장 내 결속력이 선행절과 후행절의 연결 관계에서 다소 약한 연결 고리를 나타낸다고 할 수 있는 [배경] 의미에서 좀 더 강한 연결 고리를 나타내는 [이유] 등의 의미로 발달할 수 있는 발판이 되었다고 본다. 특히 [배경]이 주로 후행절에서 이야기하고자 하는 내용에 대한 사전 지식 또는 전제를 제시하는 기능을 하는 반면 [이유]는 후행절에 제시되는 사건에 대한 논리적 배경, 즉 인과 관계를 상정하게 된다는 점에서 선후행절 사이의 관계가 더욱 긴밀하다고 할 수 있다. 또한 [전환] 역시 후행절 사건이 일어나는 시간적 배경의 역할을 한다는 점에서 [배경]으로부터 발달하였다는 것이 분명하고 이러한 [전환] 의미는 [배경] 의미보다 더 긴밀한 선·후행절의 의미 관계라고 할 수 있다. 이렇게 느슨한 의미 관계에서 긴밀한 의미 관계로 '-(으)ㄴ데'의 기능이 확장된 것은 [배경]이라는 의미 자체가 다소 뚜렷하지 않은 것도 기인하였겠으나 '그런데'에서 이러한 [이유] 의미가 드러나지 않는다는 점을 고려하면 접속 단위 또한 영향을 끼쳤다고 생각할 수 있다. 또한 [배경]이 후행절을 이해하기 위한 일종의 배경 설명이었으나 [대조]의 의미 기능으로까지 발달하게 된 것은 문장이 긴밀하게 연결됨에 따라 선행하는 사태와 후행하는 사태의 대비가 극명하게 나타나기 때문인 것으로 보인다.

반면 접속 부사 '그런데'의 경우 '-(으)ㄴ데'가 가지고 있는 [배경]의 의미 기능은 '-(으)ㄴ데'에 비하여 다소 약화되고 [대조]의 의미가 강하게 나타나며 접속 단위가 문장 이상의 단위라는 점에서 담화 내 결속력이 강조된 것으로 보인다. 이러한 담화 내 결속력은 [화제 전환하기]의 등의 담화 접속 기능으로 발달하게 되는데 예를 들어 [화제 전환하기]는 [배경] 또는 [전환] 의미가 문장 사이의 관계에 적용된 결과로 보인다. 이러한 '그런데(근데)'의 문장 접속 기능은 담화 접속의 차원에서는 [부정적 태도 표현], [듣고 있음을 알리기], [발언 재촉하기], [화제 전환하기] 등의 기능으로 각각 발달하였다.

끝으로, 본 장에서는 접속 어미 '-(으)ㄴ데'와 접속 부사 '그런데'의 의미에 대하여 논의하였는데 종결 어미 '-(으)ㄴ데'의 의미 또한 접속 어미

'-(으)ㄴ데'의 의미와 밀접한 관련이 있을 것으로 보인다. 여기에서는 기술 대상을 접속어로 한정하였기 때문에 종결 어미 '-(으)ㄴ데'에 대해서는 논의하지 않았으나 이에 대해서도 깊은 관찰이 필요할 것이다.

제4장

'-어서'와 '그래서'의 비교

1. 들머리

대표적인 인과의 접속 어미 '-어서'는[1] 자신의 주장을 논리적 근거에 뒷받침하여 설명할 때 혹은 선행문과 후행문의 상관관계를 논리적으로 나타낼 때 사용하여 분절된 사건과 사고를 이어준다. '-어서'의 의미는 법칙적 계기성과 인과성을 기반으로 하는 인과 관계 접속 어미이고 접속 부사 '그래서'는 '그리하여서'가 줄어든 말로 '-어서'와 그 의미와 기능에 있어서 필연적으로 깊은 연관성을 갖고 있다. 그러나 그간 인과 관계를 나타내는 접속어의 의미 범주 사이의 관련성 중심으로 검토하는 연구는 그리 많지 않았다. 따라서 '-어서'와 '그래서'가 나타내는 의미가 무엇인지 살펴보고 각각의 특징을 바탕으로 두 개의 접속어 사이에 어떤 공통점과 차이점이 있는지 살펴보는 연구는 의미가 있다.

---

1 '-어서'의 이형태로 '-어서', '-아서', '-여서'가 있는데 '-어서'는 끝음절의 모음이 'ㅏ', 'ㅗ'가 아닌 용언의 어간 뒤나 '이다', '아니다'의 어간 뒤에 붙고 '-아서'는 끝음절의 모음이 'ㅏ', 'ㅗ'인 용언의 어간 뒤에 붙는다. '-여서'는 '하다'나 '하다'가 붙는 용언의 어간 뒤에 붙는데 4장에서는 가장 다양한 용언과 결합이 가능한 '-어서'를 '-어서', '-아서', '-여서'의 대표형으로 설정하여 서술하였다.

접속 어미 '-어서'의 논의에서 주요 쟁점으로 되었던 것 중 하나는 '-어서'의 의미·기능으로 제시되는 [계기]와 [원인/이유][2] 속성에 대한 것이다(최현배 1937/1971, 남기심 1978, 장경희 1993, 김준기 2011 등). 장경희(1993)에서는 이와 관련하여 '-어서'의 속성은 계기 관계나 인과 관계나 모두 [+법칙성], [+계기성], [+인과성]의 자질을 갖고 있는데 해석의 차이가 있는 것은 언어적 요인이 아닌 화용상의 맥락으로 인한 원인이라고 논하였다. 4장에서도 역시 '-어서'의 의미 속성으로 [계기성], [인과성]의 자질이 있다고 보고, '-어서'가 인과 관계의 접속 어미로서 어떠한 사용을 보인지를 확인하고 이를 '그래서'와 비교를 하고자 한다.

이와 관련된 논의를 전개하는 데에서 '-어서'가 갖는 [계기성]에 대한 정리가 선행되어야 이를 통해 인과 관계의 의미 속성에 대한 범주가 정립될 것이다. 김준기(2011)에서는 '-어서'의 '계기' 의미를 '종료 계기', '동시 계기', '중첩 계기'로 나누어 보았는데 '종료 계기'의 '-어서'는 '원인'의 의미·기능을 나타내기도 하고, '동시 계기'와 '중첩 계기'도 [계기]가 한 가지 양상만으로 기능하지는 않는다고 하였다.[3] 또한 남기심·루코프(1983/1996: 321)에서는 'A 어서 B'의 문장 형식은 본질적으로 두 사건 사이의 '상관적인 계기성(related sequence)'을[4] 나타낸다고 보았는데 이

---

2 이 글에서는 '-어서'의 의미 속성으로 [원인]과 [이유]가 모두 함의한다고 보고 이를 [원인/이유] 또는 [인과]로 표현하였다. 그러나 선행 연구에서 [원인]과 [이유]의 개념이 같지 않은 것으로 논한 것(남기심 1978, 김진수 1983, 이익섭 2008), [원인]과 [이유]를 특별히 구분하지 않은 논의(이경우 1987)가 있다. 우리는 '-어서'의 의미 기능에는 [원인]과 [이유]의 기능이 모두 있다고 보는 견해에 동의하며 이를 구분하지 않을 것이다. 따라서 이를 구분하지 않고 [원인/이유]로 표현할 것이다.

3 ㄱ. 세 시가 지나서 회의가 끝났다.

남기심(1978: 14-15)에서는 위 (ㄱ)의 '-어서'를 '계기(차례벌림)'의 의미 특성으로 보았고, 김준기(2011: 5)에서는 [계기]뿐만 아니라 [원인]의 의미 특성을 보유하고 있다고 하였다.

는 '-어서'의 인과와 계기 관계가 나눠지지 않고 밀접한 관련성을 갖고 있음을 다시 한번 확인해 주는 논거이다.

다음으로 접속 부사 '그래서'를 살펴보자. '그래서'는 '그러하-'에 '-어서'가 결합하여 '그러하여서'가[5] 된 것이 다시 줄어든 말로 '-어서'와 그 의미와 기능에 있어서 깊은 연관성을 갖고 있음을 형태를 보아서도 인상적으로 추측할 수 있다. 현대국어 '그러하-' 계열의 접속 부사는 전통문법에서는 독립된 품사의 지위를 갖는 접속사로 설정되었고, 허웅(1975), 안주호(2000) 등에서도 접속사로 처리하고 있다. 그러나 최현배(1937/1971)에서 접속사를 부사의 하위 개념으로 분류하기 시작하면서 남기심·고영근(1985/1993)을 중심으로 한 학교문법에서는 접속 부사로 다루고 있다. 이외 대용어로 보는 견해(도수희 1965, 유상목 1970, 양명희 1998 등), 담화 표지로 보는 견해(신현숙 1989, 안주호 1992, 신지연 1995 등)가 있다(이금영 2016: 216에서 재인용). '그러하-' 계열의 이러한 다양한 견해는 본질적으로 접속 어미와 접속 부사의 의미 기능이 관련성이 있다는 것을 다시 확인해 준다.

(1) 가. 배가 고파서 빵을 먹었다.
　　나. 배가 고팠다. 그래서 빵을 먹었다.

그러나 (1가)의 '-어서'와 (1나)의 '그래서'는 선행절과 후행절이 인과 관계로 접속하고 있다는 것에서 같지만 두 상황을 어떤 관계를 가진 하나

4 남기심·루코프(1983/1996: 321)에서 상관적인 계기성이란 B절의 내용이 A절의 내용과 의미상 밀접한 관련이 있는 것으로 시간적으로나 생각의 순서로나 A에 뒤따르는 것이라고 하였다.

5 동사 '그리하다(그렇게 하다)'에 '-어서'가 결합되어 '그리하여서', 형용사 '그러하다'에 '-어서'가 결합되어 '그러하여서'가 된다. '그리하여서'와 '그러하여서'는 다시 말이 줄어서 '그래서'가 된다.

의 단위로 묶을 것인가는 화자의 의도에 따라 달라질 수 있다. 즉, 접속 어미와 접속 부사가 의미·기능적으로 관련성이 있다고 하더라도 언어 사용자는 발화하는 상황과 맥락 및 문맥에 따라서 같거나 유사한 의미를 갖는 어휘와 표현을 자유롭게 사용한다. 이 연구는 문어와 구어의 사용역에 따라 '-어서'와 '그래서'가 어떠한 특성을 보이는지 알아보고, 차이점과 공통점을 분석할 것이다. 2절에서는 먼저 '-어서'와 '그래서'가 나타내는 기본적인 의미에 대해 살펴볼 것이다. 3절에서는 말뭉치 분석을 통하여 각 의미별로 문어와 구어의 사용역에 따른 빈도가 어떠한지를 알아볼 것이다. 4절에서는 앞선 논의를 토대로 '-어서'와 '그래서'의 의미 기능 분담 양상에 대해서 정리하고 5절에서는 결론을 통해 마무리하고자 한다.

2. '-어서'와 '그래서'의 의미

2절에서는 말뭉치에서 나타난 '-어서'와 '그래서'의 의미를 제시할 것이다. 이를 선행 연구와 사전에서 어떻게 제시하고 있는지를 살핌으로 그 연관성을 확인하고 문어와 구어에서 어떻게 실현되는지를 알아볼 것이다.

2.1. 접속 어미 '-어서'의 의미 기능

한국어의 어미는 하나의 형태가 여러 의미를 담당할수록 그 의미가 추상적이어서 의미 파악이 쉽지 않다. 이러한 경우, 의미를 분석하는 과정에서 문맥상 구별이 쉽지 않고 그 의미의 핵심이 무엇인지 결정하기 어렵다. 접속 어미 '-어서'는 대표적으로 다양한 의미로 해석이 가능한 접속어라고 할 수 있다. '-어서'는 계기 관계와 인과 관계를 모두 표시할 수 있는 접속 어미로 그 분별이 명확한 경우도 있으나 그것이 어려운 경우도 적지 않다.

먼저 『표준국어대사전』(이하 『표준』), 『연세한국어사전』(이하 『연세』), 『고려대한국어대사전』(이하 『고려』)에서 기술된 '-어서'의 의미 기능을 살펴보자. 『표준』, 『연세』에서 '-어서'의 첫 번째 의미로 제시하고 있는 것은 '시간의 앞뒤 순서를 나타냄'을 의미한다는 것이다.[6] 즉, '-어서'의 의미 기능에 둘 이상의 사태들이 시간적 간격을 두고 이루어지는 '계기'의 속성이 있음을 의미한다. '-어서'의 이러한 '계기'의 속성을 정수진(2012)에서는 시간적, 인지적으로 접근하여 살펴보았는데 이를 통해 '-어서'의 기본적 의미 기능을 '사태를 시간의 흐름에 따라 차례로 나열하는 것'으로 보았다. 이러한 계기적 사태를 나열하는 '-어서'의 의미는 [지속], [방법/수단], [배경], [원인/이유], [목적] 등 여러 다른 의미로 확장된다고 하였다. 이에 반해 『고려』에서는 첫 번째 의미 기능으로 [인과]를 제시하고 있고 두 번째 의미 기능으로 [계기]를 제시하고 있다는 데에서 차이를 보인다.

또한 『연세』는 '-어서'의 의미 기능을 다른 두 사전에 비해 보다 상세하게 기술하고 있는데 이를 크게 세 가지로 나누고 있다. 즉, '접속 어미로서의 기능', '부사적인 기능', '관용적인 쓰임'으로서의 기능으로 나누어 설명하고 있다. 『연세』에서 '접속 어미'의 기능과 '부사적 기능'을 나누어 서술한 것은 사전을 발간할 당시 고민이 담겨 있다고 생각된다. 문장을 확장하는 방식은 크게 두 가지가 있는데 하나는 두 개의 절을 잇는 접속의 방식이고 하나는 하나의 절이 다른 하나의 절을 안는 방식, 즉 '내포'가 있다. 『연세』는 이러한 접속과 내포의 방식을 구분하고자 함이

---

6 이에 반해 『고려』에서는 첫 번째 의미로 '인과', 두 번째 의미로 '계기'를 설정하고 있다.

엿보인다. 다음으로 『연세』에서 '관용적 쓰임'에 대해서 설명하고 있다. '-어서'는 '-서(는) ~ 없다'의 꼴로 쓰이어 조건을 나타내고, '-아서(야) 되겠는가'의 꼴로 쓰여 '그리하여서는 아니 됨'을 강조하는 뜻을 나타낸다고 하였다. 또한 '계속해서, 다투어서(앞다투어서), 더불어서, 덧붙여서, 번갈아서, 연달아서, 줄잡아서, 풀어서' 등과 같이 쓰여 부사형을 만들고, '-다고/라고 해서'의 꼴로 쓰여 '-를 근거로 하여'의 뜻을 나타낸다. 특히 '에, 로, 와' 등의 조사와 몇몇 용언들과 함께 '-에 관해서, -에 대해서, -에 따라서, -에 반해서, -에 비해서, -에 의해서, -에 있어서, -로 인해서, -로 미루어서, -로 보아서, -와 더불어서, -를 통해서' 등과 같은 관용적 표현에 쓰임을 밝히고 있다. 이와 같이 『연세』에서는 '-어서'가 문장에서 사용되는 다양한 양상을 구체적으로 서술했다는 것에서 다른 두 개의 사전과 차별점이 있다.

장경희(1993: 180)에서는 자연환경 속에 존재하는 인과 관계는 늘 시간의 선후 관계를 지닌 계기를 포함하므로 인과성의 개념은 계기성을 포함한다고 했다. 또한 자연 세계의 인과 관계는 법칙의 지배를 받아서 일어나므로 법칙성을 포함한다. 그러나 인과 관계에 인간 사회의 제도, 인간의 사유적 논리에 따른 인과 관계까지 포함시키는 동시적인 인과 관계도 있고 우연적인 인과 관계도 있으며 자연법칙이 아닌 인간의 의도에 따른 반자연적인 인과 관계도 있다고 했다. 그리하여 장경희(1993)에서는 '-어서'의 의미 관계를 계기 관계와 인과 관계를 각각 살피었는데 두 경우 모두 [+법칙성], [+계기성], [+인과성]의 의미 자질을 지닌 것으로 분석하였다. 그리고 남기심(1994: 50)에서 '-어서'의 의미·기능을 계기적 나열이라는 전제하에 [계기], [원인], [때], [방법]으로 나누었고, 이외 부사화되었거나 관용적으로 쓰이는 것까지 모두 기술하고 있다. 즉, '-어서'의 기본 의미를 '계기적 나열'로 보고 있다. 이와 같은 관점으로 남기심·루코프(1983/1996: 316)에서는 'A-어서 B'의 문장구조는 본질적으로 '상관적인 계기성(related sequence)'로 'A 다음에 그와 어떤 상관성을 가지고, B가 뒤따르는 것'으로 원인 밝힘의 논리적 형식을 나타낸다고 하였다.

장경희(1993), 남기심(1994)의 견해처럼 인과 관계는 늘 시간의 선후 관계를 지닌 계기를 포함하고 인과와 계기를 명확히 구분하는 것도 역시 어렵다고 생각된다. 그리하여 인과 관계의 개념은 '사건 사이 의존성에 관계없이 후행절의 결과를 야기한 모든 선행절의 이유와 원인 관계'로 설정하여 살필 것이다. 이를 바탕으로 인과 관계라는 용어를 넓은 의미로 사용할 것이고, '-어서'의 계기성은 남기심·루코프(1983/1996)에서와 같이 인과 관계의 기본 기능 중 하나로 살피고자 한다.

이번 장에서는 '-어서'의 의미를 [계기], [인과], [동작/상태 지속], [방법/수단], [목적]으로 나누어 논의할 것이다.[7] 앞서 서술한 것처럼 인과 관계는 시간의 선후 관계를 포함하고 이를 바탕으로 '-어서'의 의미 기능을 [계기], [인과], [동작/상태 지속], [방법/수단], [목적]으로 분류하는 것은 선행 연구 및 사전에서도 밝혀진 의미로 하위 분류 기준으로 삼아도 문제가 없을 것으로 보인다.[8] 이와 더불어 '-어서'의 분류 기준의 하나로 삼은 것으로 '다단어 표현'이 있다. '-어서'는 다양한 의미를 담고 있는 접속 어미로 여러 단어가 하나의 표현으로 묶이어서 화석화된 표현이

---

7 이외에 '-어서'의 주요 특징으로 다단어 표현이 있다.

8 『연세』에서는 '-어서'의 의미를 크게 세 가지, '연결 어미(접속 어미)', '부사적 기능', '관용적 쓰임'으로 나누고 있었다. 첫째, 연결 어미로서의 기능은 1) 시간의 앞뒤 순서를 나타냄(계기), 2) 앞절의 동작이나 상태가 뒷절에 지속됨을 나타냄(동작/상태 지속) 3) 뒷절의 원인이나 이유를 나타냄(인과) 4) 목적을 나타냄(목적)으로 제시하였다. 둘째, 부사적 기능은 1) 앞절이 뒷절의 시간적인 상황이나 배경을 나타냄 2) 시간의 경과를 나타냄 3) 행동의 방식이나 수단을 나타냄 4) ('말하다, 예를 들다' 등에 쓰이어) 설명함을 나타냄이라고 제시하고 있다. 마지막으로 특정 형태의 표현 및 조사와 쓰여 관용적으로 쓰임을 설명하고 있다.

많다. 『연세』에서는 이를 '관용적 쓰임'으로 기술하고 있다. 이와 관련 '새 연세 말뭉치'에서도 다양한 쓰임을 보이는데 '-어서(는) 되다/안 되다/아니다' 등은 '조건'을 나타낸다. 이때 보조사 '는'을 사용하여 강조의 의미를 더하기도 한다. 그리고 '계속해서, 연속해서, 덧붙여서, 예를 들어서, 간단히 말해서' 등과 같은 쓰임뿐만 아니라 '-에 대해서', '-에 관해서', '-와 관련해서', '-을 통해서', '-(이)라고 해서', '-로 인해서' 등과 같이 조사 '에', '로', '와' 등과 함께 쓰여 접속의 의미보다는 굳어진 표현으로서 사용되는 경우가 있는데 남기심(1994: 96)에서는 이러한 표현들은 주어를 가지지 않기 때문에 서술 기능을 하지 않는다고 하였고 이들 용언은 생략이 가능한 경우도 있다. 그리고 용언의 '-어서' 활용형이 서술어의 기능을 하지 않고 부사처럼 수식의 기능만 가지는 경우가 있는데 이것은 생략되어도 비문을 이루지 않으며 그 쓰임이 일반 부사와 다름이 없다고 하였다. 따라서 이 장에서는 선행 연구와 같이 이러한 쓰임을 보이는 표현을 묶어 '다단어 표현'으로 구분하였다.

2.2. 접속 부사 '그래서'의 의미 기능

'그래서'는 사전과 기존 연구에서 '접속 부사'로 분류되기도 하고 '부사'로 혹은 '감탄사'로 분류되기도 한다.[9] 이희자(1995: 226-228)에서는 이와

9 이희자(1995: 222-225)에 따르면 『국어대사전』(이희승), 『새우리말큰사전』(신기철 외) 등에서는 부사로 표시되어 있고, 『우리말큰사전』(한글학회), 『국어대사전』(금성판) 등에서는 품사 정보를 주고 있지 않다. 또한 『고려』에서는 상대방이 다음 내용을 말하기를 재촉할 때 하는 말의 경우는 감탄사로 쓰인 것이라고 표기하고 있다. 전통문법을 살펴보면 남기심·고영근(1985/2011)에서 접속 부사 자격을 주면서 문장 성분으로는 문장 부사어로 처리하고 있고 이외 허웅(1983), 김석득(1992), 김민수(1981) 등에서 접속사로 분류하고 있는데 이들은 이의 문장 성분을 독립어로 처리하고 있다고 했다.

관련된 논의는 문법의 층위를 차원을 달리하여 고찰해야 하는 근본적인 문제와 결부되어 있다고 하였는데 '그래서', '그리고' 등은 서술어에 종속되지 않기에 문장 성분이 아니며, 그 어떤 것을 꾸미는 수식어로서의 기능보다는 '문장'과 '문장'을 잇는 것이 그 중심 기능이므로 한 문장 내에서 설명되는 문장 층위의 그 어떤 요소가 아니라고 했다. 또한 이들은 텍스트의 기능 단위로 보아 품사 명칭이 아닌 접속어라는 새로운 명칭을 제시했다. 그러나 여기에서는 '그래서', '그리고' 등의 접속어가 갖는 품사적 지위에 대해 논하는 것에 초점을 두고 있지 않다. 그리고 남기심·고영근(1985/2011: 181)에서 접속 부사는 선행절과 후행절을 연결해 주는 역할과 함께 수식 기능도 한다고 밝혔다. 이에 '그래서'는 '문장'과 '문장'을 잇는 것이 주요 기능이라고 보고 '그래서'의 접속 부사로서의 기능에 대하여 논의할 것이다.

4장에서는 '그래서'의 의미 및 기능을 '인과'와 '담화 표지'로 설정하고자 한다. '그래서'의 이러한 의미는 '-어서'와 마찬가지로 [계기성]과 [인과성]을 기반으로 한다. 『표준』, 『연세』, 『고려』 그리고 선행 연구에서는 '그래서'의 첫 번째 의미 기능으로 [인과]를 제시하고 있다. 『연세』에서는 '그래서'의 첫 번째 의미로 '앞에서 말한 내용이 뒤에서 말하는 내용의 원인이나 이유가 됨을 나타내어 '그렇기 때문에, 그러한 이유에서'라고 제시하고 있다. 또한 '그래서'가 위와 같이 [인과]로 쓰일 때는 '그래서' 후행절에 명령형이나 청유형의 문장이 쓰일 수 없다. '그래서' 후행절에 명령형이나 청유형이 쓰일 때에는 계기적으로 연결되어 있는 것으로 볼 수 있다. 장기열(2003: 183)에서는 '네가 먼저 올라가라. {그래서, 그러고 나서} 나를 잡아 주어라.'의 문장을 제시하며 선·후행문이 '계기적'으로 된 접속문에서는 '그래서' 다음에 명령이나 제안문이 올 수 있다고 하였다. 장기열(2003: 183-185)은 '그래서'는 선행문이 '전제'가 되고 후행문을 보문화하면 '계기'의 상태가 된다고 하였다. 그러므로 '그래서'는 '전제'된 행위나 수단을 선행문으로 하는 접속 부사이며, '전제'를 기능으로 하여 후행문과 '계기'의 접속을 한다고 하였다. 이를 바탕으로 장기열(2003)은 '그래서'의 의미·기능을 [+완료적], [+전제], [+계기], [+목적/예정/의도/욕망], [+포괄적 이유 범위]로 설명한다. 그런데 이 장에서 살펴본 문어와 구어 각각 500개의 말뭉치에서는 '그래서' 후행절에 명령형이나 청유형의 문장이 나타나지 않아 [계기]를 분류 체계로 설정하지는 않았다.[10]

'그래서'는 복문의 형태로 '-고, 그래서'와 같이 쓰이기도 하는데(2가),[11] 이때의 '그래서'는 '그렇기 때문에'나 '그러한 이유에서'를 의미하는 것으로 해석된다. 그리고 (2나)는 '이다'나 조사와 함께 쓰일 수 있음을 나타내는데 이희자(1995: 246)에서는 (2나)의 예뿐만 아니라 '그래인지 몰라도', '그래서인가', '그래서였는지', '그래서는 안 된다고' 등과도 함께 쓰일 수 있다고 하였는데 이는 '그래서'가 인과를 나타내는 용법으로 쓰일 때 이것의 의미에 '때문'이라는 명사가 내포되기 때문이라고 했다. 그런데 (2나)의 경우는 '그리하-' + '-어서인지'의 결합으로 볼 수 있는 문장이다. 즉, 접속 부사로 사용되었다기보다 용언의 활용형으로서 볼 수 있는 여지

---

10 문어, 구어에서 랜덤으로 500개만 추출하였을 때, '그래서'를 통해서 접속되는 문장 중에 후행절의 문장 유형이 명령형이나 청유형으로 나타나는 것이 얼마나 되는지를 알 수 없다. 그러나 전체 문장에서 그 비율이 얼마나 되는지를 살펴봄으로써 '그래서'의 [계기]의 의미 기능을 살펴보는 것은 유의미한 일일 것이다. 이는 후고를 기약하는 것으로 하겠다.

11 우순조(2018)에서는 아래와 같은 문장을 제시하며 '그래서'가 단순히 접속의 기능만 수행하는 것이 아니라고 하며 위의 문장은 '홍조가 생기거나 맥박수가 증가하는' 등의 추가적인 증상이 함축적으로 있을 수도 있다며 이를 '아우르는 대용어'라고 하였다.

ㄱ. 게만 먹으면 두드러기가 나고 그래서 잘 안 먹어요. (우순조 2018: 206)

'그래서'는 '그렇게 때문에', '그러한 이유에서'와 같이 해석할 수 있을 뿐만 아니라 대용어로서 볼 수도 있다. 특히 본 장에서 말뭉치를 살펴보았을 때 구어에서 '그래서'는 대용어로서 사용이 두드러졌다.

가 있다. 『표준』에서 '그래서'의 두 번째와 세 번째로 제시된 의미는 접속 부사로서의 의미가 아니라 '그러하다' 용언의 활용형으로서 줄여진 말로 나온 것이다. 따라서 (2나)와 같은 의미로 분류되는 것은 접속 부사의 의미 기능에서 제외하였다.

(2) 가. 서양 사람들은 육류를 좋아했고, 그래서 또 그만큼 회식의 방법을 주로 했다.
나. 친구들 중에는 가정 사정이 좋지 못하여 가출한 친구도 있었고 무작정 상경한 친구도 있었습니다. 그래서인지 하루 하루를 무의미하게 보내고 있었으며 너무나 계획 없는 생활을 하고 있었습니다.
다. 편을 갈라 줄을 서로 잡아당긴다. 그래서 끌려가지 않는 편이 이기는 것으로 풍년을 차지한다.
라. 앞으로 우리는 깨끗이 모든 책임을 자진해서 지는 습관을 길러야 하겠다. 그래서 사회 전체가 밝아지며 또 발전하는 새로운 사회를 만들도록 하자.

(2다), (2라)는 『연세』와 이희자(1995)에서 [방법/수단]으로 분류된 '그래서'의 예이다. 『연세』에서는 '앞뒤 두 행위의 시간적 선후 관계가 문제되어 선행절의 행위가 후행절의 행위를 수행하기 위한 준비 행위임을 나타낼 때 [방법/수단]으로 쓰여 '그렇게 해서', '그리하여서'를 의미한다고 했다. 그런데 (2라)의 경우는 [방법/수단]뿐만 아니라 [인과]의 의미로도 해석될 수 있다. 선행절이 행동을 함으로 인해 '그래서' 다음에 있는 후행절의 결과를 낫는다고 볼 수도 있기 때문이다. 이는 '-어서'에서와 마찬가지로 [방법/수단]은 그 내용상 [+계기성]을 포함하기 때문이다. 때문에 '그래서' 역시 [계기]와 [방법/수단]은 엄밀하게 구분하기는 쉽지가 않다. 특히 '-어서'와 달리 '그래서'는 선행 문장과 후행 문장을 접속하는 본연의 기능이

강하게 작용하기 때문에 그 구분이 쉽지 않다. 따라서 이 장에서는 기존 연구와 달리 '그래서'의 의미 기능에 [방법/수단]을 별도로 분리하지 않고 이를 [인과]의 의미 기능의 하나로 포함하여 논할 것이다.[12]

다음으로 『연세』와 『고려』에서 기술하고 있는 '그래서'의 담화 표지로서의 기능을 살펴보자. 『연세』에서는 '그래서'가 '구체적인 내용을 가리키는 것이 아니라, 단순히 다음 이야기를 재촉하는 표지'로 기능함을 서술하고 있고, 『고려』에서는 '부사'가 아니라 '감탄사'로서 품사를 달리 설정하여 '상대방이 다음 내용을 말하기를 재촉할 때', '상대방이 하는 말을 수긍하지 않고 불만을 나타낼 때' 사용한다고 기술한다. '그래서'의 이러한 담화 표지로서의 기능은 선행 연구에서도 밝힌 바 있는데 이금영(2016: 237)에서는 '그러-'계열이 문법화 과정의 마지막 단계인 4단계에서 [그러-/그리- + 연결 어미] 형식의 재문법화가 이루어지고 이것이 발달하여 담화 표지로서의 기능이 발달한다고 하였다. '그래서'는 다른 접속 부사와 마찬가지로 특히 구어에서 담화 표지로서 기능을 수행하는 경우가 많다.

(3) 가. 왜 남자들은 밥을 해 먹어서는 안 된단 말인가. <u>그래서</u> 배고파도 참아야 한단 말인가?

나. 자신이 있어야 도전을 하고 해야 성취를 하지 않습니까? <u>그래서</u> 나는 어려서부터 그림을 그리고 다녔어요.

다. A: 오석산에서 만났다 했지 않수.

B: <u>그래서</u>?

A: 그래서 술도 한잔하면서 세상사는 얘기를 했지.

라. A: 사빈, 한국 사람이 셋, 불란서 사람이 하나.

B: 아빠, 그래서?

12 '그래서'의 의미 기능에 [방법/수단]을 명시하고 있는 것은 『연세』가 있었고, 『표준』, 『고려』에서는 기술하고 있지 않았다.

A: 응, 그래서 그렇게 모여 살았는데 어느 날...

(이희자 1995: 244-245)

(3가-라)는 담화 표지로서 '그래서'가 쓰인 예이다. '그래서'가 선행절의 서술어 중심 내용을 단지 대용하는 것이 아니라 앞서 이야기된 것의 화용적 정보를 총괄하는 것이다(이희자 1995: 244). (13가, 나)에서는 '그래서' 앞의 문장에서 화자는 의문의 형식으로 본인의 주장을 하고 있는데 이때 '그래서'는 이 의문을 내세우는 문장의 명제를 담고 있다. 즉, 앞서 이야기된 것의 화용적 정보를 총괄하고 있는 것으로 보인다. (3다)에서는 어떤 구체적인 내용을 지칭하기보다는 단순히 다음 이야기를 재촉하는 표지로서 쓰이는데 '그렇게 해서 어떻게 되었는데' 혹은 '그 다음에는' 등의 의미로 해석될 수 있다. 그리고 (3라)에서는 담화 표지로서 특별한 의미를 담고 있는 것이 아니라 대화를 단순하게 이어가는 역할을 하는 것으로 보인다. 전영옥(2016ㄱ)에서는 담화에 인과 관계가 없는 '그래서'는 18.9%가 나타난다고 하였다. 접속 부사는 구어와 문어에서 그 사용 양상이 다르고 유형별로 차이를 보이는데[13] 구어에서는 (13가-라)와 같은 담화 표지로서 사용되는 '그래서'가 문어보다 많이 사용될 것으로 예상된다.

따라서 4장에서는 '그래서' [인과]의 의미 기능에 [수단/방법]의 의미를 포함할 것이고, 이외 다른 기능으로 [담화 표지]를 둘 것이다. 즉, 크게 2가지로 나누어 살펴볼 것이다.

---

13 한송화(2013: 164)에서는 접속 부사의 사용 양상이 담화 구조에 따라 차이가 있다는 것을 밝혔다. 일상대화, 토론, 회의에서는 '그런데, 그러니까'의 사용이 많았으며 사적 독백이나 강의, 강연에서는 '그래서, 그러니까'의 사용이 가장 많았다.

3. '-어서'와 '그래서'의 말뭉치 분석

3절에서는 '-어서'와 '그래서'가 의미·기능별로 어떠한 쓰임을 보이고 있는지 '새 연세 말뭉치'를 통하여 살펴보려고 한다. 각 접속어는 의미별로 어떤 사용을 보이고 있는지 문어와 구어로 나누어 살펴볼 것이다. 다음으로 사용역은 유형에 따라 크게 문어와 구어, 그리고 '그래서'가 구어에서 어떠한 담화 표지로 사용되는지 살펴볼 것이다.

3.1. '-어서'의 말뭉치 분석

3.1.1. 형태별 분석

'새 연세 말뭉치'에서[14] 접속 어미 '-어서'는 문어에서 5,867문장, 구어에서 129,974문장이 출현하였다. 이 중 각각 500개를 랜덤으로 추출하여 살펴보았다.[15] 문어에서는 [인과](30.40%), [계기](25.80%), [다단어 표현](20.80%)으로 나타났고, 구어에서는 [다단어 표현](24.40%), [계기](21.20%), [방법/수단](21.60%), [인과](20.40%)의 순으로 나타났다. 문어와 구어에서 '-어서'는 [인과]의 기능뿐만 아니라 다양한 기능을 한다고 볼 수 있다. 그리고 문어와 구어 빈도에서 차이가 두드러지게 나는 부분은 [방법/수단]의 의미 기능이다. 문어에서보다 구어에서 사용 양상이 더 많은 것을 볼 수 있다. 이외에 '-어서'의 쓰임에 따른 말뭉치 출현 빈도 및 비율은 〈표 4-1〉과 같다.

---

14 이하 '연세 말뭉치'로 약칭한다.

15 연세 말뭉치 문어에서 '-어서' 2,082개, '-아서' 1,647개, '-여서' 2,138개가 있었고, 구어에서는 '-어서' 3,414개, '-아서' 4,128개, '-여서' 5,432개가 있었다.

〈표 4-1〉 접속 어미 '-어서'의 의미 기능 분포

'-어서'의 기능	문어		구어	
	문장 수	백분율	문장 수	백분율
계기	129	25.80%	106	21.20%
인과	152	30.40%	102	20.40%
동작/상태 지속	32	6.40%	40	8.00%
방법/수단	47	9.40%	108	21.60%
목적	36	7.20%	22	4.40%
다단어 표현	104	20.80%	122	24.40%
종합	500	100%	500	100%

(4) 가. 참기름을 듬뿍 먹은 게를 끓여서 식힌 간장에 담가두었다가 …… 〈소설수필〉

나. 잠실구장 관리사무소에 연락해서 불펜 마운드를 임의대로 깎았고 …… 〈신문〉

다. 남루한 하루살이 인생들이 모여들어서 이른바 기지촌 경기로 흥청거렸다. 〈소설수필〉

라. 비가 와서 공치는 날 여관비는 또 어떻게 할 것인가. 〈수기전기〉

마. 어제부터 기름진 것을 너무 많이 먹어서 갑자기 아랫배에 통증이 온다. 〈소설수필〉

바. 밤이어서 집은 더욱 음산해 보였다. 〈소설수필〉

사. 남자, 여자 가릴 것 없이 여기저기 서서 떡볶이나 만두, 호떡 등을 먹는 모습 〈소설수필〉

아. 부패한 위 내용물이나 구토물을 긁어서 담아온 비닐봉지가 토해내는 악취는 그래도 참을 만했다. 〈신문〉

(4가-아)는 연세 말뭉치의 문어 자료에서 나타난 '-어서'의 예문으로 모두 계기 관계와 관련이 있다. (4가)는 '-어서'가 [계기]의 의미로 사용되

고 [인과]로 사용되지 않은 것으로 요리 과정의 순서를 나타내고 있다. 그러나 (4나-마)는 [계기]와 [인과] 모두 해석이 가능하다. (4나)는 '잠실구장 관리사무소에 연락을 한 다음에 볼펜 마운드를 임의대로 깎았다'는 의미라면 [계기]가 되는 것이고, '잠실구장 관리사무소에 연락을 했기 때문에서 볼펜 마운드를 임의대로 깎았다'는 의미라면 [인과]가 되는 것이다. 나머지 (4다-마)도 마찬가지일 것이다. 그런데 (4다)의 경우는 앞뒤 문맥을 고려했을 때 1차적으로 [계기]의 해석이 우선적으로 가능하다. 즉, '남루한 인생들이 모였기 때문에 기지촌 경기가 흥청거렸다'라고 해석하기보다는 '남루한 사람들이 하나, 둘 모여들어서 결국 기지촌 경기가 흥청거렸다'고 해석하는 것이 일반적 해석이라고 여겨진다. 즉 이와 같이 담화 맥락을 살펴보아야 하는 것도 있다. 통사적 문제가 아니라 담화 혹은 의미·화용적 맥락을 고려하여 [인과]와 [계기] 중 1차적으로 무엇을 우선하여 의미를 분류할 것인가의 문제는 앞뒤의 맥락을 살펴야 가능한 일이다. (4바)는 '시간, 때'와 관련된 것으로 이 역시 [인과]와 [계기] 모두 의미 해석이 가능하다. 이를 [계기]로 해석한다면 '시간이 흘러 밤이라는 때가 되었고, 그러한 자연적 현상으로 인하여 집이 음산해 보인다'는 의미가 될 수 있다. [인과]로 해석한다면 '밤이기 때문에 집이 음산해 보인다'는 해석이 될 수 있다. 그러나 이렇게 '때'와 관련하여 '-어서'를 사용할 때에는 선행절이 후행절의 시간적 상황이나 배경을 나타내어 지속되는 경향이 있다. (4바)의 경우도 밤이라는 상태가 지속되어 후행절에 영향을 주고 있다. 이렇게 형용사나 계사 '이다'와 결합한 '-어서'가 '시간, 때'를 나타낼 때 후행절에 영향이 지속된다고 보아 이를 본 장에서는 [상태 지속]으로 분류하였다. [상태 지속]은 [인과]와 [계기]의 속성이 담겨 있으나 특별히 '시간'과 관련이 있음을 포착하여 이러한 의미로 분류하였다. (4사)의 '-어서'는 [동작 지속]의 의미를 담고 있다. (4사)에서는 사람들이 떡볶

이를 '서서' 먹고 있음을 알 수 있는데 남자, 여자들이 앉아서가 아니라 지속적으로 서 있으면서 떡볶이를 먹는 것을 상상할 수 있다. 본 장에서는 이와 같이 쓰이는 '-어서'가 후행절까지 영향을 준다는 점을 중요하게 고려하여 [상태 지속]의 '-어서'와 함께 [동작 지속]으로 의미 분류하였다. 즉, '-어서'가 동사와 결합하여 후행절에까지 영향을 주면 [동작 지속], 형용사, 계사와 결합하여 후행절까지 영향을 주면 [상태 지속]이 된다. 다음으로 (4아)는 [계기]의 의미와 함께 [방법/수단]의 의미가 있는 예이다. (4아)는 '부패한 위 내용물이나 구토물을 담아오는 방법 또는 수단'으로 '긁는 것'을 선택한 것이다. 남기심(1994: 63)에서는 이와 같이 [방법/수단]으로 해석되는 '-어서'는 후행절을 수식하는 기능을 하고 있다고 하며 선행절의 서술어 즉 '-어서'를 생략하여도 문장 전체의 의미가 달라지거나 비문이 되지 않는다고 하였는데 (4아)에서도 역시 '긁어서'를 생략하여도 비문이 되거나 전체 의미가 달라지지는 않는다. 이는 역시 [계기]의 의미가 있지만 이보다는 [수단/방법]의 의미가 강하다고 여겨져서 [수단/방법]으로 분류하였다. (4가-아)와 같이 '-어서'의 계기 관계와 인과 관계는 엄격하게 구분되지 않는 경우가 많다. 그리하여 본 장에서는 계기를 기본 의미로 두되, 계기 이외에 다른 것으로 해석되지 않는 경우는 [계기]로 분류하고 [계기]와 더불어 다른 해석이 되는 것은 첨가된 의미를 중심에 두고 분석하였다.

(5) 가. 하지만 이라크는 사실상 전투지역이어서 무력충돌 가능성이 크다. 〈신문〉

나. 라디오에서 내 목소리가 들리면 기뻐서 어쩔 줄 몰라하는 나와는 달리 사람들은 무심했다. 〈잡지〉

다. 배가 고파서 철판볶음밥이 먹고 싶어서 혼자 들어가서 볶음밥을 먹고 딱 나왔다? 〈사적대화〉

라. 조용한 시간이 생길 적마다 열어서 한 구절씩 읽어본다. 〈소설수필〉
마. 제목의 보고서를 써서 회사에 제출하며 인간주의 경영을 촉구한다. 〈잡지〉
바. 어른들은 남자 어른들은 딱 오셔서 안방에 다 담배 피구 뭐~ 고스돕 치구 앉아 계셔. 〈사적대화〉
사. 여기는 빨리 언론이 나서서 사죄해야 합니다. 〈공적대화〉
아. 밖으로 나가지 않고 구리판에 붙어서 전자의 이동을 방해하기 때문에, …… 〈교과서〉
자. 늦은 밤이 되어서야 법당을 나온다고 했다. 〈잡지〉

(5가-자)는 인과 관계로 분류한 예문이다. (5가-다)는 [인과], (5라-사)는 [계기], (5아)는 [인과]와 [계기] 모두로 해석이 될 수 있는 문장이다. 그런데 여기에서 관심을 갖고 보아야 할 것은 (5사), (5아)와 같은 문장이다. (5사)는 선행절과 후행절에 이어지는 모습의 행위가 얼마간 시간차를 두고 있다고 볼 것인지 동시적으로 이루어진다고 볼 것인지에 대한 판단에 화자나 청자의 주관성이 개입될 수 있기 때문이다. (5사)가 시간의 순서에 의해서 나열적으로 이루어진다고 보면 [계기]로 볼 수 있고, 동작의 동시성을 강조하여 본다면 [방법/수단]의 의미로 볼 수도 있기 때문이다. 기존의 논의에서는 '-어서'의 계기성과 인과성의 차이에 대해서 논한 것이 많았는데 [계기]와 [방법/수단]에 관련하여 구체적으로 논의한 것은 많지 않다. 김준기(2011)에서는 '-어서'의 계기성을 '종료 계기', '동시 계기', '중첩 계기'로 나누는데 '노예들이 폭력에 맞서서 싸웠다'와[16]

16 김준기(2011: 6)에서는 위의 문장은 선행절과 후행절의 사태가 동일한 때에 벌어지고 있는 예로 다루고 있는데 주어가 폭력에 먼저 마주 겨루고 난 후 이러한 움직임이 지속되는 가운데 자신들의 처지를 외부에 적극적으로 알리고 부당함에 항의하며 물리적으로 저항하는 방식으로 폭력에 대응함을 짐작할 수 있다고 했다.

같은 문장을 '동시 계기'로 언급하고 있다. 즉, [방법/수단]을 시간 개념으로 바꾸면 동시가 될 수 있다고 앞선 언급한 것처럼 [계기]와 [방법/수단]의 구분은 쉽지 않음을 다시 한번 확인할 수 있었다. 또한 (5아)는 [계기]로도 해석이 가능하고 [인과]로도 동시에 해석이 가능한 예이다. '전자의 이동을 방해하는 원인을 구리판에 붙은 것'이라고 본다면 이 문장은 [인과]로 볼 수 있고 시간의 순서로 본다면 [계기]로 볼 수 있기 때문이다. 그리고 (5자)는 '시간적 계기성으로 인한 [인과]'의 예문이다. (5자)는 시간이 경과하였음을 보여주고 있는데 이때 강조의 보조사 '-야'를 없애고 보면 '늦었기 때문에 법당을 나온다'와 '시간이 경과하여 밤이 되어서 법당을 나온다'는 두 가지의 의미를 함의한다. 즉, '시간적 계기성으로 인한 [인과]'로 해석이 가능하다.

(6) 가. 그녀는 스탠드 끝에 몸을 옆으로 기대고 서서 골똘히 스피커에 귀를 기울이고 있었다. 〈소설수필〉
나. 어려서 궁안으로 들어가면 죽어서야 나왔다는 그들. 〈소설수필〉
다. 이번 식목일에 걸쳐서 한 일을 얘기해 봐. 〈사적대화〉
라. 일주일에서 열흘 정도 걸려서 수거하러 갈 거에요. 〈공적대화〉

(7) 가. 그 아이가 해가 있어서 떠났다.
나. 12시가 다 되어서 그는 집에 돌아온다.
다. 해가 저물어서 집으로 돌아왔다.
라. 늙어서 느끼는 소외감 때문에 자살하는 노인이 있다고 한다.
마. 어머니로부터 항상 얌전치 못하다는 꾸중을 듣고 자라서 그랬는지 학교에서는 얌전하고 예절 바른 애라는 칭찬을 많이 받았다.
바. 이 소설을 그는 1774년에 3개월 동안에 걸쳐서 썼다.
사. 그녀는 자정이 조금 지나서 집으로 돌아왔다.
아. 며칠 안 가서 나는 파리로 되돌아왔네.

(남기심 1994: 62)

(7) 가'. 해가 있어서 떠납시다.
나'. 매일 12시가 다 되어서 그는 집에 돌아온다.

(6가-라)는 모두 '-어서'의 의미 기능을 [행동/상태 지속]으로 분류한 예문이다. (6가-라)는 '-어서'가 결합한 선행절이 후행절의 시간적 상황이나 배경을 나타내고 있는데 모두 시간의 범위, 시기, 경과 등을 나타내고 있다.

(7가-라)는 남기심(1994)에서 [동작/상태 지속]을 나타내는 '-어서'로 분류한 예문이다. (7가-라)는 '-(었)을 때'의 의미로 시간적 상황이나 배경을 진술하는데 이때 '서'를 생략하면 그 의미가 부자연스럽게 되기도 한다. 그러나 (7다)의 경우는 [인과]와 [동작/상태 지속]으로 모두 해석이 가능한 경우다. 이는 '해가 저문 것이 이유가 되어서 집에 돌아왔다'고 해석하면 이는 [인과]로 해석할 수 있고, '시간이 흘러서 즉, 선행절과 후행절이 순차적으로 일어났다'고 해석하다면 [계기]로, '해가 저물었을 때 집으로 돌아왔다'고 해석하다면 [동작/상태 지속]으로 해석할 수도 있겠다. 그러나 남기심(1994: 62)에서는 (7가')과 같이 후행절이 청유형이나 명령형이면 [시간]으로만 해석되고,[17] (7나')과 같이 선행절에 습관이나 관습을 나타내는 부사어가 있을 때는 [시간], [계기]로 해석될 수 있으나 [인과]로 해석될 수는 없다고 하였다. (7마)는 '어느 시기에 이르러'의 뜻, (7바)는 시간의 범위를 나타내고 있으며, (7사)와 (7아)는 시간의 경과를 나타내는데 『연세』에서는 특히 (7아)는 '며칠, 얼마' 등과 '안, 못' 등의 부정을 나타내는 단어와 함께 쓰이어 시간이 얼마 지나지 않았음을 나타낸다고 했다.

17 남기심(1994)에서 [시간]으로 분류한 것을 본 장에서는 [동작/상태 지속]으로 분류할 수 있다고 보았다.

(8) 가. 핵심을 찔러서 제가 제일 의심이 가는 문제는 …… 〈사적대화〉
나. 누구 시켜서 가져오라 그러잖아. 〈사적대화〉
다. 아터 아저씨네 딸들도 먼 길을 걸어서 학교를 다니고 있습니다. 〈소설 수필〉
라. 침대 위에 누워서 다리를 쭉 뻗어 허리까지 세우고 청바지를 입은 장면. …… 〈수기전기〉

(8가-라)는 모두 [방법/수단]의 의미를 갖는 용례이다. 그런데 이는 앞서 (4사), (4아)를 시간의 개념을 중심에 두고 [계기]로 해석하였는데 (8가-라)도 역시 [+계기성]을 배제할 수 없다. '-어서'에 [방법/수단]의 의미 기능을 갖는 예문은 대부분 이와 같은 특성을 갖는다. [방법/수단]의 의미 기능에 [+계기성]이 함의되어 있는 것은 남기심(1994: 63)에서도 밝힌 바 있다. 또한 정수진(2012: 415-418)에서는 '-어서'가 [완료 지속], [원인/이유], [목적], [배경] 등의 의미를 나타낼 때 앞 사태가 뒤이어 이루어지는 사태에 영향을 주며 의미 연결망에서 [계기]가 우월성을 갖는다고 하였다. 또한 [지속]의 의미 특성을 지닌 행위는 뒤이은 사태의 발생을 가능하게 하는 [방법/수단]으로 작용하기도 한다고 했다. 즉, 접속 어미 '-어서'는 시간적 간격을 두고 이루어지는 사태를 연결하는 데에 사용되는데 접속되는 선행절과 후행절의 관계의 특성에 따라서 [방법/수단]의 의미를 표현할 수 있다.

3.1.2. 다단어 표현 분석

문어와 구어에서 '-어서'는 '-에 대해서', '-어서 되다/안 되다', '-을 통해서', '-와 관련해서', '-이라고 해서' 등과 같이 다단어 표현이 쓰여 관용어처럼 여러 단어가 하나의 단위를 이루어 접속의 기능을 수행하기도 하였다. 이러한 다단어 표현을 '-어서'의 의미 기능이라고 볼 수는 어렵겠으나 화석화된 다양한 표현으로 선행절과 후행절을 접속의 기능으로 연결해 주고 있다는 점은 분명하다.

(9) 가. 화장은 쇠퇴해가는 세포를 감추기 위해서 하는 것이다. 〈소설수필〉
나. 소외감에서 벗어나기 위해서 그런 … 되게 많을 거예요 다들. 〈사적대화〉
(9)′ 가. 회장은 쇠퇴해가는 세포를 감추는 것을 도우려고 하는 것이다.
나. 소외감에서 벗어나는 것을 도우려고 그런 … 되게 많을 거예요 다들.

(9가, 나)는 [목적]으로 분류된 용례이다. [목적]의 기능을 하는 것은 '위해서'인데 이는 일종의 다단어 표현으로 '위하다' + '어서'가 결합된 형태로 '위해서'로 사용되고 있다. 『연세』에서는 '위하다'를 '무엇을 이롭게 하거나 도우려 한다'고 설명하며, 주로 '위한', '위하여'의 꼴로 쓰임을 밝히고 있다. 이러한 표현은 대부분 '-기 위해서'나 '명사 + 을/를 위해서'의 꼴로 사용되는데 선행절이 후행절의 목적을 나타낸다. (9가'), (9나')은 '위하다'의 뜻풀이로 풀어서 바꾸어 본 것이다. 이를 바꾸면 어떤 행동을 할 의도나 욕망을 가지고 있음을 나타내는 접속 어미 '-(으)려고'로 바꾸어도 (9가), (9나)의 의미가 담겨 있는 것을 알 수 있다. 즉, '위하다' + '-어서'에서 만들어진 '위해서'에서는 '-어서'의 대표적인 의미 기능인 [계기], [인과] 및 [동작/상태 지속] 등의 의미로 변별하기에는 무리가 있어 [목적]의 표지로 따로 구분하는 것이 적절할 것으로 보이고, 이는 '다단어 표현'의 일종으로 볼 수 있겠다.

(10) 가. '무관'함을 애써 강조함에 있어서는 같은 기조를 유지하고 있다. 〈신문〉
나. 마지막으로 제가요 이 문제에 관해서 미국에게 바라고 싶은 부분은, …… 〈공적독백〉

다. 혼란과 과도기의 나라인 점을 잊어서는 안 된다. 〈신문〉

라. 우리는 그냥 예를 들어서 뭐~ 칠십년대 문화는 이렇습니다……. 〈공적대화〉

(10가-라)는 관용적 쓰임, 즉 다단어 표현으로 사용되는 ‘-어서’의 예문이다. 문어와 구어에서 다단어 표현은 각각 104개(20.80%), 122개(24.20%)를 차지할 정도로 그 빈도가 높았다. (10가, 나)는 조사 ‘에’와 결합한 용언(있다, 관하다, 대하다, 의하다 등)이 ‘-어서’와 결합하여 ‘-에 관하여’, ‘-에 대하여’, ‘-에 의하여’, ‘-에 있어서’의 다단어 표현을 만들고 있는데, 이는 앞말이 말하고자 하는 특정한 대상을 접속어를 통하여 설명한다. (10다)는 ‘-어서(는) -되다/아니다/없다’의 꼴로 쓰여 조건을 나타내고 있다. 이외에 ‘-어서(야) 되겠는가’의 꼴로 쓰여 ‘그리하여서는 안 됨’을 강조하기도 하고, ‘-다고/라고 해서’의 꼴로 근거의 의미를 지니는 표현을 사용하기도 한다. 그리고 이러한 관용적 표현은 주로 ‘에, 로, 와’ 등의 조사와 함께 쓰인다. (10라)는 ‘말하다, 예를 들다’ 등에 쓰이어 설명함을 나타내는데 특히 (10라)는 서술 기능을 하는 것이 아니라 부사처럼 사용되는 예로 ‘계속해서’ 외에도 ‘다투어서, 더불어서, 덧붙여서, 번갈아서, 줄잡아서’ 등이 있는데 이는 모두 다단어 표현으로 쓰였다고 볼 수 있다. ‘위해서’와 ‘다단어 표현’은 접속의 기능을 수행함과 동시에 이미 표현이 굳어져서 관용적으로 쓰이는 것으로 보인다. 이러한 문장은 문어에서 ‘목적’ 26문장(7.20%), ‘다단어 표현’ 104문장(20.80%), 구어에서 ‘목적’ 22문장(4.40%), ‘다단어 표현’ 122문장(24.40%)으로 나타났다. 다단어 표현은 ‘-에 대해서’가 문어 28.85%, 구어 45.90%로 가장 많이 사용되었고 이외 ‘-어서 안 되다/아니다’, ‘-을 통해서’, ‘-에 있어서’, ‘-에 따라서’ 등 다양한 표현들이 사용되었다.

3.2. '그래서'의 말뭉치 분석

3.2.1. 형태별 분석

'그래서'는 연세 말뭉치 문어에서 645문장, 구어에서 5,333문장에 나타났는데 무작위로 각각 500개씩 추출하여 살펴보았다. 문어에서는 '그래서'의 의미 기능이 [인과]로 쓰인 비율이 96%로 절대적으로 높았다. 반면에 구어에서는 [인과]의 의미 기능으로 사용된 것이 74.40%, [담화표지]로 사용된 것이 25.60%로 나타나 구어와 문어에서 쓰임의 차이가 나타남을 알 수 있었다. 이에 따른 분석 결과는 〈표 4-2〉와 같다.[18]

〈표 4-2〉 접속 부사 '그래서'의 의미 기능 분포

'그래서'의 기능	문어		구어	
	문장 수	백분율	문장 수	백분율
인과	480	96%	362	74.40%
담화 표지	20	4%	128	25.60%
종합	500	100%	500	100%

18 '그래서'는 대용으로 사용되는 경우도 많았다. 대용을 하나의 기능으로 보아 포함했을 때의 결과는 아래와 같았다. 그러나 대용은 용언 '그러하다'의 활용형이기에 본 장에서 의미·기능의 하나로 설정하지는 않았다. 선행 연구에서 '그러하-'계열을 접속 부사로 보느냐 그렇지 않느냐는 차이가 있는데(안주호 2000: 115), 이는 '그러하- + 접속 어미'의 결합에 의한 대용 용법의 구별이 쉽지 않기 때문이다.

'그래서'의 기능	문어		구어	
	문장 수	백분율	문장 수	백분율
인과	454	90.80%	301	60.20%
대용	27	5.40%	75	15.00%
담화	19	3.80%	124	24.80%
종합	500	100%	500	100%

'그래서'는 '그러하-' + '-어서'의 결합으로 만들어진 접속 부사이다. '그래서'가 문법화 과정을 거쳐 접속 부사로 굳어지게 될 때에는 '-어서'가 갖고 있는 모든 의미 기능이 담기는 것이 아니라 그 의미 기능 중 일부가 선택되어 문법화 과정을 거쳐 어휘가 되는 것이다. 이때 '그래서'는 '-어서'가 가지고 있는 주요한 의미 '계기', '인과', '때' 중에서(남기심 1994: 51) '인과'의 의미가 선택되는 것이다.[19] 그렇기 때문에 문어와 구어에서 '인과'로의 쓰임이 압도적으로 높을 수밖에 없다.

(11) 가. 이제 어디로 가야 하나를 생각하면 머리가 아프다. <u>그래서</u> 경기 전 물수건을 머리 위에 올려 열을 식히기도 했다. 〈신문〉

나. 저 여자가 영순인가? 나는 그녀에게 물어봐야겠다는 생각이 들었고, <u>그래서</u> 나도 모르는 사이에 입안의 유릿조각들을 꿀꺽 삼켰다. 〈소설 수필〉

다. 너무너무 잘 맞추는 거예요. <u>그래서</u> 너무 신기하다 그랬더니, 〈사적 대화〉

라. 운동 첫 번째 준비 운동 하고 마지막에 정리 운동 해서 그래, <u>그래서</u> 그런 게 익숙해진 틀이 있으니까 그냥 뭐~ 〈사적대화〉

(11가-라)는 구어와 문어에서 모두 [인과]의 의미로 분류될 수 있는 용례이다. 안주호(2000: 123-126)에서는 '-어서'와 '그래서'의 문장을 비교하여 살펴보았는데 [인과], [계기], [행동/상태 지속]의 의미를 지닌 '-어서'의 문장을 '그래서'로 대치할 경우 [계기], [행동/상태 지속]의 의미가 사라지고 [인과]의 의미만 승계받아 전문화된다고 하였다. 그러나 (11나)의 경우는 '앞뒤 두 행위의 시간적 선후 관계가 문제가 되어 선행절

---

19 '그래서'의 이러한 모습을 포착하여 『표준』, 『고려』에서는 뜻풀이에 '인과'의 의미 기능 외에 다른 것을 기술하고 있지 않았다.

의 행위가 후행절의 행위를 수행하기 위한 준비 행위임을 나타낼 때 [방법/수단]으로 쓰여 '그렇게 해서', '그리하여서'를 의미한다. 이와 같은 경우는 안주호(2000)에서와 달리 '시간의 의미를 포함하고 있는 [계기]'의 의미로도 해석될 수 있다. 앞서 '그리하여서'는 대용어로 보는 것이 적절하다고 기술하였다. 그러므로 이러한 용례는 [인과]의 의미에서 제외하는 것으로 하였다.

'그래서'뿐만 아니라 '그리고, 그러니까, 그러면' 등의 접속 부사는 문장과 문장뿐만 아니라 단락과 단락을 결속하기도 하고 구어에서는 화자의 다양한 발화의 의도를 실현하기 위해 사용된다. 즉, '그리하-'가 '-어서'와 결합하면서 형성된 '그래서'는 '-어서'의 의미 기능 중 일부 '인과'의 기능을 특화하여 사용함과 동시에 담화 상에서는 다양한 역할을 한다. 『연세』와 『고려』에서는 이를 '재촉의 표지', '불만을 나타낼 때 사용하는 말' 등으로 기술한다.[20] 이러한 접속 부사 '그래서'의 담화 표지로서의 사용을 전영옥(2016ㄱ: 115)에서는 실시간 생산과 참여자 상호작용이라는 실현 환경에 기인하여 발화가 의미적으로 긴밀하게 연결되기를 바라는 화자의 의도, 발화가 끊어지지 않고 이어지도록 하려는 화자의 의도, 발언권을 획득하려는 화자의 의도 등과 관련이 있다고 하며 사전의 '그래서' 기술이 불충분함을 보여주었다. 그리고 전영옥(2016ㄴ: 89-90)에서는 인과 관계 의미를 지니고 있는 접속 부사 '그래서'와 '그러니까'를 비교했을 때 '그래서'는 '그러니까'에 비해서 원인과 결과의 연결이 더 많다고 하며 인과 관계의 의미 기능이 있는 '그래서'와 그렇지 않은 '그래서'를 나누어 살펴보았다.

---

20 『표준』에서는 접속 부사 이외에 담표 표지로서 쓰임에 대해서는 기술하지 않고, '그리하여서'와 '그러하여서'가 줄어든 말이라는 기술이 있을 뿐이다.

우리는 말뭉치를 통해 이러한 쓰임은 문어에서보다 구어에서 쓰임이 더 많다는 것을 확인할 수 있었다.[21] 따라서 구어에서 담화 표지로서의 기능을 좀 더 살펴보고자 한다.

〈표 4-3〉 구어에서 '담화 표지'로서의 의미 기능 분포

기능	개수	백분율
부연 설명, 대화 이어가기	100	80.65%
공백 메우기	5	4.03%
자기발화수정	1	0.81%
화제 전환	15	12.10%
공감 여부 알리기	1	0.81%
후속 발화 요구	2	1.61%
종합	124	100%

〈표 4-3〉은 '담화'의 기능을 좀 더 세분화하여 살펴본 것인데 '담화'에서는 '부연 설명, 대화 이어가기'(80.65%)가 가장 많이 사용되는 것으로 나타났다. 이는 '그래서' 자체에 [인과]의 의미 속성이 함유되었기에 근거를 들어 설명하고, 앞선 대화를 부연하려는 의도가 담겨 있다고 여겨진다. '그래서'는 대표적인 원인과 이유를 나타내는 접속 부사이다. 전영옥(2016ㄴ: 82)에서는 구어에서는 발화를 구성하기 위한 화자의 다양한 의도를 실현하기 위해서 '그래서'가 많이 사용되는데 접속 부사 '그래서'의 담화 전개 양상은 매우 복잡한 양상으로 실현된다고 하였다. 그리고 전영옥(2016ㄴ)에서는 대화 말뭉치를 통해서 '그래서'의 실현 양상을 살폈는데 인과 관계 연결 표현은 77%, 인과 관계가 아닌 연결은 23%라고 하였다.

21 전영옥(2016ㄱ: 116)에서는 담화 유형에 따른 '그래서'의 실현 빈도를 살펴보았는데 역시 문어에서보다 구어에서 '그래서'의 담화 유형으로서 사용빈도가 높았다.

본 장의 분석 결과는 선행 연구와 맥을 잇는 것으로 문어에서 '그래서'는 [계기], [원인/이유]를 나타내는 인과 관계 접속의 의미를 강하게 나타나지만 구어에서는 그 쓰임이 훨씬 다양하게 나타남을 알 수 있다.

(12) 가. A: 얘, 가야금이 움직이는 거 봤어, 너? 그래서 계속해 봐.
B: 그래 가지고 히히… 올라타서는 가랭이 사이에 끼고 문지르고 비비고… 〈준구어〉
나. A: 저는 맹세코 그들의 몫을 훔치거나 뺏은 적이 없습니다.
B: 이놈, 그래서 이웃집 노인네가 형편이 어려워 병원에도 못 가 보고 앓아 누웠는데도 너는 곳간마다 빗장을 질러 놓고 금덩이를 세고 있었더냐?
A: 그러시면 제가 그들을 먹여 살려야 한단 말씀입니까? 〈소설수필〉
다. 근데 어우 너무 기분 나빠서 바로 나오기가 너무 민망한 처지였기 때문에:: 일부러 좀 시간 끌다가 나온 건데, 그래서 그런 얘기 들으니까 오 등골이 오싹하는 거야 막 〈사적대화〉
라. 사실 아니까 여쭤 본 거잖아. 그래서 이제 뭐~ 건강이 썩 안 좋습니다 이렇게 말씀하시더라구, 〈사적대화〉
마. 자격증 소개하구 어떻게 준비하면 된다만 돼 있구. 그걸 어떻게 써먹어야 될지 이렇게 좀 쫌 구체적으루 안 나와 있드라구 그래서 〈사적대화〉

(12가-마)는 구어와 문어에서 [담화 표지]로 사용된 용례이다. 문어 말뭉치에서 자료의 성격상 이러한 용례로 쓰인 예는 〈준구어〉에서 많이 발견되었는데 문어 말뭉치에서 담화 표지로서 기능을 하는 문장이 19개인데 대부분 〈준구어〉에서 나타났다. 즉, 담화·화용적 성격이 강한 장르에서 이러한 쓰임이 발견되는 것을 알 수 있었다. 구체적으로 (12가)의 '그래서'는 B가 화제를 이어가기를 재촉하는 담화 표지로 사용되었

고, (12나)는 '그래서'가 문장 단위의 앞 서술어의 내용을 대용하는 것이라기보다 앞내용의 화용적 정보를 총괄하는 쓰임을 보이고 있다. (12다)는 앞말과 뒷말을 단순히 연결하는 표지로, (12라)는 화제 전개의 담화 표지로 보이고 (12마)는 발화를 하며 특별한 의미를 부여하지 않고 사용한 '그래서'로 보인다. 이렇듯 구어에서 '그래서'는 담화·화용적 표지로서 화자와 청자의 관계에서 문맥적 상황에 따라서 화자의 의도를 표현하기, 청자와 화제 이어가기, 재촉하기, 보충설명하기, 화제 전환 등 다양한 역할을 할 수 있다.

3.2.2. '대용'의 용법으로서의 '그래서'

안주호(2000)에서는 '그래서'를 '그러-'에서 접속 어미 '-어서'가 붙은 것으로 분석하고 있는데 '그래서'의 문법화 과정 두 번째 단계에서 후행 문장의 첫머리에 '그러하- + 접속 어미' 형식으로 쓰여 선행 문장을 대용하는 역할을 한다고 하였다. 안주호(2000)에서는 '그러-'계열의 문법화 과정을 살피는 것이 목적이고, 문법화 과정 중에 '대용'의 역할이 있음을 설명한다. 이금영(2016: 237)의 설명은 이와 차이가 있는데 이금영(2016)에서는 문법화 과정을 총 네 단계로 설정하고 '대용'의 기능은 1단계에 나타난다고 하였다. 그러나 두 연구에서는 공통적으로 선행 용언을 대신하는 대용어 '그러하-'에 '-어서'가 결합되었음을 언급하고 있다.

(13) 혼자두 갔지. 쥐죽은 듯 허구 들어가서 주워 왔지. 뭐 여럿이 가면 떠들잖어? <u>그래서</u> 그렇게 여럿이 못 들여보내.

(이기갑 1994: 373)

이기갑(1994: 473)에서는 '접속의 대용어'로서의 기능과 관련하여 '그래서, 그래 가지고, 그리고, 그런데, 그러면' 등의 접속 형식들이 대체로 문장의 맨 앞에 나타나서 선행 발화를 대신한다고 하였다. (13)에서는 접속어 '그래서'가 앞 문장 '여럿이 들어가면 떠든다'는 표현을 뒤따르는 표현과 이어주고 있다. '그래서'는 '그러하다'가 활용을 하여 사용된 것으로 대동사로서의 성격이 강하게 나타난다. 즉 이때 '그래서'는 '그러하-'에 접속 어미 '-어서'가 결합하여 만들어진 '그러하여서'가 줄어 '그래서'가 된 것으로 볼 수 있다. 이는 대용적 기능의 '그러하-'에 접속 어미가 붙어서 활용한 것이다. 그리하여 '그래서'에 나타나는 이러한 용법은 '-어서'의 [인과]로서의 의미·기능으로 분류할 수 있다. 그러나 본 장에서는 이를 따로 '-어서'에 포함하여 말뭉치 분석을 하지 않고 '그래서'의 하위절로 설명하고자 한다. 그러한 이유는 '그래서'는 접속어로서의 문장 및 문장 이상의 단위까지 결속하여 접속하기 때문에 '-어서'가 보여주는 통사적 범주를 넘어설 수 있다는 특징이 있기 때문이다.

(14) 가. 그들이 오늘날에도 즐겨 사용하는 바비큐란 것이 그것이다. 서양 사람들은 육류를 좋아했고, 그래서 또 그만큼 회식의 방법을 주로 했다. (이희자 1995: 242)[22]

---

22 ㄱ. 우리가 오줌을 가리고 수저로 밥이라도 떠 먹게 되기까지 지극한 부모의 사랑을 줄곧 받게 되니 삼 년의 상은 바로 그래서 생겼다는 것이다.
ㄴ. 그러므로 임산부가 보약을 들고, 식사를 잘하는 것은 결국 영리한 어린이를 만들게 된다. 임신중 보약은 그래서 중요한 것이다.
ㄷ. 그러면서도 피로 끝에 걸린 감기 같은 것을 치유시키는 치료제이기도 하다. 보약은 그래서 귀중한 것이다. (이희자 1995: 243)

(ㄱ-ㄷ)는 단문 안에서 문장의 중간에 '그래서'가 쓰인 예이다. 이희자(1995: 243)에서는 이때의 '그래서'는 문장의 서술어를 한정하는 부사어적 성질이 강해진다고 하였다. 그런데 이렇게 문장의 중간에 '그래서'가 쓰였을 때 '그래서'는 '그러하-'에 접속 어미

나. 게만 먹으면 두드러기가 나고 그래서 잘 안 먹어요.

(우순조 2018: 306)

(14가, 나)는 '좋아했다', '나다'의 용언이 '-고'와 연결된 후에 다시 '그래서'와 결합이 되어 있다. 이러한 결합을 우순조(2018)에서는 단순한 결합이 아니라고 하였는데 이유는 첫째 '-고'를 통해서 접속됨으로 단순 접속이 아니라 의미적으로 함축하는 것이 문장에서 단순하게 표현되는 것 이상으로 있다는 것이고,[23] 둘째 또 다른 의미 효과는 '강조'를 들 수 있다고 하였는데 이러한 효과는 대용 표현이 접속 형식을 취하지 않는 경우에도 일관되게 관찰된다고 하였다.

4. '-어서'와 '그래서'의 의미 기능 분담 양상

4장에서는 '-어서'의 의미를 '[계기], [인과], [동작/상태 지속], [방법/수단], [목적]'의 다섯 가지로, '그래서'의 의미 기능을 [인과], [담화 표지]로 제시하였다. 이들 의미 기능 사이의 관계를 논한 후 '-어서'와 '그래서'의 기능을 비교해 보도록 하겠다.

먼저 '-어서'는 법칙적 계기성과 인과성을 기반으로 한 접속 어미이다. 따라서 '-어서'의 각 의미 기능은 인과의 정도 차이와 시간 간격의 정도 차이가 있을 뿐 [+계기성]과 [+인과성]을 기반으로 의미 기능을 세분화한다고 볼 수 있다. [계기]와 [인과]의 구분이 모호함은 선행 연구와 사전의

'-어서'가 결합하여 만들어진 '그러하여서'가 줄어 '그래서'가 된 것으로 볼 수 있다.

23 앞서 서술한 것처럼 우순조(2018)에서는 위의 문장은 '홍조가 생기거나 맥박수가 증가하는' 등의 추가적인 증상이 함축적으로 있을 수도 있다며 이를 '대용어'라고 하였다.

기술을 통해 확인하였는데, '-어서'의 기본적인 의미 기능은 '상관적 계기성' 즉, [계기]와 [인과]로 보는 것이 적절할 것으로 보인다. 이를 바탕으로 여타의 의미 기능이 세분화되어 파생된 것으로 볼 수 있다. 이를 정리하면 다음과 같다.

(15) '-어서'의 의미 기능과 문맥적 의미

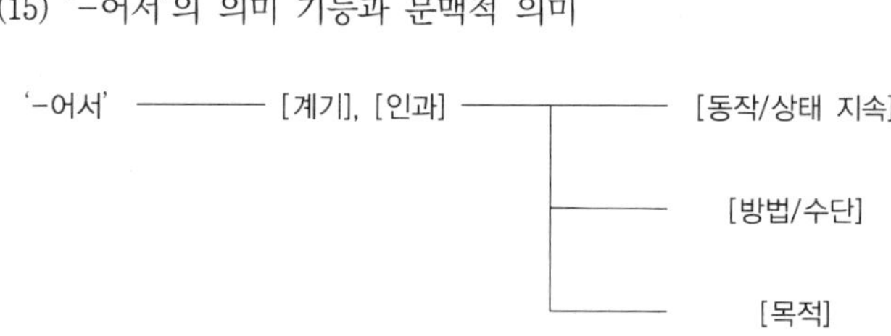

먼저 [동작/상태 지속]은 동작이나 상태가 완료된 이후 그것이 후행절의 사건이 일어나는 동안 지속됨을 나타낸다는 점에서 설정된 의미 기능이다. 또한 '-어서'는 [계기], [인과]를 바탕으로 삼으며 선행절의 내용이 후행절의 행동에 대한 방식이나 수단을 나타낼 수도 있기 때문에 [방법/수단]의 기능을 하기도 하고, 어떤 행동이 후행절에 나오는 사실을 위한 [목적]을 나타내기도 한다. 이러한 기능뿐만 아니라 '-어서'는 특정한 조사('에', '로', '와' 등) 및 다단어 표현으로 묶이어 접속의 의미보다 굳어진 표현으로서 사용되는 경우도 있다.

반면에 '그래서'는 '-어서'에 비해 그 의미가 단순하다. 『표준』, 『연세』, 『고려』에서는 공통적으로 [인과]의 의미를 제시하고 있고, 추가적으로 『연세』에서만 '수단/방법'의 의미를 제시하고 있으나 이는 '인과'에 포함될 수 있는 의미이다. 따라서 4장에서는 '그래서'가 가지는 의미 기능을 [인과]로 단순화하여 보았다. 세 개의 사전에서는 [계기]의 기능을 제시하고 있지 않지만 선행 연구를 통해 '그래서' 후행절의 문장 유형이 명령문이나 청유문일 때 [계기]의 의미를 지니는 것을 확인하였다. 또한 구어에서 '그래서'는 '-어서'와 달리 담화 표지로서 화자와 청자의 관계에서 문맥적 상황에 따라서 화자의 의도를 표현하기, 청자와 화제 이어가기, 재촉하기, 보충설명하기, 화제 전환 등 다양한 역할을 할 수 있다. 접속 부사의 이러한 담화 표지로서의 기능은 '그래서'뿐만 아니라 '그리고, 그런데' 등의 여타의 접속 부사에서도 관찰된다.

(16) 접속 부사 '그래서'의 문장 접속 기능

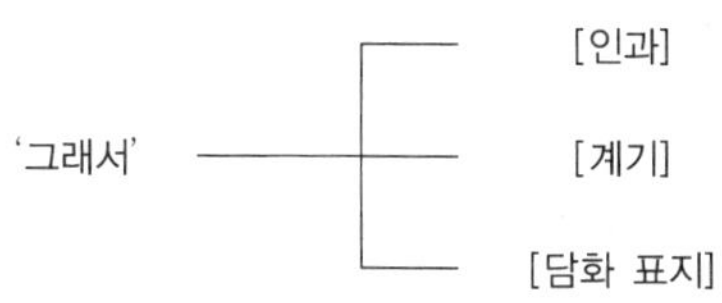

접속 어미 '-어서'와 접속 부사 '그래서'는 형태적으로 유사할 뿐만 아니라 의미적으로도 가깝다. 이는 '그래서'는 '그러하-'에 '-어서'가 결합되어 '그러하여서'가 되었다가 '하-'가 탈락하여 '그래서'가 되었기 때문이다. 즉, '그래서'의 기반은 접속 어미 '-어서'가 갖고 있는 의미의 일부가 전문화되어[24] 들어갔다고 볼 수 있다. 이는 '그래서, 그러나, 그리고, 따라서...' 등의 접속 부사가 생성된 역사적 연유와도 연관이 될 것이다. 고영근(1990)에서는 〈석보상절〉을 통해서 중세국어의 텍스트를 분석하였는데 이를 통해 중세 문장이 복잡해 보이는 것은 문장종결의 값을 지니고 있는 독립성이 강한 접속 어미에[25] 기댄 구성이 많기 때문이라고 하였다. 접속

24 전문화(specialization)는 Hopper(1991)에서 제시한 문법화 원리 중 하나로서 본래는 여러 기능을 하는 하나의 문법소가 특정한 기능만을 나타내는 현상을 말한다(안주호 2000: 121 재인용). 4장에서 전문화는 의미적 측면으로 한정해서 말한다.

어미로 문장들이 절을 길게 이어지는 모습은 중세국어뿐만 아니라 근대국어 문헌에서도 찾아볼 수 있는데 김경훈(1996: 86)에서는 이와 같이 중세국어에서는 접속 어미로 길게 이어진 절이 근대국어를 거쳐 현대국어로 넘어오면서 종결 어미로 끝나는 짧은 문장으로 바뀌게 되었다고 했다. 따라서 중세국어, 근대국어에서는 접속 어미를 가진 절들로 접속되면서 접속 어미가 절 사이의 관계를 표현할 수 있는 장치였으나, 문장들이 짧게 끊어지면서 문장들 사이의 관계를 접속 어미로 표현할 수 없게 됨에 따라 접속사가 생겨났으리라고 추측하고 있다. 즉, 절과 절 사이의 관계가 접속 어미에 의해 표현되었으므로 '그러나, 그래서, 그리고' 등의 접속 부사가 발달하지 않았고 결국 '그러하-' 계열의 접속 부사의 출현은 접속 어미 사용의 변화 양상과 관련이 있는 것이다. 이러한 역사적 고찰은 같은 계열의 접속 어미(예: -어서)와 접속 부사(예: 그래서)가 어찌하여 문장에서 동일한 의미 기능을 하는지에 대한 설명을 해준다. 그렇다면 '-어서'와 '그래서'는 '인과'라는 의미 범주로 관련지어 엮을 수 있을까?

우리는 인과 관계의 의미 기능을 갖는 접속 어미 '-어서'와 접속 조사 '그래서'가 문장에서 어떠한 의미로 사용되는지 형태별, 사용역별 쓰임을 살펴보았다. '-어서'와 '그래서'는 문어에서 [인과]로서의 그 쓰임이 강한 접속어였다. [동작/상태 지속]과 [방법/수단]의 의미 기능을 하는 '-어서'의 문장을 계기성을 중심에 두고 판단하여 [인과]의 의미·기능으로 분류할 수 있다는 것을 감안했을 때 문어에서 '-어서'의 인과성은 72%이고, '그래서'의 문어에서 인과성은 96%이다. 두 접속어는 모두 강한 인과성을 갖고 있는 것으로 나타났다. 같은 언어라 할지라도 문어와

25 고영근(1990)에서는 연결 어미라는 용어를 사용했으나 4장에서 연결 어미와 접속 어미는 같은 개념으로 사용한다. 주로 접속 어미로 표현하였으나 서술에 따라서 연결 어미로 사용하기도 하였다.

구어의 차이는 함의하는 바가 다르다. 일반적으로 문어는 구어에 비해 변화와 쓰임이 보수적이기 때문이다. 따라서 문어에서 인과성이 이와 같이 높다는 것은 '-어서'와 '그래서'의 주된 의미 기능이 [인과]라는 것을 다시 한번 확인시켜 주는 것이다. 또한 두 접속어의 [인과]의 의미에는 모두 [방법/수단], [동작/상태 지속]의 개념이 포함되어 있다는 것도 주목할 지점이다. 이러한 유사함도 역시 '그래서'가 역사적으로 '그러하-'에 접속 어미 '-어서'가 결합되어 굳어진 접속어이기 때문이다. 그러나 '-어서'와 '그래서'는 구어에서 [인과]로서의 쓰임이 '-어서'는 71.2%로 비슷했지만 '그래서'는 74.40%로 문어에 비해서 현저히 낮음을 알 수 있었다.[26] 구어에서는 '그래서'가 '-어서'보다 훨씬 더 명제적 측면의 의미를 넘어 담화·화용적인 기능이 활발함을 알 수 있었다. '그래서'는 '그러하-'라는 역사적 기원을 가지고 있으나 현대에 이르러서는 문법화 과정을 거쳐 하나의 어휘로 굳어져서 문장과 문장을 연결하는 것을 넘어 텍스트를 결속하는 기능을 하고 있다.[27] '그래서'는 말뭉치를 통해서 '그래서' 앞 내용의 담화·화용적 정보를 총괄하는 쓰임을 보이기도 했고, 앞말과 뒷말을 단순히 연결하는 담화 표지, 화제 전개 표지, 재촉하기, 심지어 특별한 의미를 갖고 있지 않는 간투사로서의 역할까지 한다. 이를 통해 구어에서 '그래서'는 담화·화용적 기능으로 활발히 쓰임을 알 수 있었다. 그리고 '-어서'의 경우 문어와 구어에서 관용적 쓰임으로도 많이 사용될 뿐만 아니라 '-어서'가 종결 어미로 사용되는 경우도 있다. 앞서 고영근(1990)의 연구를 통해서 중세국어에서 종결 표현으로 접속

26 문어와 구어에서 [인과]로의 쓰임의 차이가 '-어서'는 0.8%이고, '그래서'는 22.6%이다.

27 2.2절에서 '그래서'를 문장과 문장을 잇는 것을 주요 기능으로 본다고 했다. 그러나 구어 말뭉치를 통해 입말에서는 텍스트 단위로 살펴 문장 및 문맥의 결속력까지 살펴야 함을 알 수 있었다.

어미가 쓰이는 경우가 많았음을 알 수 있었다. 또한 근대국어에서도 종결 표현으로 '-어서'와 같은 접속 어미가 어색하지 않고 자연스러웠는데 이러한 역사적 흔적을 통해서 현대 한국어의 입말에서도 종결 표현으로 접속 어미가 쓰여도 어색하지 않은 것이라는 추론을 해 볼 수 있었다.

정리하면 4장에서는 '-어서'와 '그래서'는 인과 관계라는 의미 범주로 하나로 묶을 수 있으나 입말에서 두 접속어는 사용의 양상이 다소 다른 것을 확인했다. 특히 '그래서'는 의미 기능이 함축적으로 되어 [인과]의 의미가 강화되었다고 볼 수 있고, 여타의 접속 부사와 같이 '그래서'는 담화·화용적 기능이 많았고 '-어서'는 문어와 구어에서 관용적 표현으로 굳어진 다단어 표현도 다양하게 사용됨을 알 수 있었다.

5. 마무리

4장에서는 인과 관계 기능을 하는 접속 어미 '-어서'와 접속 부사 '그래서'를 의미 기능을 중심으로 하나로 묶어 한국어 접속어를 의미 기능을 중심으로 재분류할 수 있을지에 대한 의문에서 논의를 시작하였다. 접속 부사 '그래서'는 역사적으로 '그러(하)-'에 '-어서'가 결합되어 문법화 과정을 거쳐서 생성된 것이기 때문에 두 접속어는 의미적으로 가깝다는 전제하에 논의를 진행하였다.

우리는 '새 연세 말뭉치' 자료를 통하여 '-어서'와 '그래서'의 형태별, 영역별 사용 양상을 살펴보았고 이를 통해 두 접속어의 주된 기능은 [인과]라는 것을 알 수 있었다. 그러나 '-어서'가 가지고 있는 다양한 의미가 '그래서'로 대치될 때에 '-어서'의 여러 의미 중에 [인과] 혹은 [계기]로서의 의미가 특화되어 살아남았고, '그래서'는 다른 접속 부사와 마찬가지고 담화·화용적 역할을 많이 하였다.

이 글은 접속 어미 '-어서'와 접속 부사 '그래서'가 서로 다른 문법적 범주에 있지만 기능을 중심으로 살펴보았을 때 하나의 범주로 묶일 수 있을 것인가에 대한 물음으로 시작되었다. 4장에서는 '-어서'와 '그래서'의 기본 의미가 [인과]와 [계기]에 있지만 섣불리 동일한 기능으로 묶을 수 있다고 결론을 내릴 수는 없다고 본다. 이는 '-어서', '그래서'와 같이 유사한 의미와 기능을 갖고 있는 다양한 접속어를 하나로 묶어 연구해 보고기도 하고, 그에 따라 계층, 구조화하는 시도를 통해서 가능성을 엿볼 수 있을 것이라 생각한다.

제5장

'-(으)니까'와 '그러니까'의 비교

1. 들머리

한국어에는 다양한 접속 표현들이 있으며, 그중 이 장에서 다루려고 하는 '-(으)니까'와[1] '그러니까'는 이유나 원인을 나타내는 대표적인 접속어이다. 특히, '-(으)니까'는 앞 장에서 다룬 '-고', '-(으)ㄴ데', '-어서' 등의 다른 접속 어미에 비해 그 의미가 다양한 양상을 띠지 않는 접속 어미로, 지금까지 두 가지의 의미 기능을 갖는 것으로 다루어져 왔다. 그 하나는 앞뒤 문장의 '인과 관계'를 보여주는 것이고, 다른 하나는 '발견'이나 '상황 설명'을[2] 나타내는 것이다. 그 예는 다음과 같다.

---

1 이형태 '-니까'와 '-으니까'의 형태로 실현되나 여기에서는 '-으니까'에서 '으'가 생략될 수 있다는 점에서 '-(으)니까'를 기본 형태로 한다. 이에 따라 기존의 논의에서 '-니까'나 '-으니까'로 논의된 부분은 '-(으)니까'로 제시한다.

2 최현배(1937/1971)에서는 (1나)의 '-(으)니까'를 '때'를 나타내는 기능을 갖는다고 보았으며, 남기심·루코프(1983: 53)에서는 '발견'이라 하였다. 그 밖에 서정수(1994)에서는 '지각', 이은경(1990, 1994), 윤평현(2005), 안주호(2006)에서는 '상황, 설명'이라 하여 용어에서 차이를 보인다. 이에 대해서는 절을 달리하여 구체적으로 살펴보기로 한다.

(1) 가. 창문을 열어 놓으니까 모기가 들어왔다.
나. 내가 집에 들어서니까 무엇인가 타는 냄새가 났다.
(윤평현 2005: 240)

(1가)의 '-(으)니까'는 '이유·원인'을 나타내는 다른 접속 어미 '-어서'나 '-(으)므로' 등으로 교체해도 그 의미가 크게 달라지지 않는다. 그러나 (1나)는 이유나 원인으로 해석되지 않는다. (1나)는 선행절이 후행절 사태를 말하기 위한 '도입·설명'의 성격을 띠는 경우로, 선행절에서 제시한 상황을 배경으로 화자가 궁극적으로 말하고자 하는 내용이 후행절에서 이어진다.

이와 관련하여 『표준국어대사전』에서는 '-(으)니까'를 "'-니07'를 강조하여 이르는 말"로 제시하고, "「1」앞말이 뒷말의 원인이나 근거, 전제 따위가 됨을 나타내는 연결 어미"와 "「2」어떤 사실을 먼저 진술하고 이와 관련된 다른 사실을 이어서 설명할 때 쓰는 연결 어미"로 풀이하였다. 여기서 주목할 점은 『표준국어대사전』에서 '-(으)니'의 「2」에 제시한 다음의 예이다.

(2) 가. 서울역에 도착하니 일곱 시였다.
나. 정신을 차리고 보니 내 방이었다.

(2)는 흔히 기존 논의들에서 '발견'이나 '지각'의 의미를 가진다고 하는 예들로, '서울역에 도착하니까 일곱 시였다.', '정신을 차리고 보니까 내 방이었다.'와 같이 의미 변동 없이 '-(으)니까'로 자유롭게 교체될 수 있다.[3] 이런 점에서 "어떤 사실을 먼저 진술하고 이와 관련된 다른 사실

3 '-(으)니'와 '-(으)니까'를 구별하려는 논의도 있으나 예문 (2)의 경우 용법상 큰 차이가

을 이어서 설명함"을 '-(으)니까'의 의미 기능으로 볼 수 있다.

한편 '그러(하)-'에 접속 어미 '-(으)니까'가 연결된 '그러니까'는 '-(으)니까'가 지닌 이유나 원인의 의미를 나타내는 접속 부사로, 앞선 연구에서 '그러-' 계열 접속 부사 중 담화 표지로의 쓰임이 가장 활발한 접속 부사로 논의가 이루어졌다. 특히 여러 논의에서 담화 표지로서의 '부연 설명'의 기능이 접속 부사 '그러니까'가 가지는 '이유·원인'의 의미보다 더 높게 나타남을 밝히고 있다. 그러나 이처럼 담화 상에서 '그러니까'가 '이유·원인'의 의미보다 '부연 설명'의 의미 기능으로 많이 쓰이는 이유에 대해 지금까지 명확히 밝혀진 바가 없다.

'그러-' 계열 접속사의 형성 과정과 문법화를 다룬 안주호(2000)에서는 [원인]과 [발견·경험]의 의미를 가진 접속 어미 '-(으)니까'가 접속 부사 '그러니까'로 되는 과정에서 [원인]의 뜻만 승계되었다고 보았다. 그러나 우리는 앞서 '-(으)니까'가 '이유·원인'의 의미와 함께 뒤 절을 이끌기 위한 '상황 설명'의 의미를 기본적으로 가지고 있음을 확인하였다. 접속 부사의 개별 의미가 접속 어미의 의미와 동일하다고 볼 수는 없지만 접속 부사가 용언의 활용형이 굳어져 형성되었다는 점에서, 접속 부사에 포함된 접속 어미의 의미를 검토하여 이들의 관련성을 확인하는 과정이 필요하다. 이에 이 장에서는 이제까지 '인과 관계'를 표현하는 접속 부사로 분류되어, '그러니까'가 나타내는 '부연 설명'의 의미 기능은 화자의 태도를 나타내

없다고 판단된다. 접속 어미 '-(으)니'와 '-(으)니까'가 다르다는 논의에는 강기진(1985), 조효완(1987), 남기심(1994) 등이 있다. 남기심(1994: 101-126)에서는 접속 어미 '-(으)니', '-(으)니까'와 결합하는 문법 형태소의 제약이 서로 다르다는 점을 들어 '-(으)니까'와 구별되는 '-(으)니'를 '-(으)니1'이라 하고, '-(으)니까'와 교체되거나 '-(으)니까'의 준말이라 할 수 있는 '-(으)니'를 '-(으)니2'라고 하였다. 이는 『연세한국어사전』과도 맥을 같이 하는 것으로 '-(으)니1'의 의미는 [상황 설명]으로 '-(으)니2'는 [원인/근거]의 의미로 해석된다.

주는 담화 기능을 수행하는 것으로 본 기존의 논의에 문제의식을 가지고 실제 말뭉치 자료를 바탕으로 동일한 형식을 공유하고 있는 접속 어미 '-(으)니까'와 접속 부사 '그러니까'의 의미 기능을 고찰하고자 한다. 이를 통해 접속 어미 '-(으)니까'와 접속 부사 '그러니까'가 나타내는 의미 사이의 상관성을 규명하고, 접속의 기능을 공유하는 두 형태 간의 의미 기능 분담 양상을 살펴본다. 이는 접속이라는 틀에서 접속 어미와 접속 부사를 이해하는 데 한 걸음 더 다가서는 과정이 될 것으로 생각한다.

다음에서는 먼저 그간의 연구들을 검토하여 접속 어미 '-(으)니까'와 접속 부사 '그러니까'의 의미를 살펴본 후, 실제 말뭉치 자료에 나타난 '-(으)니까'와 '그러니까'의 특성과 의미에 대해 본격적인 논의를 전개해 보려 한다.

2. '-(으)니까'와 '그러니까'의 의미

이 절에서는 접속 어미 '-(으)니까'와 접속 부사 '그러니까'의 의미 기능을 중심으로 기존의 논의를 검토한 후 이 장의 논의를 위한 '-(으)니까'와 '그러니까'의 의미 기능을 설정하기로 한다.

2.1. 접속 어미 '-(으)니까'의 의미 기능

이제까지 접속 어미 '-(으)니까'에 대한 논의에서는 '-(으)니까'가 인과 관계를 표현하는 접속 어미라는 데 이견이 없다. 즉, '-(으)니까'는 선행절이 후행절의 이유나 원인이 되고 후행절은 그로 인한 결과가 되어 선·후행절을 '원인(이유)-결과'의 의미 관계로 나타낸다. 주시경(1910: 85)에서는 '-어서'와 '-(으)니까'가 선행절이 후행절의 '까닭'이 됨을 나타낸다고 하였으며, 최현배(1937/1971)에서는 '-(으)니까'의 의미를 구체적인 쓰임에 따라 다음과 같이 '때문', '까닭'의 의미를 나타내는 것으로 제시하고 있다.

(3) 가. 때문 : 자연적 사회적 사상(事象)의 때문(원인)을 보이는 것
가을이 되니까, 생기가 납니다.
비가 오니까, 풀이 잘 자라오.
나. 까닭 : 사람의 생각의 까닭(이유)을 보이는 것
자꾸 읽으니까, 절로 알게 되었소.
부지런히 일하니까, 남들이 칭찬하오.
(최현배 1937/1971: 298)

(3)에서 보는 바와 같이 최현배(1937/1971)에서는 '-(으)니까'의 의미를 '참일 매는꼴'로서 '-어서'와 마찬가지로 '때문(원인)'과 '까닭(이유)'으로 구분하여 제시하고 있을 뿐,[4] '-어서'와의 차이점에 대해서는 언급하지 않았다. 이후 접속 어미에 대한 연구가 활발히 이루어지면서 '-(으)니까'에 대한 논의는 주로 인과 관계라는 틀 안에서 '-어서'와의 대비를 통해 그 차이를 밝히는 연구가 이루어져 왔다. 선·후행절의 인과 관계를 객관성, 보편성, 필연성 등으로 본 '-어서'와 달리 '-(으)니까'는 주관성, 개인성, 추론 작용 등으로 설명되었다(남기심 1978; 윤평현 1989, 2005; 이은경 2000 등).[5] '-(으)니까'의 '이유·원인'의 의미 기능과 관련하여 이제까지 '-(으)

4 '때'를 나타내기도 하는 것으로 설명되어 있다.

5 이와 달리 '-어서'와 '-(으)니까'를 모두 이유 접속사(reason conjunctors)의 범주로 분류한 양인석(1972)에서는 이유를 나타내는 접속 어미 가운데 '-(으)니까'가 직접 동기 유발(direct motive)을 나타낼 때 가장 자연스럽게 쓰인다고 보았다. 성낙수(1978)에서는 '-(으)니까'와 '-어서'의 의미 차이를 '필연적 동기 유발(apodictic motive)'과 '개연적 동기 유발(problematic motive)'로 설명하였다. 즉, '-(으)니까'는 필연적 이유·원인을 나타내는 접속사로, 화자가 청자에게 특별히 인과 관계의 필요성을 주지시킬 필요

니까'의 논의들을 정리해 보면 대략 다음과 같다.

〈표 5-1〉 선행 연구에서의 '-(으)니까'의 의미

연구	의미	
최현배(1937/1971)	이유·원인	때문(원인), 까닭(이유)
성낙수(1978)		필연적 동기 유발(apodictic motive)
김승곤(1979)		결과적 원인 및 이유
김진수(1987)		말하는 이와 듣는 이의 판단 과정을 거쳐야 하는 원인이나 이유
장경희(1993)		[+조건], [+사실성]
이상복(1981)		화자의 추정에 의한 이유(원인)과 당연한 결과
남기심(1978)	이유	개인적 판단 추리에 의한 이유
윤평현(2005)		화자 개인의 추론 과정을 통한 이유[6]
서정수(1994)	까닭	원인과 이유를 포괄하는 용어[7]

가 있을 경우, 당연하고 필연적인 인과 관계를 나타낼 때 쓰인다고 하였다.

6 윤평현(2005: 175-182)에서도 남기심(1978)과 같은 맥락에서 '-(으)니까'가 일반적이고 보편적인 '원인'에 대해 사용되는 '-어서'와 달리, 화자의 주관적인 추론 과정을 거친 '이유'를 나타낸다고 보았으나, 넓게는 이유가 원인에 포함된다고 보고 인과 관계 접속 어미의 의미 기능을 '원인'이라고 하였다.

7 서정수(1994: 1217)에서는 '원인'을 '때문', '이유'를 '까닭'이라 구분한 최현배(1961: 236-237)의 논의에 문제를 제기하면서 '원인'과 '이유'는 다같이 '까닭'으로 대치된다고 보고 원인과 이유를 포괄하는 용어로 '까닭 접속소'를 사용하였다. 서정수(1994: 1217)에서는 '원인'과 '이유'를 다음과 같이 정리하고 있다.

원인(cause) : 대체로 결과를 일으킨 요인으로서 그 결과와 필연적 관계를 가진 것이다. 결과나 산물. 행위의 결과나 상태를 일으킨 사람, 물건 또는 조건 따위를 가리킨다. 고장의 원인, 사고의 원인, 패망의 원인, 질병의 원인, 난폭 행위의 원인 따위로 인과 관계(因果關係, cause and effect)를 말할 때 흔히 쓰인다.

이유(reason) : 수행할 행위의 동기, 믿음이나 주장의 근거, 추론/추정의 전제나 근거, 설명이나 논리적 방어의 합당한 근거, 행위나 과정의 정당화 설명이나 따짐을 위한 근거 따위이다. 믿지 않는 이유, 그렇게 주장하는 이유, 남을 사랑해야 할 이유, 공부를 하는 이유 따위로 쓴다.

〈표 5-1〉에서 보인 바와 같이 이제까지 '-(으)니까'를 다룬 여러 연구에서 '원인'과 '이유'라는 용어가 일치하지 않으며, '-(으)니까'에 대한 의미는 '이유'나 '원인'의 어느 하나를 의미 특성으로 가진다고 보기 어려움을 알 수 있다. 남기심(1978: 3)에서는 '-어서'가 어떤 결과에 대한 보편적으로 누구나 공인할 것으로 전제하는 '원인'을 나타내는 반면 '-(으)니까'는 말하는 이 개인의 추리 작용에 의한, 듣는 이가 동의할 것으로 반드시 전제하는 것이 아닌, 보편적이 아닐 수도 있는 '이유'를 나타낸다고 하였다. 이후 이러한 입장에서 '-어서'는 일반적이고 보편적인 '원인'을, '-(으)니까'는 화자의 추론 과정을 거친 '이유'를 나타낸다고 본 논의들이 적지 않다. 그러나 다음 문장에서처럼 '-어서'는 '원인', '-(으)니까'는 '이유'의 의미를 나타내는 접속 어미로 단정짓기는 어렵다.

(4) 가. ?비가 와서 덥다.
　　나. 비가 오니까 덥다.

(윤평현 2005: 181)

윤평현(2005: 181)에서는 일반적으로 사람들은 비가 올 때 덥다고 생각하지 않으므로 객관성이 결여된 (4가)는 썩 자연스럽지 못하다고 하였다. 그러나 이러한 의미 구분에 대해서는 지속적으로 문제가 제기되어 왔다. 성기철(1993: 69-70)에서 지적하고 있듯이[8] '-어서'는 '원인'과, '-(으)니까'는 '이유'와 더 긴밀하게 관련되지만 '-(으)니까'와 '-어서'가 '이유' 또는 '원인'과 선별적으로 관련되는 것은 아니다. 논리적으로는 '원인'과

8 성기철(1993)에서도 '저 사람은 성격이 좀 물러서 성공하기 어려울 거야.'는 화자의 추리 판단의 결과이며, '철수는 수학에서 0점을 맞았으니까 합격을 못했어.'는 주어진 원인에 의해 나타나는 당연한 결과를 말한 것으로 볼 수 있다고 지적하였다.

'이유'를 구분할 수 있지만 국어에서 '이유'와 '원인'이 명확히 구분되지 않을 뿐만 아니라 실제 언어생활에서 '-(으)니까'는 선행절 내용이 '이유'인 경우와 '원인'인 경우를 모두 나타낼 수 있다. 이는 국어사전의 설명 방식에서도 확인할 수 있다. (5-7)은 주요 국어사전에서의 '-(으)니까'에 대한 기술을 정리하여 보인 것이다.

(5) 『표준국어대사전』(이하 『표준』)

'-니07'를 강조하여 이르는 말. (예) 그렇게 말씀해 주시니까 고맙네요. / 늦어도 열흘 안엔 이곳을 뜰 테니까 김두수 그 사람한테 하얼빈서 좀 기다리라 할 수밖에 없지 않아요? - 박경리, 《토지》

-니07 「1」 앞말이 뒷말의 원인이나 근거, 전제 따위가 됨을 나타내는 연결 어미. (예) 봄이 오니 꽃이 핀다. / 겨우 다섯 살이니 무얼 알겠어. / 밥을 다 먹고 보니 배가 너무 불렀다. 「2」 어떤 사실을 먼저 진술하고 이와 관련된 다른 사실을 이어서 설명할 때 쓰는 연결 어미. (예) 서울역에 도착하니 일곱 시였다. / 정신을 차리고 보니 내 방이었다.

(6) 『고려대한국어대사전』(이하 『고려』)

1. 앞 절이 뒤 절에 대한 원인이나 이유가 됨을 나타내는 말. (예) 날씨가 선선하니까 일할 맛이 난다. / 내일은 새벽에 출근해야 되니까 일찍 자야겠다.
2. 앞 절의 행위가 진행된 결과 뒤 절의 사실이 그러하거나 곧 뒤 절의 행동이 일어남을 나타내는 말. (예) 밖에 놀러 나가 보니까 아이들이 아무도 없었다. / 내가 도착하니까 방안은 아수라장이 되어 있었다.

(7) 『연세한국어사전』(이하 『연세』)

1. 뒤에 오는 말에 대하여 원인이나 근거를 나타냄.

㉠ 이유를 나타냄. (예) 꼴뚜기가 뛰니까 망둥이도 뛴다는 말도 있다. / 비료가 너무 진하면 도리어 해가 되니까, 이 점에 주의해야 합니다.

㉡ 원인을 나타냄. (예) 참, 넌 밖에 나가 있던 사이의 일이니까 모르겠구나. / 다소 비싸도 가구처럼 언제까지나 방 안의 액세서리가 되니까

매우 요긴합니다.

2. 앞의 사실이 진행된 결과 뒤의 사실이 그러함을 나타냄. (예) 물 속에 손을 넣어 보니까 너무나 차가워서 들어갈 수가 있어야지. / 자세히 보니까 너 잘생겼구나.
3. 앞의 행동을 진행한 결과 곧 뒤의 행동이 일어나거나 어떠한 상태로 됨을 나타냄. (예) 산길을 접어드니까 이상한 소리가 들렸다. / 막 물건을 사고 나오니까 비가 내리는 것이 아닌가.
4. 이야기되는 내용의 근거를 나타냄. '알고 보니까, 듣고 보니까, 듣자니까' 등의 꼴로, 관용어처럼 쓰임. (예) 알고 보니까 이백만 원도 더 넘게 빚을 쓰고 있었어요. / 보자 보자 하니까 정말 눈에 뵈는 게 없나?

『표준』에서는 인과 관계를 나타내는 '-(으)니까'의 의미를 '원인이나 근거, 전제'로 제시하고 있다. 그러나 『고려』에서는 '원인이나 이유', 『연세』에서는 '원인이나 근거' 아래 '이유'와 '원인'이라 하여 '이유'나 '원인'을 명확히 구분하여 사용하지 않고 기술하고 있음을 확인할 수 있다. 이는 앞서 살펴본 바와 같이 '-(으)니까'가 이유나 원인 모두에 사용될 수 있음을 뜻한다. 그럼에도 언중들이 보편적으로 이해하는 '이유'와 '원인'의 개념이 있고, 이는 실제 말뭉치 자료에서 '-(으)니까'가 실현된 양상을 통해 '-(으)니까'의 기본적인 의미 기능을 파악할 수 있다.

이 장에서 분석 대상으로 삼은 '새 연세 말뭉치'에서 접속 어미 '-(으)니까'는 문어보다 구어에서의 사용 빈도가 월등히 높다. 특히 문어의 사용역별 빈도를 보면 접속 어미 '-(으)니까'가 구어 상황에서의 쓰임이 활발한 접속 어미임이 더욱 분명히 드러난다.

〈표 5-2〉 "문어 말뭉치"에서의 '-(으)니까'의 사용역별 빈도

사용역		빈도		사용역		빈도	
신문	32.2%	16	5.63%	수기전기	8.5%	35	12.32%
잡지	19.4%	34	11.97%	교과서	8%	6	2.11%
소설수필	17.1%	115	40.49%	준구어	5%	64	22.54%
학술교양	9.4%	14	4.92%	합계		284	

〈표 5-2〉에서 보는 바와 같이 접속 어미 '-(으)니까'가 문어에서 사용된 경우 대부분이 〈소설수필〉, 〈수기전기〉 등의 문학 작품이거나 〈준구어〉이다. 〈신문〉이나 〈학술교양〉, 〈교과서〉는 상대적으로 사용 빈도가 낮게 나타났으며, 대부분의 용례가 인터뷰나 문학 작품의 대화문이다. 이는 '-(으)니까'가 기본적으로 문어보다 구어에서 사용되는 접속 어미임을 알 수 있다. 다음의 예문 (8)은 '-(으)니까'가 인과 관계로 쓰인 예이다.

(8) 가. "왜 이렇게 깍두기가 큰 거야?" "잘게 썰기가 손이 가니까 그러나 보지 뭐." 〈소설수필〉

나. "너 세탁기 사주고 나니까 내 맘이 진짜로 좋구나. 그런데 네 형님들에게는 세탁기 사준 거 비밀이다." 〈잡지〉

다. 하지만, 수컷의 입장에서는 모성애가 발동해줘야 자신의 새끼가 못나고 덜 똑똑하더라도 그저 엄마니까 하는 마음에 키워줄 거 아니겠어요. 그래서 모성애 유전자는 아빠 쪽의 것이 발휘된답니다. 〈학술교양〉

라. "주택 문제에 관한 한 제 나이가 아직 젊으니까 가능성이 많지요. 하지만 직장 선배 중에는 40세가 넘도록 전세나 사글세 생활을 하는 사람들이 많아 이들에게만은 올해 주택 문제가 꼭 해결됐으면 합니다." 〈신문〉

예문 (8)에서 보는 바와 같이 '-(으)니까'는 선행절이 후행절의 결과와 필연적 관계를 맺는다기보다는 후행절의 '믿음이나 주장의 근거, 추론 또는 추정의 전제나 근거'를 나타내는 것이 일반적이다. 따라서 말뭉치 자료에 나타난 '-(으)니까'의 사용 양상과 서정수(1994: 1217)에서 정리한 '원인'과 '이유'의 정의를 바탕으로 이 장에서는 '-(으)니까'를 '인과 관계'를 나타내는 접속 어미로 보고 그 기본 의미를 '결과나 추론의 근거'인 [이유]로 설정하고자 한다.

한편 '-(으)니까'가 이유나 원인의 의미를 가진 다른 접속 어미로 대체될 수 없다는 점을 들어 '-(으)니까'의 의미를 달리 설명하고자 한 논의도 있다.

(9) 가. 서울에 가니까 자동차가 많았다.
나. 물 속에 손을 넣어 보니까 너무 차가와서 들어갈 수 있어야지.
(남기심 1994: 128)

예문 (9)에 나타나는 '-(으)니까'는 '이유'나 '원인'의 의미로 해석되지 않는다. '서울에 가 보고 자동차가 많은 것을 알게 되었고, 물 속에 손을 넣어 보고 차가운 것을 느낀 것'이다. 이러한 '-(으)니까'의 의미를 남기심·루코프(1983)에서는 '발견'이라 하고, '까닭'(따짐)과의 관계를 밝히고 있으며[9] 남기심(1994)에서도 '경험' 또는 '발견'을 '-(으)니까'의 의미로 제시하였다. 그러나 서정수(1994: 1199)에서는 '-(으)니까' 자체가 '발견'이나 '경험'의 기능을 가진다기보다는 발견이나 경험을 위한 '지각 상황 설정'의

9 A 니까 B의 문장구조는 "A일 때 B라는 사실을 발견한다"는 '발견(discovery)'을 나타내는 것이며, 이러한 발견은 A가 B에 대한 설명이거나 B를 합리화하는 근거이며, B의 원인임을 나타낼 때 잠재성을 지니고 있는 것이다(남기심·루코프 1983: 3)

구실을 한다고 보았다. 이와 같은 맥락에서 이은경(1999: 177)에서는 '-(으)니까'의 일반적 기능은 선행절 사태가 후행절 사태의 원인(이유)와 배경이며, '-(으)니까'가 배경의 의미 기능을 지니는 경우 주로 화자가 후행절에서 지각하게 되는 상황을 선행절에서 제시하는 역할을 한다고 보았다.[10] 윤평현(2005: 216)에서도 상황 관계의 '-(으)니까'는 선행절에서 지각이 이루어질 수 있는 상황을 제시하고, 후행절은 그 상황 속에서 후행절 사태를 지각하는 의미 특성을 지니고 있다고 하였다. 즉, '-(으)니까'는 후행절에서 지각되는 '상황'을 제시하는 기능을 한다고 볼 수 있다.

반면에 접속 어미 '-(으)니까'에 대해 화용론적 접근을 시도한 논의에서는 이러한 '상황의 제시'를 '-(으)니까'의 '설명'의 기능으로 보았다. 유동준(1980)에서는 접속 어미 '-(으)니까'가 '이유·원인'의 기능뿐 아니라 '화제의 도입·설명'이라는 중요한 기능도 아울러 지닌다고 보았으며, 전혜영(1989: 127-128)은 '-(으)니까'의 대표적 의미는 '이유·원인'이고 화용상 관계 의미는 '설명'으로, 설명 구문은 "선행절에서 제시된 대상에 대해서 후행절에서 부연·설명하거나 구체화하는 경우, 선행절이 후행절의 내용을 말하기 위한 도입적인 성격을 띠는 경우를 포괄하는 것"이라고 하였다.

또한 안주호(2006), 송대헌·황경수(2013)에서는 '-(으)니까'를 '-(으)니'의 이형태가 아닌 별개의 독립된 접속 어미로 보면서도 '-(으)니'와 '-(으)니까' 둘 사이의 관련성을 들어 '-(으)니까'의 한 기능을 '상황, 설명'으로 제시하고 있다.

---

10 또한 이은경(1994: 310)에서는, '-(으)니까'는 대체로 인과 관계를 나타내지만 드물게 '어느 날 집에 들어서니까 온 집안이 향기로 가득 차있더군요.'에서와 같이 설명의 의미로 사용될 수 있다고 하였으며, 이은경(2000)에서는 배경 접속 구성의 '-(으)니까'는 화자가 후행절의 서술을 효과적으로 하기 위해서 그것의 배경이 될 수 있는 내용을 선행절에 덧붙인 것이라고 보았다.

(10) 가. 어제 집에 가니까/가니 여전히 학교는 공사중이었어요.
나. 자세히 보니까/보니 잘생겼구나.
다. 물건을 사고 나오니까/나오니 비가 내렸다.
라. 산길에 접어드니까/접어드니 이상한 소리가 들렸다.
마. 이제 살만하니까/살만하니 하늘로 떠나셨다.
바. 취직 자리를 찾으니까/찾으니 마음에 드는 곳이 없어요.
(송대헌·황경수 2013: 324)

예문 (10)에서 (10가-라)는 선행절이 후행절 사태의 지각이 이루어지는 상황을 나타내며, (10마-바)는 선행절과 후행절이 서로 엇갈리는 상황으로 이들은 모두 선행절이 후행절 사태를 효과적으로 드러내기 위한 '상황 설명'의 역할을 한다. 즉 '-(으)니까'는 후행절의 서술을 효과적으로 하기 위해서 선행절에 내용을 덧붙이는 기능을 가진다.

이상에서 살펴본 바와 같이 앞선 논의들에서는 연구자에 따라 연구 결과를 달리하고 있으나, 접속 어미 '-(으)니까'의 선행절은 후행절의 결과에 이르게 하는 근거로서 선·후행절이 인과 관계의 의미를 드러냄을 공통적으로 다루고 있으며, 이에 더하여 '발견, 지각, 설명' 등 여러 관점에서 논의되고 있음을 볼 수 있다. 이는 '이유·원인'과 '발견'이나 '설명'이 별개의 의미 관계로 파악되기도 하지만, 남기심·루코프(1983: 3)에서 제시한 바와 같이 '발견'은 선행절이 후행절에 대한 설명이거나 후행절을 합리화하는 근거라는 점에서 상황적 배경을 덧붙여 말하는가, 논리적 관계를 말하는가의 차이이다.[11] 따라서 이 장에서는 '-(으)니까'의 기본 의

11 안주호(2006: 83)에서는 '이유·원인'의 접속 어미는 범언어적으로 시간적 속성을 나타내는 것에서 비롯됨을 여러 예를 통해 알 수 있으며, '-(으)니까'가 [원인, 이유]를 나타내는 것도 시간적 속성을 나타내는 [상황의 설명]이라는 의미에서 비롯되었을 것으로 보았다.

미를 '결과나 추론의 근거'인 [이유]로 보고 화자가 후행절의 내용을 말하기 위한 도입으로 선행절에서 후행절과 관련된 상황을 제시하거나 후행절의 내용을 덧붙여 설명하는 경우를 [설명]으로 보고자 한다.[12]

그 외 말뭉치 자료에서 '-(으)니까'가 둘 이상의 복합적인 요소가 결합하여 한 단위처럼 고정된 형태로 나타나는 표현을 '다단어 표현'으로 분류하기로 한다. 다만, 기존의 논의에서 굳어진 표현으로 제시되었던 '알고 보니까, 듣고 보니까' 등은 [설명]의 의미로 보고 다단어 표현으로 따로 설정하지 않는다. 지금까지의 논의를 정리하여 이 장에서 설정한 '-(으)니까'의 의미 기능을 표로 제시하면 다음과 같다.

〈표 5-3〉 접속 어미 '-(으)니까'의 의미 기능

구분	의미
의미 기능	이유
	설명
다단어 표현	-(으)ㄹ 테니까
	-(으)니까 말이다
	하니까
	보자 보자 하니까

2.2. 접속 부사 '그러니까'의 의미 기능

국어의 접속 부사는 선행 내용과 후행 내용을 이어 주는 역할로, 그

12 박재연(2011: 185)에서는 '설명'이라는 용어는 그 모호성으로 말미암아 선행절의 특성을 나타낼 때 사용되기도 하고, 후행절의 특성을 나타낼 때 사용되기도 한다는 점에서 문제가 있다고 보았다. 그러나 여기에서는 '지각'이나 '발견'으로는 '인과 관계' 이 외의 '-(으)니까'가 지닌 의미를 다 드러내 보일 수 없다는 점에서 '설명'이란 용어를 사용하기로 한다.

의미 관계에 따라 접속 부사 본래의 기능으로 논의가 이루어져 오다가 최근 들어 구어에 대한 관심이 높아지면서 구어를 중심으로 '그러-'류 접속 부사의 담화 표지(discourse marker) 기능에 대한 논의가 활발히 이루어지고 있다.

접속 어미 '-(으)니까'와 마찬가지로 앞의 내용이 뒤의 내용의 이유나 근거를 나타내는 접속 부사로 알려진 '그러니까'는, 문어에 비해 구어에서의 출현 빈도가 월등히 높은 접속 부사로[13] 다양한 담화 기능을 수행하는 것으로 논의가 이루어졌다. 일찍이 이기갑(1994)에서는 발화의 중간에 나타나 그 자체로 특별한 의미를 지니지 않고 단지 발화의 흐름이 끊기는 것을 메우는 'filler'의 기능으로 '그러니까'가 논의된 바 있고, 신지연(1998)은 구어 발화에서 나타나는 '그러니까'가 접속어로서의 고유 기능에 충실한 것 외에 오히려 '설명의 표지(marker of explanation)'로서의 기능을 더 많이 한다고 밝혔다. 양명희(1998: 143-144)에서도 '그러니까'가 일반적인 대용적 용법 외에 더 자세하고 구체적인 설명을 위해, 또는 말이 나오지 않아 머뭇거릴 때 간투사와 같은 기능이나 이야기를 꺼낼 때 등에 사용되는 담화 표지로 보았다. 이후 이러한 '그러니까'의 담화 표지로서의 기능에 주목하여 담화에서 사용되는 '그러니까'의 기능을 밝히려는 연구가 지속적으로 이루어졌다.

특히 이희정(2003)에서는 한국어 모어 화자의 '그러니까'의 사용 양상이

---

13 대학생 구어 말뭉치에서는 접속 부사의 실현 순위가 '그런데(29.8%) 〉 그러니까(19.7%) 〉 또(12.3%)' 순위였고, 이기갑(2004, 2006)의 구술담화 연구에서는 '그래서(26%) 〉 그런데(23%) 〉 그러니까(17%)' 순으로 나타났다. 또한 전영옥(2007)에 따르면 문어에서 '그러니까'의 빈도 순위는 22위인데 반해 구어에서는 '그런데'(1,400)와 '그래서'(1,239) 다음으로 '그러니까'(1,231)의 실현 빈도가 높게 나타났다. 한송화(2013)에서도 구어(5,048)와 문어(424)에서의 접속 부사 '그러니까'의 사용 빈도를 살펴보면 문어에서의 출현 빈도가 현저히 낮다.

‘보충 설명(51%) 〉 설명하기(16%)[14] 〉 원인(13%) 〉 반응하기(10%) 〉 수정하기(7%)’ 순으로 나타났으며, 전영옥(2016)에서도 ‘그러니까’가 인과 관계의 연결을 보이는 비율이 31%로 인과 관계의 연결이 아닌 비율(61%)보다 낮고 정보 보충의 기능으로 주로 사용되고 있다고 하였다.

반면에 ‘그러니까’가 나타내는 ‘부연 설명’을 담화 표지가 아닌 접속 부사 본래의 기능으로 본 연구도 있다. 김미선(1998ㄱ, 2001)에서는 ‘-어서’와 ‘-(으)니까’의 차이를 ‘-(으)니까’가 지니는 ‘설명’의 의미에 두고, 접속 부사 ‘그러니까’의 의미를 ‘원인’과 ‘설명’으로 파악하고 있다. 또한 김선영(2003)에서는 ‘그러니까’에 의해 연결된 선행 성분과 후행 성분은 ‘즉’과 같은 동격 관계를 나타내거나 후행 성분을 부연 설명하는 것으로 보고, 구어 텍스트상에서 ‘그러니까’가 선행 발화를 요약적으로 제시하거나 이전 화제로의 전환 및 화자가 청자와 공유하려는 배경 정보를 전달하는 문장들에서의 쓰임은 ‘그러니까’가 가지는 ‘부연 설명’의 기능에서 기인된 것이라 하였다. 그러나 여기서 ‘그러니까’는 ‘-(으)니까’와 완전하게 대치되지 않는다는 점에서 ‘-(으)니까’와 구별된 독자적인 의미 기능을 가지며, ‘부연 설명’의 의미를 나타내는 ‘그러니까’는 ‘-(으)니까’에서 예측할 수 없는 새로운 의미 기능을 획득한 것으로 보았다. 그런데 우리는 앞서 ‘-(으)니까’의 의미 기능을 [이유]와 [설명]으로 설정하였다. 접속 부사 ‘그러니까’가 ‘그러(하)-’에 ‘-(으)니까’가 결합되어 굳어진 형태라는 점에서 ‘그러니까’의 ‘부연 설명’의 기능을 접속 어미 ‘-(으)니까’의 [설명]의 기능에서 온 접속 부사 본래의 기능으로 볼 수 있다. 국어사전에서의 기술을 보면 그러한 사실이 분명해진다.

---

14 선행 발화의 일부분, 선행 발화, 선행 발화 전체에 대한 보충 설명을 하는 것은 화제의 전개로, 특별한 부연의 대상이 없는 경우는 후행 발화에 대한 화자의 의도성을 드러내는 ‘설명하기’로 보았다.

(11)『표준』

앞의 내용이 뒤의 내용의 이유나 근거 따위가 될 때 쓰는 접속 부사. (예) 그러니까 내 말대로 하라는 거 아니냐? / 오늘도 늦게 일어났구나. 그러니까 늘 지각이지.

(12)『고려』

부사. (1) 앞 내용이 뒤 내용의 이유나 근거가 될 때 쓰여 앞뒤 문장을 이어 주는 말. (예) 너는 아직 세상에 대해 잘 몰라. 그러니까 준비도 없이 장사를 하겠다는 소리를 하지. / 누나가 잠에서 깨었을 때는 일곱 시였다. 그러니까 그는 약 한 시간 남짓 잠을 잔 셈이다. (2) 앞 내용에 대해 부연이나 보충할 때 쓰여 앞뒤 어구나 문장을 이어 주는 말. (예) 다음주 금요일, 그러니까 돌아오는 25일에 다시 모이도록 하겠습니다. / 동양인의 눈에는 개암나무빛, 그러니까 엷은 갈색 혹은 짙은 갈색의 눈화장이 무난하다.

감탄사. (1) 말을 시작할 때나 말의 중간에 생각할 시간을 벌기 위해 하는 말. (예) 그러니까 그게 언제더라? / 저기 그러니까, 제 생각을 좀 말씀드려도 되겠습니까? (2) 상대방의 말에 찬성하는 뜻을 나타낼 때 하는 말.

(13)『연세』

1. [앞의 내용을 근거로 하여 말하는 이가 주관적으로 추리하여 뒷말의 근거를 짐작함을 나타내어] 그러한 근거에서 말하면. 그러한 이유로. (예) 그 나무 석 짐을 팔면 월사금이 될 것입니다. 그러니까 월요일엔 다만 한 달치라도 월사금을 가지고 오겠습니다.

2. [앞의 말을 다른 말로 부연하거나 보충함을 나타내어] 다시 말해서. 바꿔 말하자면. (참고) 입말 다음에 쉼표를 함. (예) 그 해 겨울, 그러니까 첫번째 증세가 나타난 때로부터 6개월쯤 뒤에, 똑같은 증세가 다시 나타났다.

3. ['그러니까' 앞에 '그 때가'나 '그게' 등이 생략된 채 쓰이어] 다시 말하자면. 좀 더 자세히 말하자면. (예) 대학 1학년에 재학중인 21세의 남학생입니다. 그러니까 작년 10월이었나 봅니다. / 오늘 이렇게 편지를 쓰게 된 것은 내가 맡은 일에서 겪어 온 고난과 보람을 자네에게 소개할까 해서네. 그러니까 10여 년 전 어느 여름날, 귀국해서 얼마 안 되어서이지.

4. [말을 시작할 때] 말을 시작하자면. (참고) 주로 '말입니다/말이야' 등과

함께 쓰임 (예) 저, 그러니까 본인의 생각을 말씀드리자면 다음과 같습니다. / 그러니까 말입니다, 그 사건을 그만 잊어버리는 게 어떻겠느냐는 겁니다.

국어사전에서는 '그러니까'에 대해 공통적으로 '앞의 내용과 뒤의 내용의 이유나 근거'를 인과 관계로 연결한다고 기술하고 있다. 『표준』에서는 '그러니까'를 인과 관계의 접속 부사로만 제시하고 있는 데 반하여 『연세』와 『고려』에서는 두 번째 의미로 '부연이나 보충할 때 쓰이는 말'이 제시되어 있다. 이는 접속 어미 '-(으)니까'가 [이유]의 의미 외에 [설명]의 의미를 가진 것과 마찬가지이다. 앞서 우리는 '-(으)니까'의 의미로 "선행절이 후행절의 내용을 말하기 위한 도입으로, 후행절과 관련된 상황을 제시하거나 후행절의 내용을 부연하여 설명하는 것"을 [설명]으로 정의하였다. 그런데 가장 최근에 출판된 『고려』에서는 '그러니까'의 '부연·보충'의 의미를 감탄사와 구별되는 '앞뒤 어구나 문장을 이어 주는 부사'로 제시하고 있음을 알 수 있다. 이를 통해 '다시 말하면'이나 '부연하면'의 의미로 해석되는 '그러니까'는 접속 어미 '-(으)니까'의 [설명]의 의미가 접속 부사 '그러니까'로 승계된 것으로, 선행 내용과 후행 내용을 의미 관계로 이어 주는 접속 부사 '그러니까'가 가지는 본래의 의미라고 볼 수 있다. 즉, 접속 어미 '-(으)니까'가 [이유]와 [설명]의 의미를 가진 것과 마찬가지로 접사 부사 '그러니까'도 [이유]와 [설명]의 의미를 나타내는 것으로 해석할 수 있다. 이를 통해 볼 때 기존의 논의에서 '그러니까'의 '부연 설명'의 기능을 담화 표지로 본 것은 '그러니까'의 의미를 '이유나 원인'을 나타내는 인과 관계 접속 부사만으로 한정한 데에 따른 결과라고 판단된다. 본 장에서는 '-(으)니까'의 [이유], [설명]의 의미와 연계하여 '그러니까'의 의미를 [이유]와 [설명]으로 나누어 논의할 것이다. 그러나 접속 어미 '-(으)니까'와 접속 부사 '그러니까'가 나타내는 [설명]의 의미는 구체적인 쓰임에서 차이를 보인다.

(14) 가. 저도 뭐 국제 회의 몇 번 가 보지는 않았습니다마는, 몇 번 가 보니까, 한국에서 오신 분들이 영어를 그::~ 하시는 분들이, 썩 많지 않더라구요. 〈공적독백〉
나. 프놈펜 51번가, 그러니까 노로돔(Norodom)로의 뒷길에 자리한 '하트 오브 다크니스'(Heart of Darkness)는 그 바들 중에서도 가장 오래되고 유명한 명소 중 하나이다. 〈소설수필〉
다. 그리스 땅 전체는 셰익스피어가 말한 것처럼 '시간의 흔적이 담긴 책'과 같았다. 그러니까 그리스는 내게 온전한 과거의 역사 그대로였다. 〈잡지〉

(14가)에서 접속 어미 '-(으)니까'는 후행절의 '한국에서 오신 분들이 영어를 하는 분들이 많지 않다'는 지각이 이루어지는 상황을 선행절에서 제시하는 역할을 하며 선행절 사태보다 후행절 사태를 말하는 데에 발화의 중심이 있다. 이에 반하여 (14나-다)의 '그러니까'는 선행 내용인 '프롬펜 51번가', '시간의 흔적이 담긴 책'에 대해 구체적으로 풀어 설명함으로써 청자(독자)의 이해를 돕고 있다. 즉, '-(으)니까'와 '그러니까'는 [설명]의 의미를 가지나 '-(으)니까'는 [상황 설명]을, '그러니까'는 [부연 설명]을 나타낸다는 점에서 차이를 지닌다.

또한 앞서 언급했듯이 접속 부사 '그러니까'는 담화 기능을 하는 데 자주 사용된다. 기존의 논의에서 제시한 '그러니까'의 주된 담화 기능은 다음과 같다.

(15) 가. 김미선(2008) : 발언권 획득, 발언권의 유지, 발언 동의, 발화 개시,[15] 발언 수정

나. 강소영(2009) : 부연 설명(보충, 정리), 수정, 되묻기, 동의, 화제복귀
다. Piao Lian Yu(2012) : 설명하기(단순 설명하기, 부연 설명하기), 망설임의 공간 메우기, 수정하기, 요약 또는 평가하기, 추궁하기, 호응하기, 확인하기
라. 우미혜(2013) : 동의·동감하기, 추궁하기, 설명하기, 시간 벌기, 확인하기, 요약하기, 수정하기, 강조하기
마. 전영옥(2017) : 1. 의미 관계-인과 관계, 보충설명, 환언, 수정, 단순 연결
2. 화제 전개-화제 전환, 화제 복귀, 화제 정리 및 마무리
3. 화자의 발화 태도-화자의 주장이나 평가
4. 참여자 상호작용-동의하기
5. 발화 연결 및 발언권의 연결-발화 연결하기, 발언권 유지하기(시간벌기), 발언권 획득하기

(15)에서 보는 바와 같이 연구자마다 제시하고 있는 '그러니까'의 담화 기능의 범주나 용어가 다름을 볼 수 있다. 여기에서는 김미선(2008)을 중심으로 사전과 선행 연구의 결과를 말뭉치 자료에 대한 분석 결과와 결합하여 '그러니까'의 담화 기능을 설정하도록 하겠다.[16] 『고려』에서 제

15 김미선(2008)에서 '발화 개시'를 담화 표지로 제시하고 있으나 그 예로 '그래서'만을 제시하고 있다. 이 장에서는 이와 비슷한 상황에서 '그러니까'가 쓰인 경우를 '발언권 획득하기'로 분석하였다.

ㄱ. 조사자 : 그러면 조부님은 일찌에 대해서 좀…….
- 아니, 그래서 우리 조부를 갖다가 지금 말이야. 머 여기 대학 교수들이 말이야. 친일파로 정해 놓구 있어. (김미선 2008: 116)

ㄴ. A : 이런 식으로 얘기를 해야지, 이것도 이렇게 쭉 비교가 되지, 만약에,
B : 아이 그까, 아아, 근데 이렇게 비교할려면은요,
A : 예,
B : 그렇게밖에 안 되는데, 〈사적대화〉

시하고 있는 '말을 시작할 때나 말의 중간에 생각할 시간을 벌기 위해 하는 말'은 기존의 논의에서 '시간 벌기', '망설임의 공간 메우기', '발언권 유지하기' 등으로 다루어져 온 것이다. 담화 접속이란 측면에서 여기서는 '발언권 유지하기'라 한다. 또한 '상대방의 말에 찬성하는 뜻을 나타낼 때 하는 말'은 '동감 표현', '호응하기', '동의하기' 등으로 여기에서는 '발언 동의하기'라 하고, 이에 더하여 '발언권 획득하기', '발언 수정하기', '화제 전환하기', '확인하기'를 '그러니까'의 담화 기능으로 설정하기로 한다. 지금까지의 논의를 정리하여 표로 제시하면 다음과 같다.

〈표 5-4〉 접속 부사 '그러니까'의 의미 기능

구분	의미
의미 기능	이유
	설명
담화 기능	발언권 획득하기
	발언권 유지하기
	발언 동의하기
	발언 수정하기
	화제 전환하기
	확인하기

3. '-(으)니까'와 '그러니까'의 말뭉치 분석

여기에서는 2절에서 논의한 '-(으)니까'와 '그러니까'의 의미가 실현

16 이 장에서는 접속 부사 '그러니까'가 지시 대용에 의한 의미적 관계를 가지고, 담화를 결속하고 화자의 태도를 나타내는 다양한 기능을 수행하는 것으로 보고 이를 '담화 기능'이라 한다.

되는 양상을 말뭉치를 통해 살펴본다. 문어와 구어, 그리고 이들 사용역의 하위 영역별로 유의미한 사용 빈도를 보이는 의미 기능이 있는지 확인하고, 그 이유를 밝혀보기로 한다.

이를 위해 본 장에서 분석 대상으로 삼은 '새 연세 말뭉치'는 문어와 구어의 비율이 1:1인 균형 말뭉치로 문어(1957-2004년)는 신문(32.2%), 잡지(19.4%), 소설수필(17.1%), 학술교양(9.4%), 수기전기(8.5%), 교과서(8%), 준구어(5.4%)로 되어 있고, 구어(1990-2005년)는 공적대화(20.8%), 사적대화(39.2%), 공적독백(27.5%), 사적독백(12.4%)로 구성되어 있다.

3.1. '-(으)니까'의 말뭉치 분석

3.1.1. '-(으)니까'의 의미 기능별 분석

전체 말뭉치에서 접속 어미 '-(으)니까'는 문어에서 284회, 구어에서 2,738회로 구어에서의 출현 빈도가 압도적으로 많았다.[17] 구어 용례 가

17 '새 연세 말뭉치'에서 '(니까|으니까)/EC'를 검색하면 문어에서 378개, 구어에서 4,506개의 용례가 추출되었다. 그러나 여기에서는 접속어를 연구 대상으로 하므로 형태적으로 '-(으)니까'가 사용되었더라도 마침표, 물음표, 말줄임표 등의 문장 부호가 사용되어 종결 어미처럼 기능하거나 소괄호로 처리된 지시문, 도치된 문장으로 접속문의 후행절이 존재하지 않는 등 접속 어미의 기능을 하지 않는 경우는 논의 대상에서 제외하였다. 다만, 구어의 경우 다음과 같이 대화 상황에서 화자가 발화하는 가운데 청자가 호응의 의미로 하는 '예'나 '응' 등이 삽입된 경우는 논의에 포함하였다.

ㄱ. A: 한 시 삼십 분경에, ○○씨라는 분한테 토파즈 반지를,
B: 예예.
A: 내 구입했거든요.
B: 예예.
A: 그랬는데 <u>내가 여행을 갔다 오니까</u>,
B: 예예.
A: <u>사은품 사은품? 중궁 코인 두 돈이라는 게 와서 있구요</u>. 〈공적대화〉

ㄴ. A: 그래서 인제~ 포기김치는 이렇게. 숙성을 시켜야 되잖아요.

운데 무작위 추출을 통해 500개를 분석 대상으로 하여 이에 대한 의미 빈도를 산출하였다. 이를 표로 제시하면 다음과 같다.

〈표 5-5〉 접속 어미 '-(으)니까'의 의미 기능별 빈도

구분		문어		구어	
		빈도	비율(%)	빈도	비율(%)
이유		198	70	378	75.6
(상황)설명		58	20.4	112	22.4
다단어 표현	-(으)ㄹ 테니까	18	6.3	5	1
	-(으)니까 말이다	5	1.8	0	0
	하니까	4	1.41	5	1
	보자 보자 하니까	1	0.3	0	0
합계		284	100	500	100

접속 어미 '-(으)니까'의 의미별 사용 빈도를 보면 문어와 구어 모두에서 [이유]의 의미로 가장 많이 사용되고 있음을 알 수 있다. '-(으)니까'는 [이유]의 의미로 사용된 경우가 문어와 구어에서 각각 70%와 75.6%로 구어에서의 사용 빈도가 조금 더 높게 나타났다. 접속 어미 '-(으)니까'가 [이유]의 의미를 나타낼 때는 주로 화자가 자신의 주장에 대한 근거를 강조하기 위해 사용된다. 다음의 용례는 후행절 내용에 대한 이유나 근거를 제시하는 데 '-(으)니까'가 쓰인 예이다.

B: 음 그렇지.

A: 그건 놔 뚜고, 애가 먹고 싶어하니까,

B: 응.

A: 인제~ 겉절이를 쪼끔 해 가지구 줬더니 이 맛이 아니래는 거야. 〈사적대화〉

(16) 가. 논에 오래 머물지는 않으시니까 여기서 기다리면 그 양반을 만날 수도 있을걸요. 〈소설수필〉

나. 우리 팀에 스타가 몇 명 있긴 하지만 조직적으로 움직이니까 대단한 힘을 발휘하고 있다. 〈신문〉

(17) 가. 혀의 위치에 따라서 이 공간이 틀려지니까, 이 공간이 틀려지니까, 주파수. 공명이 달라지는 거예요. 〈공적독백〉

나. 다들 초행길이니까 지도를 봐야 되는데, 운전하는 사람은 볼 수 없으니까, 그래서 제가 지도 담당이였거든요. 〈사적독백〉

(18) 가. 제가 번호 앞 번호다 보니까 주번을 항상 맨 먼저 해요. 〈사적대화〉

나. 얼굴에 전체적으로 많은데 그 중에서도 코 부위가 그~ 피지선이 많다 보니까, 코에 항상 그~ 기름이 기 많이 나오게 되거든요? 〈공적대화〉

예문 (16)과 (17)은 각각 문어와 구어에서 '-(으)니까'의 선행절과 후행절이 인과적인 관계를 갖는 경우이다. 즉, 선행절에서 이유가 제시되고 그에 따르는 결과가 후행절에 나타나고 있다. 특히 구어에서 (17)과 같이 '-(으)니까'가 반복해서 나타나거나 인과 관계를 나타내는 접속 부사와 함께 사용되기도 한다. (18)은 형용사나 '이다' 어간에 '-다 보니까'가 결합되어 "어떤 상황이나 상태의 원인이나 이유가 됨"을 나타내는 경우로, 주로 구어에서 출현하였다.

한편 접속 어미 '-(으)니까'가 [설명]의 의미로 사용될 경우, 주로 경험한 사실에 대한 주관적인 판단이나 지각의 의미 특성이 있다. 이때는 보조 용언 '보다'가 쓰여, '-어 보니까'나 '-고 보니까', '-다 보니까'의 구성을 이루는 경우가 많다.

(19) 가. 야근할 때마다 찾던 집이라서 늘 먹던 음식을 주문했다. 그런데 여러 반찬을 갖다놓는데 보니까 음식이 차다. 〈수기전기〉

나. 그만 좀 하자. 문득 생각해 보니까 우리들, 서른 넘긴 지 오래다.

〈준구어〉

다. 근데 얘기 들어 보니까 다 가서 한 번씩 싸운다 그러더라. 〈사적대화〉

라. 그런 자기 그래 거기서부터 인제 그 사람이 긴장해 갖구, 강의도 못 하고, 딱 상황 판단을 한 다음에 도망쳤다? 근데 그 중절모자::, 그 사람들이 막:: 그냥 그까 뛰어오고 뒤에서, 나중에 알고 보니까 그 정 정신병원 정신병원, ○○? 있는 그런, 〈사적독백〉

마. 여기서 오년 살고 십년 살다 보니까 아이구 이 땅이 좋구나. 난 그냥 여기서 살래. 해 가지구, 〈공적독백〉

(20) 가. 처음에는 발이 수영장 바닥에 닿아서 신나게 수영을 했는데, 반대편에 도착하니까 발이 바닥에 닿지 않아서 당황했어. 〈교과서〉

나. 문을 여니까 겨울이 와 있었다. 〈소설수필〉

(21) 가. 나흘 동안 지구는 이렇게 줄곧 나쁜 생각에 시달렸어요. 닷새째가 되니까 지구는 차라리 마음이 조금 가벼워졌어요. 〈소설수필〉

나. 그러니까 나중에, 구일이 지나니까, 배가 아프기 시작한 거야 〈사적독백〉

다. 조거미는 진공 청소기 속으로 먼지가 빨려 들어가듯 빛살로 된 굴 속으로 빨려 들어갔는데, 한참 지나니까 빛살로 된 굴이 끝나면서 소리로 가득 찬 굴이 나오더래요. 〈소설수필〉

라. 재국 : 아침에 출근하니까 팀장님이 그러시데요? 서선배 좀 잘 챙겨 주라구? 〈준구어〉

마. 아니, 저 저놈이! 어른 앞에서 어디 눈을 지릅뜨고 덤벼? 일껏 생각해서 말해주니까 젊은 놈이 본데없이! 〈소설수필〉

'-(으)니까'는 (19가)와 같이 '보니까' 그 자체만으로도 지각의 의미를 나타낼 수 있으며, (19나-마)에서처럼 '-어 보니까', '-고 보니까', '-다 보니까' 등의 보조 용언 구성으로 사용되면 지각의 의미가 더욱 분명하게 드러난다. '-어 보니까', '-고 보니까'는 동사와 결합하여 "앞의 행동을 한번 시도해 보거나 경험한 결과, 뒤의 사실을 발견하게 되었음"을 나타내며, 동사 어간에 '-다 보니까'가 결합하면 "어떤 일을 지속하거나 반복하는 과정에서 새로운 사실을 발견하게 되었음"을 나타낸다. 또한 (20)처럼 이동 동사와 결합하거나 '생각하다' 등의 사유 동사가 선행절에 쓰이는 경우도 새로운 경험이나 깨달음의 계기와 관련된다. 한편 [설명]은 (21)과 같이 '되다, 지나다' 등의 시간의 경과나 '때'를 나타내거나 선·후행절이 서로 엇갈리는 '대조'의 상황을 나타낼 때를 포함한다.

3.1.2. '-(으)니까'의 다단어 표현 분석

여기에서는 '-(으)니까'가 특정 어휘나 표현과 결합하여 하나의 고정된 형태로 사용됨으로써 특정한 의미와 기능을 수행하는 다단어 표현 중 '-(으)ㄹ 테니까'와 '-(으)니까 말이다'에 대해 살펴보도록 한다.[18]

(22) 가. 좀 비싸게 친 감이 없지 않지만 틀림없이 제 값어치를 하게 만들테니까 여러 선생님들 많이 기대해 주십시오. 〈소설수필〉

나. 순옥 : 엄마한텐 말하지마, 엄만 나 공장 다니는 줄 안단 말야.
막동 : 너 내가 앞으로 돈 많이 벌 테니까 이런 일 하지마. 〈준구어〉

다. 아무래도 맨손으로 잡긴 어려울 테니까 함정 쪽으로만 잘 몰아가 보자. 〈소설수필〉

---

18 다음은 접속 어미 '-(으)니까'가 인용 동사 '하다'와 결합하여 '그렇게 말하니까'의 '인용'의 기능으로 쓰인 예이다.

ㄱ. 이 근데 갑자기 방귀 냄새가 나는 거야. 그래서 그 쫄병한테 너 방귀 뀌었지 하니까 자기 방귀 안 꼈대. 〈준구어〉

ㄴ. A: 그러면은, ○○씨, ○○씨한테, ○○씨한테 내가 전화를 해서 그런 얘기를 처음에 반품을 이렇게 하겠습니다 하니까, 알아서 처리하 일주일 내에는 반품을 해 드리겠습니다, 반품 번호를 불러 주드라꼬.
B: 예예. 〈공적대화〉

(23) 가. 잠깐만, 그러면 내가 이 사람, 이메일이나 뭐~ 연락처를 가르쳐 줄 테니까, 니가 연락해서 해 봐. 〈사적대화〉

나. A: 내 생각에도 그래, 그게 뭐~ 이제 뭐~ 인제, 아마 대체적으로, 그걸 쓴다면은, 거의 비슷비슷한 내용이 나올 거야

B: 내용이 예 내용이, 차이 없이.

C: 그러면은? 아무래도 이렇게, 은표 형이 이케 많이 조사를 했을 테니까, 거기에 대해서 쫌 도움도 받고, 그런 쪽으로 주제를, 형이 지금 하는 걸로, 〈공적대화〉

'-(으)ㄹ 테니까'는 추측이나 의지를 나타내는 '-(으)ㄹ 터이다'와 이유를 나타내는 '-(으)니까'가 결합한 표현으로, 구어보다 문어에서의 출현 빈도가 더 높게 나타났다. 그러나 문어에 쓰인 '-(으)ㄹ 테니까'는 (22)에서 보는 바와 같이 〈소설수필〉의 대화문이나 〈준구어〉라는 점에서 구어적인 성격이 강하다고 볼 수 있다. '-(으)ㄹ 테니까'는 뒤에 오는 내용에 대한 조건으로서 말하는 이의 의지(22가-나, 23가)나 강한 추측(22다, 23나)을 나타낸다. 주로 '-(으)니까' 접속문의 후행절이 명령형이나 청유형으로 쓰여 뒤에는 듣는 이(청자)에게 어떻게 하라(22가-나, 23가)거나 어떻게 하자(22다, 23나)는 내용이 온다.

이에 반해 '-(으)니까 말이다'는 구어에서는 나타나지 않고 문어에서만 나타난 관습적인 말쓰임의 예이다. 남기심(1994: 142-143)에서는 '말이다'(말이지, 말입니다, 말인데 등)가 접속 어미 뒤에 끼어들어서 쉼(pause)을 두어 다짐을 하는 기능을 한다고 보았으며, '말이다'가 '-(으)니까'와 결합하는 경우 후행절과 자리를 바꾸어 나타나는 예가 압도적으로 많다고 하였다. 분석 대상 말뭉치에서는 그 용례가 많지 않으나[19] 모두 문장을 끝맺는

19 국립국어원 언어정보나눔터에서 제공하고 있는 말뭉치의 '현대 문어'에서 120여 개의 용례가 추출되었으며, 대부분이 '-(으)니까 말이다'의 형태로 나타나고 있음을 확인하

'-(으)니까 말이다' (말이오, 말이야)의 형태로 나타나 선행절 내용을 강조하면서 단언성과 확실성을 높이는 기능을 한다.

(24) 가. 어느 고담이든 거인들을 그릴 때는 대개가 다 그렇게 과장을 하게 마련이다. 거인 자체가 과장이니까 말이다. 〈소설수필〉

나. 근자에 왕가위가 만든 〈해피 투게더〉가 해금되어 영화관에서 빛을 쏘이고 있다지만, 우리와는 상관없다. 벌써 총정리를 하고 난 뒤인데, 막차 출발하고 나서 손을 흔들어도 버스는 이미 떠난 뒤니까 말이다. 〈잡지〉

3.2. '그러니까'의 말뭉치 분석

3.2.1. '그러니까'의 의미 기능별 분석

전체 말뭉치에서 접속 부사 '그러니까'는 문어에서 105회,[20] 구어에서 6,102회로 구어에서의 사용 빈도가 압도적으로 높다.[21] '-(으)니까'와 마

였다.

20 '그러니까/MAJ'로 추출된 112개 용례 중 접속 부사가 아닌 '그러하니까'의 5개와, 같은 용례가 중복된 2개의 문장을 제외하였다.

21 문어에서는 변이형이 실현되지 않았으나 구어에서 접속 부사 '그러니까'는 '그니까, 그르니까, 그런까, 긍께, 그깐, 그러니깐, 그러니까는, 그르니까는' 등 다양한 변이형으로 사용되고 있다. 배진영 외(2013)에서는 대화에 접속 부사의 축약 형태가 두드러지게 나타나는 것은 대화가 지닌 실시간성과 상호성과 관계가 깊다고 보았다. 또한 전영옥(2017)에서는 '그러니까'의 축약형이 원래의 어휘 의미를 상실하고 새로운 의미를 갖는 것은 아니지만 본말보다 축약형이 담화 표지로서의 의미 기능을 더 많이 수행하고 있다고 하였다. 본 장에서는 변이형을 구분하지 않고 구어 용례 6,102개 중 500개를 무작위로 추출하였다. 6,102개 중 '근까'가 '2,077(34%)'로 빈도가 가장 높았으며 다음으로 '그러니까' 1,740(28.5%), '그니까' 1,355(22.2%), '그까' 224(3.7%) 순으로 나타났다. 그 외 모음 교체('그르니까' 64개 등)나 보조사가 결합된 형태('그니깐' 90개 등)이다. 구어 사용역별 빈도수는 다음과 같다.

찬가지로 구어 용례 가운데 무작위로 500개를 추출하여 분석하였다. 이를 표로 제시하면 다음과 같다.

〈표 5-6〉 접속 부사 '그러니까'의 의미 기능 분포

구분		문어		구어	
		빈도	비율(%)	빈도	비율(%)
이유		38	36.2	74	14.8
(부연)설명		50	47.6	202	40.4
담화 기능	발언권 획득하기	1	1	58	11.6
	발언권 유지하기	4	3.8	112	22.4
	발언 동의하기	0	0	17	3.4
	발언 수정하기	0	0	15	3
	화제 전환하기	2	1.9	10	2
	확인하기	10	9.5	12	2.4
합계		105	100	500	100

〈표 5-6〉에서 보는 바와 같이 '그러니까'는 문어보다 구어에서 많이 쓰이는 접속 부사로, 구어는 물론 문어에서도 [이유]보다 [설명]의 의미로 쓰이는 빈도가 더 높음을 알 수 있다. 또한 앞서 기존 연구에서 살펴보았듯이 구어에서 '그러니까'는 다양한 담화 기능을 수행하고 있다. '그러니까'가 담화 기능을 할 때는 '발언권 유지하기'의 기능으로 가장 많이 사용되고 있는 것을 볼 수 있다. 본 절에서는 접속 부사 '그러니까'의 의미에 대해서만 논하고, 담화 기능은 절을 달리하여 살펴보기로 한다.

	사적대화	공적대화	사적독백	공적독백	합계
총 빈도수	2,317/37.97%	1,408/23.07%	1,151/18.86%	1,226/20.09%	6,102
분석 용례수	202/40.4%	108/21.6%	96/19.2%	94/18.8%	500

접속 부사 '그러니까'는 문어에서 [설명]의 의미가 [이유]보다 다소 높게 나타났으나 구어에서는 3배 가까이 높게 나타났다. 구어의 경우 사용역에 따라 차이를 보이고 있는데, 대화보다 독백에서 [설명]의 사용 빈도가 높다.[22] 이는 화자와 청자가 말차례를 주고받는 대화의 특성으로, 대화에서 '그러니까'가 발언권 유지나 발언권 획득 등의 담화 기능으로 사용되고 있다는 점과 비교해 보면 그 차이를 쉽게 이해할 수 있다. 예문 (25), (26)은 각각 문어와 구어에서 접속 부사 '그러니까'가 [이유]의 의미로 사용된 예이다.

(25) 가. 자랄 때도 여성에 대해 골똘히 생각하거나 고민해본 적이 별로 없었다. 그래서인지 여자들이 무슨 생각하고 있는지는 잘 모르겠다. 그러니까 로맨스도 어색해지는 것 같다. 〈잡지〉

나. 방안을 둘러보며 고모는 못마땅하다는 듯이 말했다. "무슨 사내 녀석 방이 이렇게 깨끗하냐." 고모가 오는 것 때문에 특별히 청소를 한 것도 아니었다. "나 혼자잖아요." "그러니까 좀 지저분해야지. 계집스럽기는." 〈소설수필〉

(26) 가. 지금 이렇게 하는 게 아니라, 근까 뭐~ 아니 내가 하는 거보다, 간단하게 한, 지금 뭐~, 그~, 주제문 지금 그::~ 쎄미나 팀 문의하는 거에 대해 답변해야 되는 거 아니에요, 그니까 한두 장 정도로::, 써서 매뉴얼을 만들죠, 〈공적대화〉

나. 실제로 저한테는, 이런 아이들이 많이 와요. 중국 가서, 침 맞고 온 애들, 참 많아요. 애들, 이제 지능이 막 떨어지고 그러니까, 부모가, 얼마나 답답하겠어요? 그리고 요즘에는, 애를 한둘밖에, 안 낳잖아

22

	사적대화	공적대화	사적독백	공적독백	합계
이유	25회	16회	14회	19회	74회
부연 설명	54회	32회	55회	61회	202회

요. 그러니까, 아이가 좀 늦다, 그러면, 정말 부모님들, 아주 목숨 걸고 매달리세요. 〈공적독백〉

다. A: 반칙왕 장면에, 근데 카메라 앵글이,

B: 아 그거,

A: 밑에서부터 이렇게 올라가잖아, 근데 나는 그 다음 상황을 알잖아, 그러니까, 남들 웃기 전에 꼭, 일 한 이십초 전에, 하하하하 웃는 거야 그래 갖구 사람들 이 다 쳐다보고. 〈사적대화〉

(25가)는 '여자들이 무슨 생각하는지 모르니까(이유) 로맨스가 어색해진다(결과)'로 해석되어 접속 부사 '그러니까'가 [이유]의 의미로 사용된 예임을 알 수 있다. (25나)는 '(남자가) 혼자 사니까(이유) 지저분해야 한다(결과)'로 상대방의 앞선 발화를 연결하여 인과 관계를 이루고 있다. (26가-나)는 각각 〈공적대화〉와 〈공적독백〉에서 '그러니까'의 변이형인 '그니까'와 본말인 '그러니까'가 쓰여 [이유]의 의미를 나타낸다. (26가)의 경우 '쎄미나 팀 문의하는 거에 대해 답변해야 하니까(이유), 한두 장 정도로 매뉴얼을 만들자(결과)', (26나)는 '요즘에는 애를 한둘밖에 안 낳으니까(이유) 부모들이 아이 문제에 목숨 걸고 매달린다(결과)'는 인과 관계를 나타낸다. (26다)는 〈사적대화〉에서 본말인 '그러니까'가 사용되어 인과 관계를 형성하고 있다. 구어에서 접속 부사 '그러니까'가 [이유]의 의미를 나타낼 때는 (26나-다)와 같이 상대방도 알고 있으리라는 전제하에 확인하듯이 말하는 '-잖아요'와 함께 쓰임을 확인할 수 있다.

다음의 예문 (27), (28)은 '그러니까'가 [부연 설명]의 의미로 사용된 예이다. 여기서는 선행 내용과 동일성을 가진 내용을 재차 덧붙이거나 선행 발화의 이해를 위해 더 자세하고 구체적인 정보가 추가되어 전달하고자 하는 내용을 더욱 강화하는 기능을 한다.

(27) 가. 상구가 교도소에서 출감한 것은 한달 전 날씨가 쌀쌀해지며 거리의 은행잎들이 노랗게 물들기 시작하던 때, 그러니까 국회에서 '과잉행복 행위 등 처벌에 관한 법률'이라는 법안을 놓고 여당과 야당 국회의원들이 연일 싸움박질에 몰두하던 무렵이었다. 〈소설수필〉

나. 부끄러운 얘기지만 나는 그 친구를 교도소 안에서 처음 알게 되었어요. 그러니까 사십 몇 년 전, 내 나이 스물여섯 살 때였어요. 〈소설수필〉

다. 과거로 나아간다는 거죠. 혹은 미래로 돌아간다는 것. 우리가 이미 지나온 과거로 되돌아가는 것이 아니라, 이 과거는 미래에 있어요. 그러니까 선조적인 시간의 흐름을 따라 계속 진행하는 것이 아니라 돌아서 가는 거죠. 이때 미래는 시간적인 개념이라기보다는, 차라리 시간이 배제된 장소의 문제예요. 〈학술교양〉

(28) 가. 두 가지의 듣기 교재. 근까~ 전통::적 어~ 근까~ 기존의, 교재와. 새로운 교재. 근데 여러분들이 알고 싶은 거는 뭐예요? 새로운 교재의 효과를 보고 싶은 거잖아요, 그럼 독립 변인은 뭐예요? 〈공적독백〉

나. 그리구 이제 아마 시월:: 말이었던가요. 그러니까 수능을 한:: 십팔일인가 앞두구 〈사적독백〉

다. 근데 요즘은, 비만의 많::은 원인이, 많::이 먹어서, 살이 많이 찐다기보다는, 이렇게 음식을, 쪼금 먹었는데도, 인슐린 분 그~ 혈당이, 빠른 시간 안에, 빨리 올라가는 음식들이 많아요. 대표적인 게 인스턴트 식품들이, 분명히 칼로리는, 밥하고 같은데, 먹으면 살이 쪄요. 그거는 밥은 천천히 소화되고 천천히 흡수되면서, 혈당을 천천::히 올리기 때문에, 상대적으로 적게, 적게, 저장이 되는데, 이게 빨::리 분비가 되면, 인슐린 분비도 그만큼, 빨::라져야 돼요, 그 혈당을, 이대로 올리면, 계속 올라가면 안 되니까. 거기에 따라서, 저장되는, 비율도 높아요. 그래서, 음::~ 많이 먹어 살찌는 경우보다는, 이렇게, 인슐린, 그~ 습 흡수율이 높아서, 그게 빨::리 흡수가 되고, 빨::리, 혈당을 올리기 때문에, 그 해요. 그~ 그래도, 인슐린이 천천히, 분비되는 식사를 하자, 하는 게 다이어트 법 중에 저인슐린 다이어트 개념.

그러니까, 흡수율이 낮은 음식을, 먹자, 하는 거거든요. 〈공적대화〉

(27)은 접속 부사 '그러니까'가 문어에서 [부연 설명]의 의미로 사용되었다. (27가)는 명사구 앞에 쉼표를 두어 앞말과 동일성을 표현하고 있으며, (27나-다)는 문장 사이에서 '그러니까'가 쓰여 자신이 언급한 이야기를 좀 더 자세하게 풀어서 전달하고 있다. 이처럼 접속 부사 '그러니까'가 [설명]의 의미로 쓰일 때에는 문장과 문장뿐 아니라 구 결속도 가능하며, 특히 문어에서 (27)에서와 같이 후행문이 '이다' 구문으로 실현되는 경우가 많다. (28)은 구어에서 '그러니까'가 [설명]의 의미로 쓰인 예로 문어에서와 마찬가지로 구 결속 및 문장 결속에 사용됨을 보여준다. (28가)는 '두 가지 듣기 교재'에 대해, (28나)는 (27나)와 마찬가지로 '그러니까' 앞에 '그때가'가 생략된 경우로 앞말을 구체화하여 부연 설명하는 '다시 말하면'의 의미로 쓰였다. (28다)는 식이요법에 대한 정보를 전달하는 내용의 진료 대화로 화자가 이미 언급한 '저인슐린 다이어트의 개념'에 대해 '흡수율이 낮은 음식을 먹는 것'이라고 다시 설명하고 있다. 이와 같이 [부연 설명]의 의미를 나타내는 '그러니까'는 선행 발화가 초점화되고, 후행 발화는 선행 발화와 유사한 의미의 다른 표현을 반복함으로써 청자의 이해를 돕고 선행 발화의 의미를 강조하는 기능을 한다. 이 경우 선행 내용의 반복을 뜻하는 '다시 말하면'으로 대체될 수 있다.

3.2.2. '그러니까'의 담화 기능

접속 부사 '그러니까'는 앞뒤 발화에서 [이유]나 [설명]의 의미가 드러나지 않는 데도 사용하는 경우가 빈번하다. 본 절에서는 이러한 '그러니까'의 담화 기능 중 발언권 획득하기, 발언권 유지하기, 발언 동의하기, 발언 수정하기에 대해 구체적으로 살펴보기로 한다.[23]

3.2.2.1. 발언권 획득하기

‘발언권 획득하기’란 구어 담화에서 선행 화자의 발화가 진행되는 도중이나 혹은 발화가 끝나는 상황에서 다른 화자가 선행 화자로부터 발언권을 가져오기 위해 사용하는 전략이다. 상대방의 발화를 이어받아 화제를 진전시키면서 자신의 견해를 펼치고자 할 때 ‘그러니까’를 사용하여 자연스럽게 자신의 발화를 시작한다.

(29) 가. A: 그까는 이 수요 조사 그거는 언제:: …
B: 아 그런 구체적인 것까지는 얘기 안 됐어요.
A: <u>그까</u> 정해진 건 없는 거죠 지금,
B: 예, 예 그쵸.
A: <u>그까</u>, 지금 논문 조사 받을 때요, 다 이렇게 이케 개별적으로 받을 거거든요 인터넷으로 안 받구요? 그러면 왜냐면, 자기가 논문 작성 중이라는 거를::, 이렇게 증명할 서류를 봐야 되기 때문에, 직

---

23 ‘화제 전환하기’는 선행 발화와 내용상 관련이 없는 새로운 화제로 전환하기 위해 사용된 것이며, ‘확인하기’는 상대방의 말에 대해서 잘못 듣거나 못 믿어서 다시 질문하는 경우이다. (ㄱ)은 ‘화제 전환하기’, (ㄴ)은 ‘확인하기’의 예이다.

ㄱ. A: 그리구 일단은 다음
B: 예::.
A: 주부터 전사:: 작업 할 때부터 같이 …
B: 전사할 때부터::가 그러면,
A: 예::. <u>그까</u>,
B: 그 다 다음주 아니구,
A: 다음주.
B: 다음주. 이주 후 아닌가?
A: 아니오. <u>그까</u> 우리가 지금 마지막 테입 녹음하는 거죠?
C: 예::. 〈공적대화〉

ㄴ. “그 여자가 누구였는데?” “내 선생님이었어. 고등학교 때.” 유희가 말없이 그를 바라보았다. “왜 그런 눈을 해?” “가만있어 봐. 헷갈리네. <u>그러니까</u> 지금 선생님이었다고 했어?” 〈소설수필〉

접 와 가지고, 받아야 된단 말이에요 저희가, 〈공적대화〉

나. A: 정말 평탄한 그 일반적인 가정은 이~ 꾸밀 거 같애. 왜냐면 애가 되게 성실하구 우선은 되게 착실하구, 대게 믿음직스럽구 진실하거든 애가 우선은. 그니까 그런 건 있는데. 도무지 이거는:: 둘 다 권태기여서 그 벗어날 수 있는 그런 게 없는 거야. 아무리 해두.

B: 아무리 아무것도 안 했잖아.

A: 아니 서루 딴 생각 하구 있어 만나두::.

B: <u>그러니까</u> 내가 니 얘기 들어 보니까, 서로 근까 그게 지금 권태기라는 것두 알고.

A: 응.

B: 뭔가 해야 되는 것두 아는데, 그 뭔가 해야 될 걸 시도를 안 하구 있잖아 둘 다. 〈사적대화〉

다. A: 쿠테타적 사건인지 아닌지,

B: 월간조선 같은 …

C: <u>그러니까</u>, 적이라는 말이 참 묘한 말이라 그러데.

B: 신동아 … 다 모아 가지구, 〈공적대화〉

(29)에서는 화자가 자신의 의견을 진행시키기 위해 '그러니까', '그까'를 사용하여 발언권을 가져오고 있다. (29가)의 '그까'는 화자가 자신의 발화에 대해 강조하며 발언권을 가져오기 위해 사용한 것이고, (29나)의 '그러니까'는 화자가 '아무리 해도 벗어날 수 있는 게 없다'는 상대방의 발화에 '아무것도 안 했다'는 반대 의견을 명확하게 전달함과 동시에 '아무것도 안 했다'는 자신의 선행 발화에 내용을 덧붙여 말하고 있다. (29다)는 선행 화자의 발화가 진행되는 도중에 발언권을 가져오기 위하여 '그러니까'가 사용된 경우이다. 이와 같이 발언권을 획득하려는 의도에서 사용되는 '그러니까'는 주로 상대방의 선행 발화에 내용을 덧붙이거나 선행 발화의 내용과 다른 의견을 제시하고자 하는 경우로, 발화 초

위치에서 나타난다.

3.2.2.2. 발언권 유지하기

'발언권 유지하기'란 화자가 발화를 진행하는 가운데 적절한 표현이 생각나지 않아 생기는 공백을 메우고 청자에게 자신의 발화가 끝나지 않고 지속될 것임을 나타내는 기능이다. '그러니까'는 화자가 머뭇거리거나 숨고르기를 할 때 발화를 유지시키는 기능을 하는 접속 부사로 가장 많이 언급되었는데 이는 '그러니까'가 지닌 [부연 설명]의 의미 기능에서 파생된 담화 전략이라고 볼 수 있다. (30)은 문어, (31)은 구어에서 접속 부사 '그러니까'가 발언권 유지하기의 기능으로 사용된 예이다. 문어의 경우 텍스트의 특성상 (30)에서 보는 바와 같이 〈준구어〉에서만 확인되었다.

(30) 가. 스님! 어느 절에 계시나요?
저요? 저는 그러니까 진도에 있는 조불사에 몸담고 있습니다. 〈준구어〉

나. 레지: (블라우스 단추를 채우며) 무슨 검사?
동우: 그러니까… 그…
레지: (순간 기분이 확 상해) 흥. 그런 거 무서운 사람이 가만히 잠이나 자지 왜 불러! 〈준구어〉

(31) 가. 그래두 쪼끔만 더 하죠. 안 그러면 거의 그~ 그까 진도를 나가기가 힘들어요. 한 오분 십분은 출석 부르고 이거 설치하느라고 다 지나가고, 자 오분만 더 하죠. 〈공적독백〉

나. A: 지금 어때? 나는 되게 궁금해.
B: 저는.
A: 근데 우리가 보는 거랑 틀리다니까. 사람 사귀는 거는 틀려.
B: 많이 달르구요, 제가 근까 두 번 근까 두 번 여자를 만나 봤는데요. 네 살 많은 여자와 네 살 어린 여자를. 〈사적대화〉

(30), (31)에서는 상대방의 질문에 적절한 대답이 떠오르지 않아 망설이거나 화자가 발화를 진행하다가 말하고자 하는 내용이 바로 생각나지 않아서 머뭇거리는 순간에 '그러니까'를 디딤돌로 사용하여 잠시 시간을 벌고 말할 내용을 생각하면서 자신의 발언권을 유지하고 있다. 이때 '그러니까'를 사용하는 것은 화자가 자신의 발언권을 유지하려는 의도를 드러냄과 동시에 선행 발화와의 연결성을 높이는 기능을 하게 된다. 이 경우 '그러니까'는 대부분 발화 중 위치에서 실현되며, (31가)에서처럼 머뭇거림의 '그'나 '어', '저기' 등과 함께 쓰이거나 (31나)와 같이 두 번 이상 반복적으로 사용하는 경우가 많이 발견된다.

3.2.2.3. 발언 동의하기

'발언 동의하기'는 상대방의 발화 내용에 동조하거나 긍정적인 반응을 보이는 기능이다. '그러니까'는 담화상에서 상대방의 발언에 적극적으로 맞장구치거나 이해의 표시인 반응 발화로, 주로 〈사적대화〉에서 나타났다.

(32) 가. A: 근데 그거를 원래:: 원작을 정말 이케, 보면은 정말 크게 해서 봤으면::,
B: 응.
A: 되게 재미있었을 거야.
B: 그러니까. 〈사적대화〉

나. A: 한 학기 지나면서 그거밖에 한 게 없어::,
B: 〈웃음〉
C: 너무 많은 걸 요구했어요 글쎄::,
A: 근까
D: 제가 이처럼 진짜 지금까지 살아오면서 국어 공부 지금까지 많이 해 본 적 없 진짜::, 〈공적대화〉

다. A: 옛 옛날에 그~ 그거 뭐야, 그~ 화상 때문에:: 피부 성형하는 것 두::, 보험을 의료 보험 혜택 안 된다 그래 가지구::, 딴 데는 된다 그런다는데 얼굴 부분은 안 된다구. 말이 되냐::, 아이구 그러면은 그냥 성형 수술

B: 제일 중요한 데가 얼굴인데,

A: <u>그러니깐요</u>. 성형 수술하는 사람 빼구, 그 사람들 진짜, 그거 때문에 취업도 못 하구 〈사적대화〉

(32)는 대화 상황에서 '그러니까', '근까', '그러니깐요'를 사용하여 상대방의 말에 동조하고 있다. (32가)에서의 B의 '그러니까'는 A의 '원작을 크게 해서 봤으면 더 재미있었을 것이다'는 발화에 동의하기 위해 사용한 것이고, (32나)는 A가 자신의 앞 발화에 대해 상대방이 동조하자 그에 대해 '근까'를 통해 응대하고 있다. (32다)는 화자가 상대방의 말에 동의하면서 거기에 덧붙여 화상 입은 사람들이 의료 보험 혜택을 받지 못해 성형 수술을 못 받아 취업도 못하는 상황을 설명하고 있다.

3.2.2.4. **발언 수정하기**

'발언 수정하기'란 화자가 자신이 전달하려는 목적과 다르게 발화를 했거나, 어휘 및 표현에 문제가 있을 때 이를 바로 잡고 화자가 전달하려는 내용에 맞게 정확한 표현으로 고치기 위해 '그러니까'를 사용하는 기능이다.

(33) 가. A: 브랙으로.

B: 잠시만요. 잠시만요. 잠시만요 고객님,

B: 여자분 <u>근까</u> 고객님, 디자인은 똑같은데 테만 틀린 거거든요? 〈공적대화〉

나. A: 아니면 자기의 망상인지. 그 영화에서는,
B: 음.
A: 영화에서도 되게 선이 분불 근까 불분명하고, 〈사적독백〉

다. A: 나두, 아니 근데 내 핸드 내 핸드폰은, 문자 보낼 때,
B: 어.
A: 그거를 이름을 아니 그까 전 전화 번호를 알고 있어야 돼, 〈사적대화〉

라. 어~ 영향력이나 아님 신체상의 그런 것도 되게 중요하다고 생각을 하고. 또 한 가지 문제는 거기 보면은 정○○라는 사람은 아나운서야. 아나운선데도 그 사람은 발음을 근까 발음이 아니라 어떤 언어상의 틀린 거를 있는데도 고치지 않고, 바로 그 뒤에 뭐~ 쩍 벌어졌습니다라는 식으로 얘기를 했는데 내 생각에는 그렇게 아나운서 같은 사람이 그~ 중간 중간에 요소의 중간에 요즘은 많잖아. 〈공적대화〉

(33가)는 홈쇼핑 상담원인 화자가 '고객님'이라고 말하고자 하는 것을 '여자분'으로 어휘 선택을 잘못하여 '그러니까'의 축약형 '근까'를 통해 더 적절한 표현인 '고객님'으로 수정하여 말하고 있으며, (33나)는 화자가 '불분명'을 정확하게 말하지 못하고 '분불'이라 잘못 발음하여 '근까'를 사용하여 문제가 되었던 자신의 언어 행위를 수정하고 있다. '그러니까'가 발언 수정하기 기능으로 사용되는 경우 모두 발화 중 위치에서 실현되었으며, (33다-라)와 같이 '그러니까'의 앞이나 뒤에 '아니', '아니라'를 덧붙여 '수정하기'의 기능을 보다 명확히 드러낸다.

이상으로 실제 언어생활에서 다양하게 사용되는 '그러니까'의 담화 기능에 대해 살펴보았다. 이러한 담화 기능은 다른 사람과의 상호작용 속에서 발화를 이어가야 하는 구어 상황에서 화자가 발화가 끊어지지 않고 지속될 수 있도록 자신 또는 상대방의 선행 발화에 정보를 더하는 방식을 통해 의사소통의 어려움을 해결하는 전략으로, '그러니까'가 가지는

[부연 설명]의 의미 기능에서 파생된 것이라 할 수 있다.

본래 대용 용언 '그러(하)-'가 접속 어미 '-(으)니까'와 결합하여 그 활용형이 굳어져 형성된 '그러니까'는 '그러(하)-'가 지닌 지시적 성분과 '-(으)니까'가 지닌 관계적 성분으로 이루어진 접속 부사이다. 이러한 특성으로 두 성분으로부터 비롯된 특성이 공존하고 있는 '그러니까'는 지시 대용에 의한 의미 관계를 가지고 선후 내용뿐 아니라 화자와 화제, 화자와 청자를 연결하는 기능을 한다. 따라서 '그러니까'의 본래의 의미 기능에서 파생된 담화 기능은 담화를 접속하는 접속어로서의 기능의 하나로 볼 수 있다.

4. '-(으)니까'와 '그러니까'의 기능 분담 양상

접속 어미 '-(으)니까'와 접속 부사 '그러니까'는 문어보다 구어에서의 사용 빈도가 월등히 높은 접속어로, [이유]와 [설명]의 의미를 공유하고 있으나 접속 어미 '-(으)니까'가 선행절 내용에 대한 이유나 근거를 나타내는 의미를 분명히 드러내고 있는 데 반해 접속 부사 '그러니까'는 접속 어미 '-(으)니까'가 지니고 있는 [이유]의 의미는 약화되고 [설명]의 의미를 강하게 나타낸다. 또한 접속 부사 '그러니까'가 문어에서 전형적인 접속 부사의 용법으로 사용되어 대부분의 용례가 [이유]나 [설명]의 의미를 나타내는 것과 달리 구어에서는 '그러니까'가 지닌 [부연 설명]의 기능에 바탕을 두고 발언권 유지나 획득 등 화자의 다양한 의도를 실현하는 담화 기능으로 확장되고 있음을 확인할 수 있다.

(34) 가. "저요, 저요, 저요! 제가 몸집도 크고 날개도 크고 힘도 세니까 가장 잘 할 거예요. 저 시켜 주세요!" 〈소설수필〉

가'. "저요, 저요, 저요! 제가 몸집도 크고 날개도 크고 힘도 세요. 그러니까 가장 잘 할 거예요. 저 시켜 주세요!"

나. 그 이상의 처세술도 임기응변의 능력도 저에겐 없습니다. 그러니까 내가 걸어온 길을 그대로 갈 수밖에는 없죠. 그것도 교육자의 모습이겠죠. 〈준구어〉

나'. 그 이상의 처세술도 임기응변의 능력도 저에겐 없으니까 내가 걸어온 길을 그대로 갈 수밖에는 없죠. 그것도 교육자의 모습이겠죠.

(35) 가. 모든 것을 자연 조건에 기대야 했던 옛날에는 넉넉한 물과 갈기에 좋은 평평한 땅이 있는 곳, 그러니까 저수지, 수도, 목욕탕, 수영장, 세탁소 등 물에 대한 문제라면 한마디로 걱정 없는 곳. 강! 바로 강을 끼고 사람들은 농사짓기를 시작하고, 문화를 이룩하기 시작한 거야. 〈학술교양〉

나. 우리 오빠 땜에 진짜 많이 싸워, 그리구 우리 오빠는 물론 나한테 애정이 없는 건 아니다, 근까 난 되게 모르게 몰랐는데 난 우리 오빠나 되게 미워하는 줄 알았는데 밖에 나가서는 내 동생 내 동생 하면서 되게 챙긴내. 〈사직대화〉

다. A: ㅇㅇ이를 처음 사귀는 거래?

B: 아니 근까

C: 사람을 근까 남자를 처음 사귀는데 ㅇㅇ이를 사귄다는 거지.

A: 그니까.

B: 음 음 음. 거의 그런:: 식이었어.

C: 정상은 아니지::

D: 제 눈에 안경이지 뭐~. 〈사적대화〉

(34가–나)의 '-(으)니까'와 '그러니까'는 [이유]의 의미를 나타내는 것으로 (34가'–나')과 같이 서로 교체해도 의미상 차이가 없는 데 반하여 (35)의 접속 부사 '그러니까'는 '-(으)니까'로 대치하는 것이 불가능하다. 이는 접속 부사 '그러니까'가 가지는 독자적인 기능으로 '그러니까'가 후

행절에서 지각하게 되는 상황을 선행절에서 제시하는 [상황 설명]의 의미로 사용될 수 없음을 보여준다. 특히 접속 부사 '그러니까'는 접속 어미 '-(으)니까'와 달리 담화 상에서 (35다)와 같은 담화적인 의미 기능을 가지는 경우가 많다. 그렇다면 동일한 형식을 공유하며 유사한 의미 관계를 나타내는 접속 어미 '-(으)니까'와 접속 부사 '그러니까'가 이렇게 상이한 실현 양상을 보이는 이유는 무엇일까? 여기서는 두 가지 측면에서 그 원인을 찾고자 한다.

첫째는 접속 어미 '-(으)니까'와 접속 부사 '그러니까'의 접속 단위의 차이와 관련된다. 일반적으로 구나 문장 차원의 연결 기능에 국한되는 접속 어미와 달리 접속 부사는 구나 문장은 물론 선행 단락의 내용을 받아 후행 단락을 이끄는 연결 기능이 가능하다. 이로 인해 두 선·후행 요소가 결합하여 하나의 문장을 이루어 선·후행절의 긴밀성이 큰 접속 어미 '-(으)니까'는 인과 관계의 의미 기능을 그대로 유지하고 있는 데 반해 두 문장이 각각 그대로 유지되어 통사적으로 독립성을 지닌 접속 부사 '그러니까'는 선후 내용 간의 느슨한 관계를 형성하여 문장 중간이나 선행 내용 없이 혼자 독립적으로 나타나기도 하고 다양한 변이형을 가지면서 담화 접속의 기능으로 확대해 나갈 수 있다.

또한 두 형태 간의 접속 단위의 차이로 접속 어미 '-(으)니까'와 접속 부사 '그러니까'는 기본적으로 [설명]의 의미를 나타내면서도 그 구체적인 의미에서 차이를 보인다. 하나의 문장 안에서 선·후행절을 이어주는 접속 어미인 '-(으)니까'는 선행절과 후행절의 관계에서 선행절이 후행절의 내용을 말하기 위한 도입으로 후행절과 관련된 상황을 제시하고 결국 화자가 말하고자 하는 초점은 후행절에 있다. 이에 반하여 주로 독립된 두 문장을 연결하는 기능을 하는 접속 부사 '그러니까'는 논리적 영역이 복잡하지 않고 단편적인 표현 방식의 구어 상황에서 선행 발화와 후행 발화 사이의 동의적 의미 관계를 나타내거나 선행 발화를 이해하기 위해 선행 발화에서 파생된 상세화된 정보를 후행 발화에서 추가적으로 제공하는 기능을 한다.

둘째는 사용역에 따른 차이이다. 유사한 의미 기능을 가지더라도 상황 맥락에 따라 선택되는 표현은 달라진다. 문어와 구어는 글과 말이라는 전달 매체나 전달 방식의 차이 등으로 그 쓰임에서 다른 양상을 보인다. 접속 어미와 접속 부사의 본유의 기능은 선후 내용의 결속성을 도모하는 데 있다. 그러나 문어에서 접속 부사 '그러니까'나 접속 어미 '-(으)니까'는 논리적 연결 이외의 다른 기능을 하는 경우가 드문 반면 구어에서의 접속 부사 '그러니까'는 복수의 대화 참여자와 실시간으로 발화가 이루어지는 상황에서 다층적인 접속 기능을 동시에 수행한다. 즉 '그러니까'는 논리적 관계를 나타내는 [이유]의 기능이 있지만, 실제 사용에서는 화자와 청자가 상황 맥락을 공유하는 실시간 발화 상황으로 인한 압박으로[24] 논리적인 의미 연결보다는 화자와 청자 간의 상호작용이 중요한 기능으로 요구된다. 이러한 이유로 구어에서 '그러니까'는 발언권을 획득하거나 유지하려는 의도로 자주 사용된다. 이는 독백보다 대화, 특히 사적 대화에서 '그러니까'의 사용 빈도가 높다는 점에서도 확인할 수 있다.

'그러니까'가 [이유]보다 앞 발화에 대해 부가적인 설명을 덧붙이는 [부연 설명]의 의미로 더 많이 사용되는 것 또한 구어의 특성에 기인한다. 오랜 시간을 두고 생각을 정리하여 하나의 완결된 문장으로 표현하는 문어와 달리 구어는 즉흥적이다. 따라서 말하고자 하는 핵심을 먼저 제시하고, 이후 앞에서 말한 내용에 대해 구체적이고 자세한 설명을 더하는

---

24 강범모 외(1998: 26)에서는 구어에서의 접속사의 사용을 실시간 발화의 상황에서 오는 시간적 압박과 관련된 언어 특성으로 파악하였다.

의사소통 전략의 하나로 '그러니까'가 사용된다고 볼 수 있다. 이는 '그러니까'가 상대방의 앞선 발화를 받아 선행 발화에 내용을 덧붙이거나 선행 발화의 내용과 다른 의견을 제시하기 위해 발언권을 획득하고, 자신의 앞선 발화를 수정하는 담화 기능과도 연관된다. 그리고 상대방의 발화에 동의하는 담화 기능 또한 자신의 생각을 덧붙이는 [부연 설명]의 기능에서 파생된 것으로 볼 수 있다. 이는 하나의 언어 표현은 고정된 의미를 갖지 않으며 끊임없이 변화의 과정을 겪는다는 언어의 근본적인 특성으로 볼 때 접속 어미 '-(으)니까'와 같이 본디 [이유]의 의미로 사용되던 접속 부사 '그러니까'가 논리적인 인과 관계가 분명한 '그래서', '그러므로' 등 여타의 인과 관계 접속 부사와의 경쟁 속에서 언중의 실용적 필요에 의해 구어 상황에서 [부연 설명]의 의미와 거기에서 확대된 담화 기능을 수행하는 방향으로 주된 의미 기능이 변해가고 있다고 할 수 있다.

5. 마무리

이 장에서는 이제까지 인과 관계를 표현하는 접속 부사로 분류되어, '그러니까'가 나타내는 '부연 설명'의 의미 기능은 화자의 태도를 나타내는 담화 기능을 수행하는 것으로 본 기존의 논의에 문제의식을 가지고 실제 말뭉치 용례를 바탕으로 접속 어미 '-(으)니까'와 접속 부사 '그러니까'의 의미를 분석하여 이들의 의미가 어떠한 관계에 있는지를 살펴보았다.

이를 통해 접속 어미 '-(으)니까'와 접속 부사 '그러니까'는 문어보다 구어에서의 사용 빈도가 월등히 높은 접속어로 [이유]와 [설명]의 의미를 공유하고 있으나 접속 어미 '-(으)니까'는 선행절 내용에 대한 [이유]의 의미를 분명히 드러내고 있는 데 반해 접속 부사 '그러니까'는 [부연 설명]의 의미와 다양한 담화 기능을 수행하고 있음을 확인하였다. 이 장에서는 이와 같이 두 접속어가 상이한 실현 양상을 보이는 이유를 접속 단위의 차이와 구어에서 주로 사용되는 사용역에서 기인한 것으로 보았다. 구나 문장의 두 요소가 결합하여 하나의 문장을 이루어 선·후행 명제 내용을 긴밀하게 묶어주는 접속 어미인 '-(으)니까'는 구어에서도 문어와 같은 사용 양상이 그대로 유지되나 두 문장이 각각 독립성을 지닌 접속 부사 '그러니까'는 선후 내용 간의 느슨한 관계를 형성하여 의미를 확대해 나가기에 용이하다. 이러한 특성으로 실시간으로 발화가 이루어지는 구어 상황에서 접속 부사 '그러니까'는 [이유]보다 앞 발화에 대해 부가적인 설명을 덧붙이는 [부연 설명]의 의미로 더 많이 사용되며, 더 나아가 의사소통 전략의 하나로 '발언권 획득하기', '발언권 유지하기', '발언 동의하기', '발언 수정하기' 등의 담화 기능을 수행한다. 본 장에서는 이러한 '그러니까'의 담화 기능은 접속 부사 '그러니까'가 지닌 [부연 설명]의 의미에서 파생된 것으로 보았다. 이는 언어의 근본적인 특성인 사회성과 역사성의 측면에서 본디 [이유]의 의미로 사용되던 접속 부사 '그러니까'가 언중의 실용적 필요에 의해 구어 상황에서 [부연 설명]의 의미와 거기에서 확대된 담화 기능을 수행하는 방향으로 그 주된 의미 기능이 변해가고 있는 것으로 파악된다.

이 글은 실제 말뭉치 자료를 바탕으로 접속 어미 '-(으)니까'와 접속 부사 '그러니까'의 상관관계를 살펴 두 접속어의 의미 기능 양상을 고찰하였다는 데 의의가 있다. 그러나 말뭉치 규모의 부족으로 문어에서 접속 어미 '-(으)니까'와 접속 부사 '그러니까'의 사용역별 의미 기능의 특성을 구체적으로 규명하는 데까지는 나아가지 못하였다. 이는 추후 말뭉치의 보강을 통해 보다 면밀한 검토가 이루어져야 할 것이다.

제6장

'-(으)면'과 '그러면'의 비교

1. 들머리

조건(條件, condition)이란 어떤 일을 이루게 하거나 이루지 못하게 하기 위하여 갖추어야 할 상태나 요소로 한국어 문장에서는 선행절의 사태가 후행절의 사태를 이루게 하거나 이루게 하지 못하는 의미 관계를 뜻한다. 조건 의미 관계를 연구한 기존의 연구들을 살펴보면 공통적으로 선행절과 후행절의 사태의 접속을 종속적인 접속으로 분류하고 있다. 그러나 조건의 의미 관계로 연결된 선행절과 후행절의 사태 사이의 의미 관계는 다른 의미 관계에 비해서 조건이 가지는 의미 범위가 넓고 추상적이기 때문에 조건의 하위 의미 분류 기준에 대해서 일관되지 않은 다양한 논의들이 전개되고 있다. 또한 체계화되지 않은 조건의 의미 분류 기준은 다른 의미 범주와의 관계에서도 영향을 미친다. 이러한 조건의 의미 분류 기준에 대해 지금까지의 논의들에서 밝혀지지 않은 보다 명시적이고 체계적인 조건의 의미와 기능을 밝힐 필요가 있다. 조건의 접속 기능을 하는 한국어 문법 항목은 '-(으)면', '-거든', '-어야'와 같은 접속 어미와 '그러면'과 같은 접속 부사가 있다. 조건의 접속 어미와 접속 부사를 각각 분석한 연구는 많이 이루어졌지만 접속 어미와 접속 부사를 함께 하나의 접속어로 접속의 의미를 확장시켜 살펴본 연구는 없었고 실제 한국어 모어 화자의 말뭉치 자료 분석을 통해 조건 의미의 하위 범주를 체계화하고 정리하여 의미 기능의 특성을 밝힌 연구도 활발히 이루어지고 있지 않다. 본 장에서는 앞에서 언급한 선·후행절의 사태를 조건의 의미 관계로 연결하는 접속 어미와 접속 부사를 대상으로 선행 연구들을 정리하여 조건의 의미 기능의 특성을 밝히고 조건 접속어의 의미 실현 양상으로 분류 기준을 설정한 후에 한국어 모어 화자들의 실제 말뭉치 자료에서 나타나는 조건 접속어의 형태별, 사용역별 분포 양상을 분석할 것이다. 이 말뭉치 자료의 분석 결과를 통해서 접속 어미 또는 접속 부사를 개별 항목 중심으로만 다루었던 이전의 연구들과 다르게 접속 어미와 접속 부사와 같은 접속어 항목들을 '조건'이라는 의미 관계를 나타내는 하나의 조건 접속어로 설명할 수 있는지 가능성을 살펴보고자 한다.

2절에서는 말뭉치 자료를 분석하기에 앞서 조건 접속어의 의미와 체계화를 다룬 사전 및 이선 논의들을 바탕으로 조건 접속어의 의미 기능의 특성을 밝힐 것이다. 이은경(2000)에서는 접속 구성에 선행절과 후행절의 기능을 아우르는 명칭을 부여하는 것이 바람직하지만 그것이 현실적으로 어려우므로 편의상 선행절의 의미를 기준으로 전체 접속 구성의 명칭을 붙이자고 제안하였다. 박재연(2011)에서도 종속적 연결 어미의 메타언어는 선행절의 의미 기능을 중심으로 선정하는 원칙을 세웠다. 이와 같이 본 장에서도 말뭉치 분석에 앞서 조건 접속어의 모든 의미 분류 기준을 선행 사태의 기능을 중심으로 기술하는 것을 원칙으로 하여 조건 접속어의 의미 실현 양상을 정리하고 이를 말뭉치 분석을 위한 조건 의미 분류 기준으로 세우고자 한다.

3절에서는 연세대학교 서상규 교수가 한국어 구어와 문어 주석 말뭉치를 구축한 자료인 새 연세 문어, 구어 말뭉치를 대상으로 분석할 것이다.

1957년부터 2004년까지에 생성된 새 연세 문어 말뭉치는 100만 마디로 신문(32.2%), 잡지(19.4%), 소설수필(17.1%), 학술교양(9.4%), 수기전기(8.5%), 교과서(8%), 준구어(5.4%)로 구성되어 있고 새 연세 구어 말뭉치는 99만 마디로 공적대화(20.8%), 사적대화(39.2%), 공적독백(27.5%), 사적독백(12.4%)으로 구성되어 있다.

말뭉치 자료에서 분석할 연구 대상은 한국어 조건 의미 관계를 나타내는 여러 문법 항목 중에서 가장 높은 빈도를 보이는 접속 어미 '-(으)면'과 접속 부사 '그러면'으로 진행할 것이다.[1] 접속 어미 '-(으)면'은 결합 요소의 받침에 따라 '-으면/면'으로 나타난다. '그러면'의 경우 '그럼, 그러면은, 그러면요' 등 다양한 변이형이 나타나지만 대표성을 띠는 '그러면'과 축약형인 '그럼'으로 한정시켜 말뭉치를 분석하고 논의를 전개할 것이다. 이렇게 선정한 접속어 항목을 주석 말뭉치 전용 검색 프로그램인 "말씀 2017"(미국 벤더빌트 대학 장석배 교수 개발)을 사용하여 용례를 분석하려고 한다. 전체 말뭉치 용례 중에서 접속 어미 '-(으)면'은 문어 6,022개, 구어 12,823개의 용례가 추출되었고 접속 부사 '그러면'은 문어 138개, 구어 1,580개의 용례가 추출되었다. 추출된 조건 접속어 항목의 말뭉치 용례 중 각각 500개의 용례만을 엑셀 프로그램을 사용하여 무작위로 추출하였다. 접속 부사 '그러면'의 문어 말뭉치 용례 138개의 경우에는 모든 용례를

---

1 조건의 의미 관계로 연결하는 접속 어미에는 '-(으)면' '-거든' '-아야' '-던들' '-을진대' 등이 있지만 6장에서는 '-(으)면'만 연구 대상으로 삼는다. '-(으)면'은 조건의 의미 관계로 연결하는 접속 어미 중 사용 빈도가 높고 사용 범위가 넓기 때문에 이전 선행 연구들에서도 조건의 의미 관계를 나타내는 대표적인 접속 어미로 다루어져 왔다. 함께 분석하고자 하는 접속 부사 '그러면'도 '그리하-, 그러하-'에 접속 어미 '-(으)면'이 결합되어 형성되었기 때문에 두 항목이 형태적·의미적으로 유사하여 함께 비교 분석하여 살펴볼 의미가 있다. 또한 접속 부사 '그러면'도 한국어 모어 화자와 학습자 말뭉치에서 높은 사용 빈도와 넓은 사용 범위를 보이는 고빈도 항목이다.

분석 대상으로 다룰 것이다. 분석 대상인 말뭉치 용례의 앞, 뒤 문맥을 함께 분석하여 앞에서 정리한 조건 의미 분류 기준에 따라 용례를 분류한 후, 항목의 형태별, 사용역별 분포 양상을 살펴보고자 한다. 이때 앞에서 설정한 조건 의미 분류 기준에 따라 분석하기는 어렵지만 유의미한 분석 결과로 제시할 수 있는 용례 및 분석 결과는 다단어 표현, 담화 기능 등으로 기술하여 정리할 것이다.

말뭉치 용례 분석을 통해 조건 접속어의 분포 양상을 살펴본 후, 4절에서는 조건 접속 어미 '-(으)면'과 조건 접속 부사 '그러면'이 가지는 의미 기능의 분담 양상을 정리하여 두 접속어에서 유사한 양상을 보이는 의미 기능의 특성을 밝히고 항목별 구별되는 의미 기능의 특성을 정리하고자 한다. 이러한 한국어 '조건'을 나타내는 접속어 연구는 의미 기능 중심의 국어 문법 체계화에 새로운 관점을 제시할 뿐만이 아니라 기능 중심의 한국어 교육 현장, 의미 관계에 따른 접속에 관한 후속 연구에서도 유용한 자료가 될 것이다.

2. '-(으)면'과 '그러면'의 의미

2.1. 조건의 개념

이전의 논의들에서는 조건의 개념을 크게 선·후행 요소의 시간적 관계와 사실·비사실·가정과의 관계를 중심으로 정리하였다. 조건의 선·후행 요소의 시간적 관계에 대해서 김은희(1996)에서는 조건절을 선행의 조건, 후행의 수행으로 구분해 절대, 상대시제에 관계없이 조건 성립시가 수행시보다 앞서서 발생해야 한다고 언급하였다. 사실·비사실·가정과의 관계의 측면에서 구현정(1998)에서는 조건문이 [가정], [가능], [소망], [의심]의 양태를 근거로 '문법화'되었다고 하였다. 후행절 발생에 대한 '가정', 후행절을 가능하는 전제의 '가능', 선행절 발현을 위한 '기대', 후행절 발생이 모호성, 회의를 나타내는 '의심'이 네 가지의 전제를 바탕으로 '조건'이 발현되는 것이라고 밝혔다. 즉, 후행절의 발생의 전제로서 조건이 사용되는 것으로 보았다. 선행절의 실현 가능성에 따라 박승윤(2007), 박재연(2009), 박나리(2013)에서는 조건의 구분 기준을 '사실 조건', '비사실 조건', '가정적인 상황'으로 살펴보았다. 우선 '사실 조건'은 사실 세계에서 이미 벌어지거나 반드시 벌어지는 '사실'을 조건으로 삼았을 경우이다. 이는 후행절의 배경 및 전제라고도 생각할 수 있다. '비사실 조건'은 조건이 실현은 가능하나 반드시 실현 가능성의 여부가 모호할 때를 의미한다. 즉, '사실'이 될 가능성은 있지만 사실 조건과 달리 실제 실현된 것은 아니어서 그 실현 가능성에 대해 완전히 확신할 수 없을 때 비사실 조건이 되는 것이다. 마지막 가정의 조건은 말 그대로 '가정적인 상황' 즉, 전혀 실현 불가능한 사실을 지칭하는 것이다. 이은경(1996)에서는 조건 접속문을 사태 사이가 의존적이고 논리적인 관계로 분류한 다음 조건의 사실성에 대한 논의를 사실성과 비사실성으로 이분 체계에 따라 설정하였다. 이 때 사실적 조건 관계는 실현 여부가 확실한 경우를 뜻하고 비사실적 조건 관계는 실현 여부가 불확실한 경우와 분명히 거짓으로 밝혀질 반사실적인 사태가 모두 포함된다. 이러한 논의들에서 공통적으로 정리할 수 있는 점은 조건의 의미가 사실, 비사실, 가정의 관계를 중심으로 이루어지고 있지만 구분이 명확하지 않고 각각의 논의에서 일관되지 않은 다양한 하위 특성으로 분류되어 다루어지고 있다는 것이다. 이는 조건의 의미와 선·후행절의 관계를 명확하게 정리하기 어려움을 확인할 수 있다.

박재연(2014)에서는 연결 어미의 의미 확장을 다룬 연구에서 조건의 의미를 가진 접속 어미 '-(으)면'이 용례에서 보여주는 조건의 유형을 예로 들어 설명하였다.

(1) 가. 가을이 오면 단풍이 든다.
나. 인사동에 가 보면 골동품이 많다.
다. 요약하면 진정한 공부는 끊임없는 질문이다.

(1가) 예문은 앞 논의들에서 공통적으로 다루어지고 있는 의미인 후행절 사태의 조건이 되는 예문이지만 (1나, 1다)의 예문을 살펴보면 동일한 의미로 사용되지 않음을 볼 수 있다. 후행절 사태의 직접적인 조건이 아니라 '골동품이 많다'는 인식, 논리의 조건으로 사용되거나 '진정한 공부는 끊임없는 질문이다.'라는 후행절의 발화 자체를 설명하기 위한 조건 관계이다. 이와 같이 조건의 의미 관계를 정리하기 위해 사실, 비사실, 가정의 관계로 분류하기보다는 조건의 기본적인 선·후행절의 관계를 통해 의미 확장의 유형을 정리하면서 조건의 의미를 재정립함이 필요함을 확인할 수 있다. 따라서 본 장에서는 조건의 의미를 후행절 사태가 일어나기 위한 선행절의 요소라는 기본적인 의미는 이전의 선행 연구들과 동일하게 정의를 하지만 분류 기준에 있어서는 말뭉치 분석을 통해 선·후행절 관계의 의미에 초점을 맞춘 새로운 기준을 제시하고자 한다. 기존의 논의에서 밝힌 바와 같이 사실, 비사실, 가정을 큰 범주를 분류하여 정리하는 것이 아니라 대표적인 조건의 접속 어미 '-(으)면'과 접속 부사 '그러면'의 사전적 의미를 바탕으로 실제 한국인 모어 화자의 말뭉치 용례에서 높은 빈도로 나타나는 의미 기준을 정리하여 조건이 가지는 의미 개념을 다시 정리하고 조건의 접속 어미와 접속 부사의 관계를 함께 살펴보고자 한다.

2.2. 접속 어미 '-(으)면'의 의미 기능

지금까지 접속 부사에 비해 상대적으로 조건 의미 관계에 따른 접속 분류에 관한 선행 연구는 접속 어미를 중심으로 이루어졌다. 조건 의미 관계 접속 어미는 앞서 조건의 개념에서 언급한 바와 같이 선행절 내용이 후행절 내용의 실현에 대한 조건이 되도록 선행절과 후행절을 이어 주는 접속 어미를 말한다. 이에 대한 연구로는 최현배(1937/1971), 서태룡(1979), 허웅(1983), 김승곤(1984), 서정수(1994), 윤평현(2005) 등이 있다.

최현배(1937/1971)에서는 조건 관계 접속 어미를 [매는꼴(구속형)]과 [놓는꼴(방임형)]로 분류했다. [매는꼴]은 다시 [거짓잡기(가정구속형)], [참일(사실구속형)], [꼭쓰기(필요구속형)]로, [놓는꼴]은 [거짓잡기(가정방임형)], [접어주기(양보방임형)], [참일(사실방임형)], [미워잡기(추정방임형)]로 분류하였다. 서태룡(1979)에서는 조건 관계 접속 어미를 [조건]과 [반대], [대립], [양보]로 분류하여 조건 표현 형식을 제시하였다. 허웅(1983)에서는 조건 관계 접속 어미를 [제약법(구속법)]과 [불구법(양보법)]으로 분류하고, 다시 [가정], [이유, 조건, 원인], [이유, 조건], [꼭 필요함]으로 세분하였다. 김승곤(1984)에서는 접속 어미를 의미에 따라 '제약씨끝'과 '불구씨끝'으로 분류하고, 제약씨끝 아래에 '가정씨끝'을, 불구씨끝 아래에 '가정불구씨끝'을 두었다. 서정수(1994)에서는 조건 관계 접속 어미를 종속 접속소의 하위분류로 '조건접속소'와 '양보접속소'로 분류하고 있다. 윤평현(2005)에서는 앞의 논의들을 바탕으로 조건 표현을 나타내는 형식을 '조건 관계 접속 어미'와 '양보 관계 접속 어미'로 분류하였다.

이를 통해 조건 의미 관계 접속 어미를 다룬 선행 연구들이 종속 접속으로 조건 의미 관계를 보는 관점은 동일하지만 조건의 의미를 정리하는 기준이 논의마다 다양하게 이루어지고 있음을 조건의 개념을 살펴보는 과정에서 언급했던 것처럼 다시 확인할 수 있었다.

다음으로 본 장에서 다루는 높은 빈도를 가진 대표적인 조건 접속 어미인 '-(으)면'이 국어와 한국어교육 현장의 학습자들, 교사가 가장 가깝게 접하는 사전에서 어떻게 정의되어 있는지 『연세한국어사전』(이하 『연세』), 『표준국어대사전』(이하 『표준』), 『고려대한국어대사전』(이하 『고려』)을 살펴보았다. 사전에서 정의되는 '-(으)면'의 의미 분류 기준은 사전의 종류마다 다르게 나타났다.

『연세』에서는 '-(으)면'의 의미를 '가정 조건, 희망이나 바람, 그 외의 의미, 생략되어 종결 어미처럼 쓰이는 바람이나 희망' 네 부분으로 분류하였다. 가정 조건의 범주 아래는 단순 가정, 실현을 전제로 한 가정 조건, 근거나 조건, 법칙적 조건, 습관적이고 반복적인 조건이 포함되어 있고 그 외의 의미 분류에서는 윗절의 내용을 말하는 데에 근거가 됨, 시간적 조건, 예를 들어 설명하는 말이 포함되어 있다. 같은 희망이나 바람의 의미지만 접속 어미와 생략되어 종결 어미처럼 사용되는 의미는 따로 분류하였다.

『표준』에서는 먼저 불확실하거나 아직 이루어지지 아니한 사실을 가정, 일반적으로 분명한 사실을 어떤 일에 대한 조건, (주로 '-었-' 뒤에 붙어) 현실과 다른 사실을 가정하여 현실이 그렇게 되기를 희망하거나 그렇지 않음을 애석해하는 뜻, 뒤의 사실이 실현되기 위한 단순한 근거 따위를 나타내거나 수시로 반복되는 상황에서 그 조건 이렇게 네 가지 의미로 분류하였다.

『고려』에서는 '-었-', '-겠-'의 뒤에 붙어, 어떤 사실을 가정하여 조건으로 삼는 뜻, 주로 '하다', '좋다', '싶다'의 앞에 쓰여, 희망이나 바람을 나타내는 말, 앞 절의 내용이 뒤 절의 내용에 대한 근거나 전제가 됨을 나타내는 말. 이렇게 세 개의 의미 기준으로 분류하였다.

선행 연구들에서 명확하게 정의되지 않은 조건의 개념과 같이 사전에서도 조건의 의미 분류 기준이 중복되거나 추상적인 분류 기준을 살펴볼 수 있었으며 이러한 기준 때문에 '가정 조건'을 제외한 다른 조건의 의미 기준을 부르는 하나의 명칭도 제시되어 있지 않았다.

그러나 다른 선행 연구에서 논의되었던 '-(으)면'의 기준은 연구자의 주관적인 견해 또는 연구의 초점에 따라 보편적인 의미 기준의 틀로 삼기는 어려운 점이 있기 때문에 본 장에서는 사전의 의미 분류 기준들을 중심으로 중복된 부분을 삭제하고 재분류하여 말뭉치 분석의 기준을 [논리], [반복], [설명], [희망] 이렇게 네 가지 기준으로 마련하였다. 먼저 [논리] 조건은 후행절과 선행절의 관계가 사실, 비사실, 가정적 조건, 규칙 및 법칙 조건, 근거 조건을 모두 포함하는 의미 관계를 보여주는 조건이다. 사실과 비사실, 가정, 근거와 같은 조건은 글이나 말에서 화청자, 필자, 독자, 상황, 문맥에 따라 다양하게 해석될 수 있는 여지가 많고 의미적으로 중복될 수 있는 점도 있기 때문에 구분하지 않고 하나의 [논리] 조건으로 분류하였다. [반복] 조건은 습관적이고 반복적인 조건, 시간적 조건을 하나의 [반복] 조건으로 보았다. 조건의 의미에서의 습관, 반복, 시간의 개념은 '한 번이 아니라는 것', '유사한 후행절의 사태가 계속 연달아 일어난다는 것'이라는 특징이 있기 때문에 [반복]이라는 단어로 조건 의미 분류 기준을 정하였다. [설명] 조건은 예를 들어 설명하는 말들과 어울려 뒤의 내용을 설명하는 것으로 다른 조건 의미 기준과 달리 '발화에 대한 조건'이 된다. '예를 들면, 다시 말하면, -에 따르면' 등과 같이 화자 또는 필자의 말을 청자 또는 독자가 잘 이해할 수 있도록 설명하기 위한 조건이기 때문에 [설명]이라는 단어를 사용하여 조건 의미 분류 기준으로 세웠다. 마지막으로 [희망] 조건은 사전에서 접속 어미 '-(으)면'과 종결 어미처럼 쓰이는 '-(으)면'을 다른 분류로 나눴지만 본 장에서는 '의미'에 초점을 맞추기 때문에 선행절의 내용이 희망이나 바람을 보여주는 의미의 조건은 접속 어미의 문장에서의 위치와 관계없이 [희망] 조건으로 정리하였다.

3절에서의 말뭉치 분석을 통해 이러한 각 의미 기준에 따른 실제 말뭉치 분포 양상이 어떠한지를 살펴보고 의미 기준으로 설명할 수 없는 다단어 표현이나 담화 기능을 따로 기술할 것이다.

2.3. 접속 부사 '그러면'의 의미 기능

조건 의미 관계의 접속 부사에 관한 선행 연구에는 안주호(2000), 전영옥(2007), 하영우(2015), 김인환(2018) 등이 있다. 먼저 안주호(2000)에서는 '그러-' 계열 접속사의 형성과정과 문법화를 설명하는 과정에서 '그러면'의 형태적 구성 단계를 [[그러하-] + [-면]] - [그리하면] - [그러면] / [그럼] 으로 제시하며 '그러면'의 축약형인 '그럼'과의 형태적 관계를 고려하였다.

전영옥(2007)에서는 구어와 문어의 접속 부사 실현 양상을 비교하였다. 이 연구에서 '그러면'의 의미 기능에는 중점을 두지 않았지만, 접속 부사의 사용역별 실현 양상을 비교하였다는 데에 의의가 있다. 연구 결과에 따르면 '그러면'은 구어와 문어에서 공통으로 실현되는 '그러-' 계열의 접속 부사이며, 그중에서 구어에서는 4.4% 비율로 5위, 문어에서는 2.3% 비율로 8위에 해당하였다. 이를 통해 말뭉치 및 자료 선정에 따라 접속 부사의 비율이 크게 변함을 알 수 있었고 말뭉치 분석 결과 '그러면'의 변이형으로는 '그러믄, 그르는, 그면, 그믄' 등으로 다양하게 나타남을 살펴볼 수 있다.

하영우(2015)에서는 '그러-' 계열 중심으로 구어 문어 사용역에 따른 접속 부사의 특성을 연구하였다. 이 연구에서 수집한 자료에서 '그러면'은 구어 자료에서 전체의 1.9% 비율로 9위, 문어 자료에서 전체 자료의 0.4% 비율로 20위 정도로 나타났다. 또한 [조건] 또는 [전제]의 의미로 사용된 '그러-' 계열 접속 부사가 구어 자료에서 더 우세하게 나타남을 밝혔다. 또한 접속 부사 '그러면'은 선행 내용이 후행 내용의 조건 관계임을 표지하나 단순한 '조건 관계'로 해석하기 힘든 경우가 많다고 하였다. '그러면'이 접속하는 후행 내용은 선행 발화 내용은 물론 화자간의 공유된 정보나 세상에 대한 일반적 지식을 바탕으로 일반화에 머무르지 않고 하위 화제의 전환, 담화 종결 표지 기능을 수행하기도 한다고 밝혔다.

김인환(2018)에서는 '그러-' 계열 접속 부사의 세 가지 영역을 다루면서 접속 부사란 기본적으로 선행 내용과 후행 내용을 각 접속 부사가 가지는 의미 기능으로 이어주는 기능을 하는 것이라 정의하였다. 그러므로 선·후행 내용과 그 둘을 잇는 접속 부사의 의미 기능을 고려해야 한다고 밝혔고 '그러면'을 내용 연결, 인식 연결, 화행 연결 이 세 가지 영역에서 의미 기능을 살펴보았다.

접속 부사 '그러면'을 다룬 선행 연구들에서는 접속 부사의 의미 기능에 대해서 밝힌 연구가 접속 어미에 비해 상대적으로 활발히 이루어지지 않음을 알 수 있었다. 또한 조건의 개념이 단순한 선·후행절의 명제간 관계에서 그치는 것이 아니라 내용, 인식, 화행 연결과 같이 다양한 조건의 개념이 접속 부사에서도 나타남을 확인할 수 있었다. 조건의 특성을 밝히기 위해서는 다양한 의미 기준에 대한 기술이 필요하다는 것도 함께 살펴볼 수 있었다.

접속 부사 '그러면'도 접속 어미 '-(으)면'과 마찬가지로 한국어 사전에서의 의미를 『연세』, 『표준』, 『고려』에서 살펴보았다. 먼저 『연세』에서는 접속 부사 '그러면'의 의미를 크게 두 분류로 구분하였는데 먼저 앞에서 말한 내용이 뒤에 오는 사실의 조건이 됨을 나타내어, 명령문이나 청유문 뒤에 쓰이는 '그렇게 하면'의 준말, 앞에서 말한 내용이 시간적으로 다음 내용의 조건으로 작용함을 나타내는 '그렇게 하면 또는 그렇게 되면'의 준말, 앞에서 말한 내용을 근거로 판단하여 말함을 나타내어 '그렇다고 하면. 그것이 사실이라면'의 준말, 이렇게 세 가지 의미의 준말을 하나로 분류하였다. 그리고 다른 하나는 어떠한 내용을 가리키는 것이 아니라, 들어가는 말로서 화제를 바꿀 때 쓰이어 '자 이제부터 말을 바꾸어서'의 뜻을 지닌 [전환]의 의미 기능 이렇게 크게 두 분류로 나누었다.

『표준』에서는 접속 부사 '그러면'의 의미를 크게 부사와 준말로 분류하였고 부사 아래 앞의 내용이 뒤의 내용의 조건이 될 때 쓰는 접속 부사와 앞의 내용을 받아들이거나 그것을 전제로 새로운 주장을 할 때 쓰는 접속 부사를 하위 분류로 정리하였다. 준말은 '그리하면'이 줄어든 말과 '그러하면'이 줄어든 말로 나누었다.

『고려』에서 제시하는 접속 부사 '그러면'의 의미도 다른 두 사전과 동일하게 크게 두 분류로 나누었으나 세부 내용이 동일하지는 않았다. 먼저 '기본 의미'로 언급하며 앞 내용이 뒤 내용의 조건이 됨을 나타낼 때 쓰여 앞뒤 문장을 이어 주는 말로 주로 명령문이나 청유문 뒤에 쓰이는 말이라고 정리하였다. 다른 하나는 앞 내용을 받아들이면서 그것을 전제로 새로운 논지를 펼 때 쓰여 앞뒤 문장을 이어 주는 말로 [전환]의 의미 기능을 보여주는 접속 부사 '그러면'으로 분류하였다.

이렇게 선행 연구와 한국어 사전류에서의 접속 부사 '그러면'의 의미를 살펴보면 크게 접속 부사 '그러면'은 먼저 문장과 문장을 '조건'의 개념으로 연결해 주는 의미와 후행 문장에서 화제를 바꿀 때 사용하는 '전환'의 역할을 하는 의미로 나뉜다. '조건'이 선·후행절 관계가 서로 영향을 주는 반면 '전환'은 선·후행절의 관계를 독립적으로 분리하는 역할을 하지만 독립이 되기 전에 연결된 내용을 분리하는 것이므로 '전환'의 의미인 동시에 하나의 '조건 접속'으로 살펴볼 수 있다.

본 절에서는 접속 어미와 접속 부사의 의미적 특성을 함께 살펴보는 것에 중점을 두기 때문에 '그러면'의 첫 번째 의미 기능인 '조건'의 하위 의미 분류 기준 역시 한국어 사전의 의미 기준 분류를 중심으로 '-(으)면'에서와 동일한 [논리], [반복], [설명], [희망] 의미 기준을 설정할 것이다. 또한 접속 어미 '-(으)면' 에서는 제시되지 않았지만 접속 부사 '그러면'의 '전환' 기능도 높은 빈도로 나타나는 의미 기능이고 '조건'의 확장으로 볼 수 있는 의미 기능이기 때문에 [논리], [반복], [설명], [희망], [전환] 이렇게 다섯 가지 의미 기준으로 설정하여 말뭉치 분석을 진행하고자 한다. 접속 부사 역시 위의 기준으로 설명되지 않거나 특별한 기술이 필요한 용례들은 따로 다단어 표현 또는 담화 기능의 관점에서 함께 언급할 것이다.

3. '-(으)면'과 '그러면'의 말뭉치 분석

3.1. '-(으)면'의 말뭉치 분석

접속 어미 '-(으)면'의 조건 의미는 2절에서 언급한 바와 같이 『연세』의 의미 분류와 이전의 연구들을 참고하여 '[논리], [반복], [설명], [희망]'으로 조건 의미의 실현 양상을 분류한 후, 말뭉치 용례들을 분석하였다. 또한 위의 [조건] 의미 분류로는 분석하기 어려운 다단어 표현은 '다단어 표현'으로 분류하였다.

〈표 6-1〉 접속 어미 '-(으)면'의 의미 기능 분포

'-(으)면'의 의미 기능		문어		구어	
		빈도	비율(%)	빈도	비율(%)
조건	논리	225	45	289	57.8
	반복	151	30.2	131	26.2
	설명	85	17	16	3.2
	희망	24	4.8	41	8.2
다단어 표현	같으면	3	0.6	9	1.8
	-는가 하면	9	1.8	2	0.4
	아니면	0	0	8	1.6
	-으면 -을수록	3	0.6	4	0.8
합계		500	100	500	100

접속 어미 '-(으)면'의 말뭉치 용례에서 살펴볼 수 있었던 전반적인 특징은 후행절의 문법적 제약에서 자유롭다는 것이다. '-(으)면'의 통사적 규칙을 살펴보면 종결 어미를 통해 서법이 평서, 의문, 명령, 청유 등 다양한 형태로 나타나고 서술어 및 주어 제약의 측면에서도 주어 일치, 주어, 서술어 제약이 모두 없음을 확인할 수 있다.

(2) 가. 헌법상 임기 절반이 지나면 대통령 소환을 요구할 수 있다. (평서) 〈신문〉
나. 조금 보텔 테니 좋은 걸로 하면 안될까? (의문) 〈준구어〉
다. 집에 계시면 전화 좀 받으세요. (명령) 〈준구어〉
라. 조금 더 기다리다가 어두워지면 그때 나가자. (청유) 〈준구어〉

위의 예문 (2가)에서는 후행절에 평서, (2나)에서는 의문, (2다)에서는 명령, (2라)에서는 청유와 같이 접속 어미 '-(으)면'의 후행절이 다양

한 형태로 나타남을 말뭉치 용례를 통해 살펴볼 수 있었다.

그러나 선행절과의 결합에 있어서는 과거 시제의 제약이 있음을 살펴볼 수 있었다. 위의 예문 (2가-라)와 같이 접속 어미 '-(으)면'은 대부분의 용례에서 현재나 미래 시제가 오는 특징을 보인다. '-었으면'과 같은 과거 시제와의 결합이 사용된 경우는 아래 예문 (3)과 같이 [희망] 조건의 의미 기능을 할 때만 나타났다.

(3) 살이 빠졌으면 좋겠다. 〈준구어〉

접속 어미 '-(으)면'을 문어와 구어 사용역별 분포 양상의 특성을 분석하면 문어와 구어 모두 [논리] 조건이 높은 비율로 나타났지만 문어에서 [설명]과 [반복] 조건이 구어에 비해 높은 비율로 나타났고, [희망] 조건은 문어보다 구어에서 높은 비율로 나타났다. [논리] 조건은 앞서 밝힌 바와 같이 후행절의 조건이 되는 선행절이 후행절의 이유 또는 근거가 되는 것으로 문어와 구어 모두에서 가장 높은 빈도로 나타났다.

[논리] 조건에서는 후행절의 조건이 되는 선행절이 당연히 그러한 규칙이나 법칙이 되는 용례들이 예문 (4가)와 같이 특징적으로 나타났다. 문어와 구어 모두 높은 빈도를 보이는 것은 아니지만 용례를 통해 주로 과학적 실험 규칙 또는 통계 자료를 설명하는 상황에서 나타났다. [반복] 조건은 선행절과 후행절의 관계가 자주 반복되거나 습관적인 상황으로 [논리] 조건 다음으로 높은 빈도를 보이며 주로 '-기만 하면'의 형태나 후행절에 '-곤 하다'의 형태가 함께 옴을 살펴볼 수 있었다.

(4) 가. 증발접시에 수용액을 넣고 증발시키면 무색의 투명한 결정이 생긴다. 〈교과서〉

나. 낚시대를 드리우기만 하면 입질을 해 준다. 〈신문〉

[설명] 조건은 선행절에 인용의 주체가 오고 뒤에 인용하는 내용을 설명하거나 화자 또는 필자가 청자 또는 독자를 이해시키기 위해 다시 설명할 때 선·후행절을 연결하는 것으로 아래 예문 (5가, 나)와 같은 문장을 예로 들 수 있다.

(5) 가. 하버마스에 따르면 근대 자본주의의 발전은 공개적인 논의의 장을 생성시켰다. 〈학술교양〉

나. 인터넷 사용자가 700만명을 넘어섰다. 바꾸어 말하면 700만명이 넘는 인구가 이제 인터넷을 활용하여 자신들의 의사를 표현하고 있다는 뜻이다. 〈잡지〉

위와 같은 [설명] 조건은 구어보다 문어에서 높은 빈도를 보이며 예문 (5가)와 같이 접속 어미 '-(으)면'의 선행절에 인용하는 출처가 세시되며 '따르면'과 같은 표현이 특징적으로 나타났다. 또한 예문 (5나)와 같이 '바꾸어 말하면'의 형태를 보여주며 선행 문장 또는 선행절을 청자 또는 독자가 이해하기 쉬운 내용으로 바꾸거나 다시 언급하는 [설명] 의미 기능을 하였다.

[희망] 조건은 아래 예문 (6)과 같이 이루어지지 않거나 실현하기 어려운 선행절의 조건을 후행절에 "좋겠다"와 연결해 주는 형태로 사용되었다. 문어보다 구어에서 상대적으로 높은 빈도를 보이며 '문어'에서도 '준구어-드라마 대본'의 출전에서 높은 빈도로 나타났다.

(6) 오토바이 타면 좋겠다. 〈사적대화〉

'다단어 표현'의 경우 높은 비율은 아니지만 단어와 접속 어미가 결합하여 앞에서 분류한 조건의 의미 기준 분류 안에 포함시키기 어려운 표현들이 나타났다. '같으면'이나 '아니면'이 구어에서 사용되었고 '-는가 하면'과 '-으면 -을수록'은 문어에서 주로 사용되었다. 먼저 '같으면'은 예문 (7)에서처럼 '-(으)면'에 '같다' 서술어가 결합하여 하나의 구성을 이룸으로써 '나, 우리, 시간 표현' 뒤에 위치하였다. 앞 문맥 또는 상황을 다른 상황에 대입하여 가정하는 기능을 하였다. 문어에서는 나타나지 않았지만 구어에서는 상대적으로 높은 출현 비율을 보였다.

(7) 나 같으면 비싸니까 더 열 받겠다. 〈사적대화〉

'-는가 하면'에서 '-(으)면'은 아래 예문 (8)과 같이 선행절이 후행절에 대한 [조건]으로 기능하지 않고 동일하지 않은 선행절과 후행절의 상황을 함께 제시하였다. '구어'에서는 출현하지 않았지만 '문어'에서는 상대적으로 높은 비율로 출현하였다.

(8) 도지사가 공연을 중단시키는가 하면 도지사의 일정에 맞춰 공연을 단축시키기도 해 인간적인 모멸감을 느꼈다고 말했다. 〈신문〉

아래 예문 (9)와 같은 'N1이 아니다. 그러면 N2이다.'를 축약된 형태도 '구어'에서 소수 발견되었다. 이 형태는 [조건]의 의미가 [선택]의 의미로 확장되어 해석될 수 있다.

(9) 말 하는 게 힘드냐 아니면 듣는 게 힘드냐? 〈사적대화〉

마지막으로 '-으면 -을수록'의 다단어 표현의 형태가 아래 예문 (10가, 나)와 같이 소수 출현하였다. 여기에서의 '-(으)면'은 뒤에 '-을수록'과 같은 동사 어간과 함께 하나의 표현으로 선행절의 상태가 더해짐을 나타냈다.

(10) 가. 귀족들의 사치와 호강이 심하면 심할수록 국민들의 생활은 비참해졌다. 〈학술교양〉

가'. 귀족들의 사치와 호강이 심하면 국민들의 생활은 비참해졌다.

나. 자료는 많으면 많을수록 좋고. 〈공적대화〉

나'. 자료는 많으면 좋고.

'-으면 -을수록'은 소수 출현한 다단어 표현이지만 말뭉치 분석 용례 수를 생각하면 유의미한 표현이며 말뭉치 분석 전 살펴보았던 사전류에서도 '-으면 -을수록'을 '-(으)면' 접속어 아래 따로 제시하였다. 현재 한국어 교육 현장에서는 '-으면 -을수록'을 중급 수준의 학습자들이 '-(으)면' 접속어와 함께 배우지 않는다. 그러나 의미 기능의 측면에서 살펴보면 위의 예문 (10가')와 (10나')와 같이 '-(으)면'으로 대체하였을 때 완전히 동일한 의미는 아니지만 전체적인 맥락에서의 의미는 유사하였다. 기본적인 '-(으)면'의 [논리] 의미에서 확장된 다단어 표현이기 때문에 이를 실제 교육 현장에서 연속적으로 제시하는 문제에 대해 생각해 볼 필요가 있다.

3.2. '그러면'의 말뭉치 분석

접속 부사 '그러면'은 '그러면, 그럼, 그면, 그러면은, 그러면요' 등 말뭉치 용례에서 다양한 변이형으로 나타났다. 특히 '그면'의 경우 '그러면'의 대표적인 구어형인 동시에 말뭉치 자료에서도 높은 빈도를 보였지만 본 연구에서는 '그러면, 그럼' 이 두 항목만을 대상으로 용례를 분석하였다.

〈표 6-2〉 접속 부사 '그러면'의 의미 기능 분포

'그러면'의 의미 기능		문어		구어	
		빈도	비율(%)	빈도	비율(%)
조건	논리	63	45.7	267	53.4
	반복	16	11.6	58	11.6
	설명	0	0	0	0
	희망	2	1.4	32	6.4
전환	전환	52	37.7	128	25.6
다단어 표현	그러면 그렇지	1	0.7	3	0.6
담화 접속 기능		4	2.9	12	2.4
합계		138	100	500	100

분석 결과 하영우(2015)에서도 언급한 바와 같이 접속 부사는 대개 후행 발화의 시작 지점 혹은 시작 지점에 인접하여 나타나는 위치적 특성을 보였다. 하지만 때에 따라서 접속 부사는 후행 발화의 끝 지점에 나타나기도 한다. 아래 예문(11가-다)과 같이 다른 항목들의 어순이 선·후행 요소 사이거나 구어에서 종결 부분에 오는 반면 접속 부사는 어순도 접속 어미에 비해 다양한 분포 양상을 보였다.

(11) 가. 그러면 이제 질문을 하나 던지겠다. 〈소설수필〉

나. 신입 사원들은 필요할 테고 그러면 기왕이면 뽑아 놓았던 대상자가 있으니 〈준구어〉

다. 할 얘기 있으면 빨리 해. 그럼. 〈사적대화〉

하영우(2015)에서 접속 부사가 발화 시작 위치에 오는 비율은 98.37%로 접속 부사가 도치되어 발화의 끝 위치에서 실현되는 비율인 1.63%에 비해 압도적으로 높게 나타났다. 본 연구에서도 위와 같이 발화의 끝 위치에서 접속 부사가 실현하는 경우를 많은 용례에서 확인할 수 있었다. 도치의 실현 비율이 낮은 비율이긴 하지만 말뭉치 용례 분석을 통해 접속 부사가 도치되어 나타나는 것이 화자 개별적인 현상, 혹은 발화 실수에 의한 것은 아니라는 점을 확인할 수 있었다. 기존의 논의에서와 같이 접속 부사가 선후 내용을 일정한 관계로 규정하는 것이 일반적인 기능이라는 점에서 후행 발화의 끝 지점으로의 이동은 중요한 분포적 특징이라고 할 수 있다.

접속 부사 '그러면'은 접속 어미 '-(으)면'과 달리 문장과 문장을 연결해 주는 특성으로 인해 결합 요소 및 서술어 제약이 없다. 그리고 접속 어미가 선·후행 사건의 조건의 의미를 연결할 때 의미 범위가 한정되는 데 반해 접속 부사의 경우, 상대적으로 의미 범위가 넓음을 확인할 수 있었다. 특히 접속 부사 뒤에 의문사를 사용하여 문장을 구성하면 새로운 화제로 전환하는 기능을 하게 된다. 이러한 특성은 기존의 논의들에서 접속 부사 '그러면'의 의미를 [조건]과 [전환] 모두를 기술했다는 점에서도 찾을 수 있다.

(12) 가. 바라보던 왕비가 그 사람들에게 물었습니다. <u>그러면</u> 무슨 방도가 없을까요? 〈소설수필〉
나. <u>그러면은</u> 내일 저녁 6시까지 와. 〈사적대화〉
다. <u>그러면</u> 이런 일들이 왜 일어날까? 〈학술교양〉

위의 예문 (12)와 같이 접속 부사 '그러면'이 접속 어미 '-(으)면'과 변별되는 가장 큰 특징은 선행절의 화제에서 다음 후행절의 화제로 [전환]하는 의미 기능이다. 접속 부사 '그러면'에서는 조건의 의미가 [논리]보다는 조금 적은 수치지만 [전환]의 의미 기능이 높은 빈도를 보였다. 특히 구어에서 [전환] 의미 기능이 차지하는 비율은 구어에서의 [논리] 의미 조건 다음으로 높은 분포 양상을 확인할 수 있었다.

그렇지만 이 [전환]의 기능 역시 선행 문장의 상황을 전제로 이루어지는 [조건]이 되기 때문에 조건과 완전히 의미가 분리되어지는 것은 아니다. 발화자가 다른 화제로 전환을 하였지만 동시에 선행절의 사건이 있다는 전제하에 전환을 할 수 있기 때문이다.

조건의 의미 관계가 다른 항목과 다르게 나타나는 특성을 살펴보면 접속 어미 '-(으)면'의 의미 관계 범위보다 상대적으로 넓다는 것이다. 앞서 살펴보았던 예문 (12가-다)와 같이 한 문장이나 발화자가 먼저 언급하는 내용만이 조건이 되는 것이 아니라 발화자와 청자가 공유하고 있는 상황이나 조건이 되거나 먼저 말한 사람의 문장이 조건이 될 수 있다. 비슷한 맥락에서 하영우(2016)에서도 접속 부사 '그러면'의 선행 내용이 후행 내용의 조건 관계임을 표지한다고 알려져 있지만 접속 부사의 후행 내용이 선행 발화 내용뿐 아니라 화자 간 공유된 정보나 세상에 대한 일반적 지식을 바탕으로 추론한 결과인 경우가 많다고 하였다. 본 연구의 말뭉치 자료에서도 동일한 특성을 확인할 수 있었다. 그러므로 선행 문장이 나오지 않고 바로 '그러면'으로 시작하는 용례가 높은 빈도로 나타났다.

이렇게 '그러면'은 어순을 포함하여 통사적 제약이 다른 항목에 비해 자유로운 경향을 보이며 조건의 의미 또한 의미 범위가 상대적으로 넓음을 살펴볼 수 있었다. 한 문장, 문맥 안에서의 조건 의미 관계뿐만 아니라 먼저 말한 발화자의 문장이 조건이 될 수도 있고, 화자와 청자가 모두 공유하는 상황, 배경 자체가 조건이 될 수도 있다. 때문에 조건을 전제로 하여 화제 전환의 의미 기능까지 확장될 수 있음을 확인할 수 있었다.

접속 부사 '그러면'의 말뭉치 분석 결과 앞서 분석하였던 접속 어미 '-(으)면'과의 유사한 분포적 특징을 살펴보면 앞의 표 〈6-2〉와 같이 '-(으)면'과 동일하게 '그러면'도 여러 의미 기능 중에서 아래 예문 (13)과 같이 문어와 구어 모두 선행절의 내용이 후행절의 근거가 되는 [논리] 조건이 가장 높은 비율을 보인다는 것이다.

(13) 언젠가부터 그런 이야기를 안해. <u>그러면</u> 나는 되게 답답해. 〈사적대화〉

'-(으)면'과 유사하게 [논리] 조건 다음으로 아래 예문 (14)와 같은 [반복] 조건이 '문어'와 '구어' 모두에서 상대적으로 높은 빈도를 보였다.

(14) 가. 온 가족이 같이 듣고는 그랬어요. <u>그러면</u> 저희 시아버지하고 토론도 하고 그랬거든요. 〈수기전기〉
나. 송별회는 눈물 바다를 이루었다. <u>그러면</u> 늦게 참석한 형과 친구들은 음식을 챙겨오곤 했다. 〈수기전기〉

이외에도 말뭉치 전체 사용역별 분포 양상에서 접속 부사는 접속 어미 '-(으)면'에 비해 낮은 빈도를 보이지만 문어와 구어를 비교했을 때 문어보다 구어에서 높은 빈도를 보인다는 양상은 접속 어미와 같았다. 또한 문어 말뭉치에서 〈신문〉과 〈교과서〉 같은 공적 문어 텍스트에서는 빈도가 적게 나타난 점이 특징이었다.

접속 부사 '그러면'의 말뭉치 분석에서 살펴본 다단어 표현으로는 '그러면 그렇지'가 적은 빈도지만 나타났다. 아래 예문 (15)와 같이 화자 또는 필자가 예상한 상황 또는 상태가 일어났을 때 '역시 나의 예상이 맞다.'의 의미를 강조하는 의미를 지닌다.

(15) 그러면 그렇지. 염라대왕도 금덩이 앞에서는 별 수 없구나. 〈소설수필〉

사용역별 분석 결과를 정리해 보면 접속어 '-(으)면'과 '그러면'은 [논리], [반복]의 의미 조건이 높은 빈도를 보이며 유사한 분포 양상을 확인할 수 있었다. 그러나 '그러면'의 [전환] 의미와 [희망], [다단어 표현]에서 '-(으)면'과의 차이를 확인할 수 있었고 이러한 차이점이 '-(으)면'과 '그러면'을 하나의 접속어로 분류할 때 반드시 기술되어야 할 특성임을 볼 수 있었다.

4. '-(으)면'과 '그러면'의 의미 기능 분담 양상

접속 어미 '-(으)면'과 접속 부사 '그러면' 모두 다른 의미 관계의 접속어 항목에 비해 통사적으로는 다양한 서법이 활용되고 문법적인 제약도 자유로운 편이지만 접속 어미 '-(으)면'은 접속 부사 '그러면'에 비해 상대적으로 접속 단위에 제한이 있기 때문에 [전환], [희망]과 같은 의미 기능에 차이가 있거나 제한을 받음을 확인할 수 있었다.

또한 접속 부사 '그러면'이 접속 단위의 측면에서는 범위가 넓지만 아래 예문 (16, 17)과 같이 접속 어미 '-(으)면'의 모든 의미 기능을 대체할 수는 없음을 발견할 수 있었다.

(16) 가. 신문 기사에 따르면 내일부터 태풍이 시작될 것이라고 한다. (설명) 〈소설수필〉
나. *신문 기사에 따른다. 그러면 내일부터 태풍이 시작될 것이라고 한다.
(17) 가. 살이 빠졌으면 좋겠다. (희망) 〈사적대화〉
나. *살이 빠졌다. 그러면 좋겠다.

위와 같이 예문 (16, 17)에서 의미적인 기능, 시제에 따라서 달라지는 의미 등 접속 어미 '-(으)면'이 가지는 선·후행절의 접속의 결속성이 접속 부사 '그러면'에 비하여 상대적으로 큼을 유추할 수 있다.

또한 접속 어미 '-(으)면'은 접속 부사 '그러면'에 비해 상대적으로 조건 의미 관계의 범위가 발화자가 접속 어미 앞에서 언급한 내용으로 한정되는 경향이 있음을 살펴볼 수 있었다. 반면 접속 부사 '그러면'은 아래 예문 (18)과 같이 '조건'이 되는 의미의 출처가 발화자가 바로 앞 문장에 언급하는 경우, 이전의 다른 화자의 발화에서 언급된 경우, 화자와 청자가 공유하는 상황 및 배경에 전제되어 있는 조건 등으로 확대된다. 이러한 특징은 한 문장, 문맥 안에서의 조건 의미 관계뿐만 아니라 먼저 말한 발화자의 문장이 조건이 될 수도 있고, 화자와 청자가 모두 공유하는 상황, 배경 자체가 조건이 될 수도 있기 때문에 조건을 전제로 하여 화제 전환의 의미 기능까지 확장될 수 있음을 확인할 수 있었다.

(18) 가. 물체가 <u>움직이면</u> 공기가 같이 움직인다. (발화자) <공적대화>
나. 물체가 움직인다. <u>그러면</u> 공기가 같이 움직인다. (발화자)
다. (물체가 움직인다.) <u>그러면</u> 같이 움직인다. (이전 발화자로부터 언급된 경우)
라. <u>그러면</u> 같이 움직인다. (공유하는 상황 및 배경에서 전제되어 있는 조건)

이처럼 접속 어미 '-(으)면'은 통사적으로 주어 일치 또는 서술어 제약, 후행 사건의 서법에 제약에서 자유로움을 확인할 수 있지만 접속 부사 '그러면'에 비해 후행 사건에 조건의 의미 관계 범위는 상대적으로 한정적이었다.

5. 마무리

지금까지 본 장에서는 실제 한국어 모어 화자의 언어 사용 양상을 말뭉치 분석을 통해 살펴보면서 선행 요소와 후행 요소를 조건의 의미 관계로 연결해 주는 접속 어미, 접속 부사를 모두 조건 접속어로 분류할 수 있을지 그 가능성에 대해 모색하였다.

말뭉치 분석에 앞서서 이전 논의들에서 다루어진 조건 접속어의 개념과 각 개별 항목의 의미 기능의 특성을 밝히고 사전에서 분류한 기준을 바탕으로 말뭉치 분석을 위한 조건 접속어의 의미 분류 기준을 설정하였다.

이러한 조건 의미 관계의 접속어의 개념 및 의미 분류 기준을 바탕으로 각 항목별 고빈도를 보이고 대표성을 띠는 접속 어미 '-(으)면', 접속 부사 '그러면' 항목을 조건 의미 관계의 접속어로 선정하여 말뭉치 용례를 분석하였다.

그 결과 전체 말뭉치 용례의 분포 양상을 살펴보면 높은 빈도로 '조건'이라는 의미 관계를 형성하고 실제 말뭉치 사용 양상에서도 유사한 경향을 보여 준다는 점에서 두 항목을 하나의 조건 관계 접속어로 설명할 수 있는 가능성을 발견하였다.

통사적 특성을 살펴보면 두 항목 모두 후행절의 제약이 없었고 다양한 보조 조사와의 결합을 통해 의미를 확장하거나 강조되는 유사한 성격을 보여주었다. 그러나 접속 부사 '그러면'은 선행 문장과 독립되는 특성으로 인해 선행 시제의 영향을 상대적으로 받지 않음을 살펴볼 수 있었다. 말뭉치 용례를 통해 의미적으로 선행절의 영향을 받는 접속 어미 '-(으)면'은 문장, 청자, 공유된 지식 등 다양한 선행 요소와 후행 요소를 연결하는 접속 부사 '그러면'에 비해 연결하는 내용에 있어서 제한됨을 발견할 수 있었다. 접속 부사 '그러면'은 다양한 선행 요소를 후행 사건과 연결하기 때문에 후행 요소가 주로 의문문으로 끝나는 서법이 많이 오지만 내용 면에서는 보다 확장된 접속으로 기능하였다. 사용역별 분포 양상에서도 접속 어미 '-(으)면'과 접속 부사 '그러면'이 모두 구어에서 많이 사용되며 문어에서는 빈도가 낮았지만 접속 부사 '그러면'의 경우 문어인 〈신문〉과 〈교과서〉에서는 빈도가 매우 낮았기 때문에 접속 어미가 구어에 비해 상대적으로 문어의 빈도가 낮았다는 특성과 동일 선상에서 설명하기 어렵다.

위와 같이 본 장에서는 조건의 개념과 대표 문법 항목의 의미적 특성을 살펴보면서 그동안 중복되거나 추상적인 조건의 의미 기준을 구체화하였고, 접속 어미 '-(으)면'과 접속 부사 '그러면' 두 접속어 항목을 하나의 접속어로 분류할 수 있는 가능성을 확인하였다. 그렇지만 선행 요소에 대하여 '-(으)면'이 가지는 제한과 조건을 전제로 '전환'의 기능을 더하여 의미를 확장하는 '그러면'의 특성, 문어 중에서도 〈신문〉, 〈교과서〉와 같은 공적 문어 사용역에서는 거의 사용되지 않는 '그러면'의 사용역별 특성이 조건 접속어를 설명하는 과정에서 반드시 함께 기술되어야 할 것이다.

제7장

'-어도'와 '그래도'의 비교

1. 들머리

이 장에서는 동일한 형식을 공유하고 있고 의미 역시 유사하지만 서로 다른 범주에 속하는 접속 어미 '-어도'와[1] 접속 부사 '그래도'의 의미 기능을 관찰하여 제시하고, 이를 바탕으로 하여 각 의미 기능이 말뭉치에서 어떠한 빈도로 나타나는지 비교 분석하고자 한다. 이 책에서 다루어지고 있는 다른 접속어들은 대부분 의미 기능이 매우 다양한 것으로 관찰되어 왔고, 기본 의미가 무엇인지를 결정하기가 쉽지 않은 경우도 있다. 이와 비교했을 때 이 장에서 살펴보려고 하는 '-어도'와 '그래도'는 전통적으로 '양보(concessive)'라는 의미 기능을 전적으로 담당하는 것으로 기술되어 왔다. 이처럼 그 기본 의미가 상대적으로 뚜렷하다는 특성을 지님에 따라

---

1 접속 어미 {-어도}의 이형태로는 '-어도', '-아도', '-여도'가 있다. '-어도'는 끝음절의 모음이 'ㅏ', 'ㅗ'가 아닌 용언의 어간 뒤나 '이다', '아니다'의 어간 뒤에, '-아도'는 끝음절의 모음이 'ㅏ', 'ㅗ'인 용언의 어간 뒤에, '-여도'는 하다'나 '하다'가 붙는 용언의 어간 뒤에 붙어 쓰인다. 한편 접속 부사 '그래도'는 이형태가 하나뿐이지만, '-어도'와 '그래도' 모두 구어형 '-어두'와 '그래두'로 실현되는 경우도 있다. 여기에서는 이들 이형태 및 변이형 모두를 분석 대상으로 삼고 있지만, 논의의 통일성을 기하기 위해 각각 대표형인 '-어도'와 '그래도'로 표기하도록 한다.

서 '-어도'와 '그래도'라는 형식이 지닌 다양한 의미 기능에 대해 논의하기보다는 과연 '양보'라는 의미 기능의 정체가 무엇인지에 대한 문제가 주된 관심의 대상이 되어 왔다. 그런데 말뭉치상에서 나타나는 이들 형식의 용법을 조금만 살펴보아도, 비단 '양보'만으로는 설명하기 어려운 다양한 의미 기능들이 발견된다는 점에서 보다 면밀한 관찰이 요구된다.

한편 '그래도'는 기원적으로 '그러하/그리하- + -어도'로 분석된다는 점에서 두 형식은 동일하거나 유사한 의미 기능을 가지고 있을 것으로 예상할 수 있다. 다만 이들은 접속 어미와 접속 부사라는 서로 다른 범주에 속하고, 이에 따라 이들이 행하는 접속의 대상 및 범위에 있어서 차이가 나타나는 것이다. '-어도'는 기본적으로 구 또는 절을, '그래도'는 주로 문장 또는 문단을 이어 준다. 이는 접속 어미와 접속 부사들이 공통적으로 보이는 특성이다. 그런데 이들 간에는 일반적인 접속 어미와 접속 부사들이 보이는 특성 외에도 나름대로의 독특한 의미 기능이 발견된다. 여기에서는 말뭉치를 이용하여 실제 용례를 살핌으로써 각각의 형식이 지닌 접속의 기능이 어떠한 차이를 보이는지 고찰해 볼 것이다. 특히 이 장에서는 다른 장에서와 마찬가지로 '-어도'와 '그래도'가 문어와 구어, 또는 문어·구어 내의 하위 사용역별로 어떻게 실현되는지에 주목할 것이다. 뿐만 아니라 '-어도'와 '그래도'는 모두 특정 형식과 자주 공기하여 나타남으로써 나름대로의 기능을 가지는 경우가 있는데, 이들 역시 몇 가지 유형으로 분류하여 분석할 것이다. 그리고 이를 바탕으로 하여 최종적으로 유사한 의미를 가지고 접속 기능을 하는 '-어도'와 '그래도'가 각각 어떠한 양상으로 의미 기능을 분담하고 있는지를 분석해 보도록 한다.

2절에서는 사전 및 선행 연구에서의 분석을 바탕으로 해서 '-어도'와 '그래도'가 나타내는 기본적인 의미들을 살펴본다. 3절에서는 2절에서 제시한 의미 기능들을 바탕으로 하여 말뭉치를 분석함으로써 각각의 의미 기능이 어떠한 빈도로 나타나는지를 살펴본다. 이와 더불어 '-어도'와 '그래도'가 참여하는 다단어 표현들에는 어떤 것들이 있는지, 각 표현들이 어떠한 의미를 가지고 어떠한 빈도로 나타나는지에 대해서도 알아보도록 한다. 4절에서는 앞서의 논의들을 토대로 하여 '-어도'와 '그래도'의 의미 기능 분담 양상에 대해 정리하고 5절에서는 논의를 마무리한다.

2. '-어도'와 '그래도'의 의미

이 절에서는 기존 문법서 및 사전 등에서 제시된 '-어도'와 '그래도'의 의미를 바탕으로 하여 말뭉치 예문을 중심으로 분석하여 정리하고자 한다. '-어도'와 '그래도'에 대한 선행 연구를 살피고, 이들이 나타내는 의미를 유형화함으로써 말뭉치 분석의 토대로 삼도록 한다.

2.1. 접속 어미 '-어도'의 의미 기능

접속 어미 '-어도'의 의미 기능에 대한 논의는 다른 어미들에 비해 상대적으로 덜 활발히 이루어진 것으로 보인다. 이는 1절에서 언급한 것처럼 '-어도'가 나타내는 의미 기능의 다양성보다는 '양보'라는 의미 기능의 개념 및 범주가 주된 논의의 대상이 된 데 기인한다고 판단된다. 그렇지만 접속 현상은 한국어 문법론에서 가장 꾸준하고 활발하게 논의되어 온 주제인 만큼 '-어도'의 의미 기능 역시 주요 문법서에서 자세히 기술되어 있음을 발견할 수 있다.

국어사전에서 '-어도'는 [양보], [가정], [대립]이라는 용어로써 기술되어 있음을 발견할 수 있다.

(1) 『표준국어대사전』(이하 『표준』)

가정이나 양보의 뜻을 나타내는 연결 어미. (예) 아무리 이를 닦아도 입 냄새가 난다. / 네가 옳아도 참아야 한다. / 키는 작아도 힘은 세다. / 이 유리판은 두께가 얇아도 잘 깨지지 않는다.

(2) 『고려대한국어대사전』(이하 『고려』)

1. 앞 절의 사실을 양보하여 가정하나 그것이 뒤 절의 내용에는 아무런 상관이 없음을 나타내는 말. (예) 그 영화는 아무리 보아도 무슨 내용인지 모르겠다. / 비가 아무리 많이 와도 집에 가야 한다.
2. 앞 절의 사실이 뒤 절의 사실과 대립되는 것임을 나타내는 말. (예) 그는 몸집은 작아도 기운은 세다. / 방이 좁아도 있을 건 다 있다.
3. '-만 -아도'의 구성으로 쓰여, 앞 절의 내용이 뒤 절의 내용에 대한 최소한의 조건임을 과장하여 나타내는 말. (예) 나는 멀리서 그의 얼굴만 보아도 가슴이 뛴다.
4. '-아도 -아도'의 구성으로 쓰여, 어떤 동작이나 상태의 정도를 강조하는 뜻을 나타내는 말. (예) 작아도 작아도 그렇게 작은 키는 처음 봤어. / 아무리 닦아도 닦아도 얼룩이 지워지지 않는다.
5. '되다', '좋다', '괜찮다' 등의 서술어와 함께 쓰여, 앞 절의 내용에 대해 허락하거나 허용하는 뜻을 나타내는 말. (예) 환기를 충분히 시켰으니까 이제 창문을 닫아도 괜찮아.
6. '너무', '몹시' 등의 부사와 함께 쓰여, 어떤 동작이나 상태의 정도가 지나침을 나타내는 말. (예) 그는 마음이 좁아도 너무 좁다.
7. '보다'에 결합하여, 어떤 사실에 대해 근거를 들어 말하는 뜻을 나타내는 말. (예) 중국어나 영어만 보아도 경어법이 모든 언어에서 발달한 것이 아님을 알 수 있다.

(3) 『연세한국어사전』(이하 『연세』)

Ⅰ. 1. ㉠ 아직 일어나지 않은 일을 가정하지만, 뒷절에는 그와 반대되는 또는 기대에 어긋나는 부정적인 사실이 옴을 나타냄. (예) 설령, 그가 살아 돌아온다 해도 일은 그렇게 순조롭지는 못할 걸세. / 이것은 고층 건물의 옥상에서 땅 위로 떨어뜨려도 절대

로 깨지지 않는 강화 유리다.

㉡ [과거 사실의 반대를 가정으로] '-ㄴ다고 가정하면 그래도 역시'의 뜻. (예) 그는 병원에 갔어도 회생하지 못했을 것이다.

2. 극단의 사실을 가정하여, 그렇다고 하여도 뒤의 사실이 될 수는 없음을 나타냄. (예) 초시라도 한 번 합격이 되면 죽어도 한이 없겠습니다. / 태산이 앞에서 무너져도 마음은 결코 흔들리지 않는다.
3. 앞절의 사실을 인정하지만, 뒷절에는 매이지 않음을 나타냄. (예) 채찍을 들어도 사랑을 바탕으로 해야 그것이 교육적으로 온당한 것이 되는 것이다. / 하루쯤은 굶어도 죽지 않을 겁니다.
4. 단순 가정을 나타냄. (예) 다이아몬드는 세월이 흘러도 그 빛을 잃는 일이 없다. / 경영이 진정한 의미의 전문 분야가 아니라 하여도 경영 활동은 사회적 중요성이 높은 업무를 수행하는 것이다.
5. ['아무리 -아도'의 꼴로 쓰이어] 가정하는 내용을 강하게 표현함을 나타냄. (예) 손오공이 아무리 재주를 부려도 부처님 손바닥 안에서 놀 수밖에 없다. / 아무리 소리쳐도 모를 지경으로 잠들었어요.
6. ['~만 ~-아도'의 꼴로 쓰이어] 최소한의 조건을 과장하여 나타냄. (예) 어두컴컴한 들녘이 갑자기 크게 흔들렸으니 그 무서움은 생각만 해도 소름이 끼칠 지경이었다. / 영수는 엉덩이만 붙여도 잠이 든다.
7. [의문사 '누가', '어디' 등과 같이 쓰이어] 뒷절의 내용이 과연 그러함을 강조하여 나타냄. (예) 붉은 색은 누가 보아도 똑같이 붉고, 찬 얼음은 누가 만져도 똑같이 차다. / 물론 고루한 인간, 속물은 어디를 가도 있게 마련이다.
8. ['좋다, 되다, 괜찮다' 등의 서술어와 함께 쓰이어] 그럴지라도 괜찮다는, 허락이나 허용의 뜻을 나타냄. (예) 만약 그녀가 게으름을 피운다면 사정없이 꾸짖어도 좋다는 것이었네. / 남자는 키가 좀 커도 괜찮다.
9. '~의 경우를 예를 들어 말하면'의 뜻을 나타냄. (예) 미국을 보아도

미국이 오늘날과 같이 초강대국으로 발전할 수 있었던 것은 천연 자원과 노동력이 있었기 때문이다. / 한 나라 사회 전체의 경우를 보아도 이상과 같은 경제 문제가 발생한다.

10. ['너무, 더' 등의 부사와 같이 쓰이어] 어떤 상태나 상황을 들어 말하면서 그 정도가 지나침을 나타냄. (예) 배가 불러도 너무 부르다. / 사람이 못났어도 너무 못났다.

11. ['-어도 -어도'의 꼴로 쓰이어] 동사가 풀이하는 행동을 강조함을 나타냄. (예) 먹어도 먹어도 끝이 없다. / 걸어도 걸어도 끝이 없는 사막.

Ⅱ. 1. 대립적인 사실을 나타냄. 가정을 나타내지 않고, 사실을 나타냄. (참고) 주로 대립을 나타내는 보조사 '는'과 같이 쓰임. (예) 자식은 오복에 못 들어가도 친구는 오복에 들어간다. / 나는 대입 시험에 합격했어도 집안 사정 때문에 진학할 수 없었다.

2. [시간의 경과를 나타내어] '어떠한 시간이 지나도록'의 뜻을 나타냄. (예) 사흘이 지나도 친구는 오지 않았다. / 그날 뉴욕은 전날에 이은 추위로 오전 7시가 지나도 온도계는 영하 4도를 가리킨 채로였다.

(1-3)은 주요 국어사전에서의 '-어도'에 대한 기술을 정리하여 보인 것이다. 『표준』에서는 '-어도'의 의미를 [가정], [양보]로서 매우 단순하게 제시하였다. 그러나 『고려』와 『연세』에서의 기술을 보면 이들의 범위를 넘어서는 의미 기능이 매우 다양하게 나타난다는 사실을 쉽게 알 수 있다. 『고려』와 『연세』에서는 대체적으로 유사한 기술 양상을 보이고 있는데, 우선 두 사전 모두에서 '-어도'가 지닌 [양보]의 의미와 [대립]의 의미를 구분하여 제시하고 있다. 『고려』에서는 1번 의미와 2번 의미로서 나누었으며, 『연세』에서는 이보다 좀더 구체적으로 로마자 번호 Ⅰ, Ⅱ로 구분함으로써 이들 의미 기능이 단순한 어의(語義, sense)의 차이를 넘어서

는 것임을 시사해 주고 있다. 이는 '-어도'만이 지닌 독특한 특성이라기보다는 [양보]와 [대립](또는 [대조]) 자체가 개념적으로 밀접한 관련을 맺고 있기 때문이다. 이러한 사실은 그 기본적인 의미 기능이 [대립]으로 기술되는 접속 어미 '-지만'을 통해 확인할 수 있다.[2]

(4) 가. (대조) 철수는 키가 작지만 영희는 키가 크다.
　　나. (양보) 철수는 키가 작지만 농구를 잘한다.
　　다. (양보) 철수는 키가 작아도 농구를 잘한다.

(4가)에서는 '-지만'이 선·후행절을 대립 관계로 접속해 주는 것으로 해석할 수 있는 반면에, (4나)는 (4다)의 비교를 통해 양보 관계를 나타내고 있는 것으로 해석된다. 이처럼 [대립]과 양보는 '어긋남' 또는 '부정'이라는 의미 자질을 공유하고 있기 때문에 동일한 형식이 이들 두 가지 의미를 모두 나타낼 수 있는 경우 역시 흔하다.

『고려』와 『연세』가 보이는 또 다른 공통점 중 하나는 '-어도'가 특정 형식들과 공기함으로써 독자적인 의미를 나타내는 이른바 다단어 표현(multi word expression)을 매우 적극적으로 기술하고 있다는 점이다. 『고려』의 경우 1, 2번에서의 [양보]와 [대립]의 의미를 제외하고는 모두 다단어 표현의 용법을 제시하고 있다. 『연세』에서는 '-어도' 자체가 지닌 의미 기능을 상대적으로 자세히 제시하고 있는 동시에 Ⅰ의 5, 6, 7, 8,

2 이러한 사실에 주목하여 대조와 양보가 서로 구분되지 않는 의미 범주라는 주장도 제시된 바 있다. 신지연(2004)에서는 양보뿐만 아니라 대조(신지연(2004)의 용어로는 '대립')에서도 '기대부정'의 의미가 나타나며, 이에 따라 서로 구분되는 것으로 다루어져 온 접속 어미들도 경우에 따라 대조와 양보 각각의 의미로 읽힌다는 점을 들어 이들이 서로 다른 범주에 속하는 것으로 볼 수 없다고 하였다. 그리고 이들을 아우르는 용어로서 '대조'를 제시하고, 경우에 따라 의미적 대조와 함축적 대조로 달리 읽힐 수 있다고 하였다.

10, 11번이 다단어 표현으로서의 용법임을 확인할 수 있다. 이 책에서 다루고 있는 다른 접속 어미 및 접속 부사들도 나름대로의 다단어 표현 용법을 보이고 있지만 '-어도'는 그중에서도 매우 다양한 양상을 보이고 있다는 점에서, 이후 말뭉치 분석에서 이를 중점적으로 살펴볼 필요가 있다고 할 수 있다.

한편 한국어 학습 전문가용 사전인 이희자·이종희(2010)에서는 어미, 조사만을 대상으로 하여 말뭉치 분석 결과를 바탕으로 그 의미 기능을 매우 자세히 분석하여 기술했다는 점에서 참고할 필요가 있다.

(5) 이희자·이종희(2010)

Ⅰ. 가정하여 양보함을 나타냄.

1. 아직 일어나지 않은 일을 가정하지만, 뒷절에는 그와 반대되거나 기대에 어긋나는 부정적인 사실이 옴을 나타낸다. (예) 아무리 그 사람을 막아도 그는 꼭 이 일을 할거야. / 바람이 불어도 운동회를 할 겁니다. / 아무리 비싸도 꼭 사고 싶어요.
2. 과거 사실의 반대를 가정함을 나타낸다. (예) 그는 병원에 갔어도 살아나지 못했을 것이다./그때 진수랑 결혼했어도 곧 이혼했을 것 같다.
3. 극단의 사실을 가정하여, 그렇다고 하여도 뒤의 사실이 될 수는 없음을 나타낸다. (예) 태산이 무너져도 내 마음은 결코 흔들리지 않는다. / 나는 죽어도 그 사실을 말하지 않겠다. / 아인슈타인이 풀어도 이 문제는 풀 수 없다./하늘이 무너져도 솟아날 구멍은 있다.
4. 앞절의 사실을 인정하지만, 그 사실이 뒷절의 사실에 구속되지 않음을 나타낸다. (예) 채찍을 들어도 사랑을 바탕으로 해야 한다. / 하루쯤은 굶어도 죽지 않을 겁니다. / 선이는 얼굴은 예뻐도 마음씨는 곱지 않다.

Ⅱ. 단순히 가정을 나타냄.

1. 단순 가정을 나타낸다. (예) 나 같아도 서운했겠는데. / 다이아몬드는 세월이 흘러도 그 빛을 잃는 일이 없다. / 하루에 세 시간쯤은 걸어도

힘들지 않아요. / 나이가 마흔 살이 넘어도 장가를 못 가는 일이 있다.

2. ['-만 -아도'의 꼴로 쓰이어] 최소한의 조건을 과장하여 나타낸다. (예) 그 사람의 이름만 들어도 치를 떨 정도였다. / 그 무서움은 생각만 해도 소름이 끼칠 지경이었다. / 그 일은 생각만 해도 아찔하다.
3. [의문사 '누가, 어디' 등과 같이 쓰이어] 뒷절의 내용이 과연 그러함을 강조하여 나타낸다. (예) 붉은 색은 누가 보아도 똑같이 붉고 찬 얼음은 누가 만져도 똑같이 차다. / 이 문제는 누가 다루어도 동일하다. / 이런 경치라면 누가 보아도 싫증이 나지 않을 거요!
4. ['좋다, 되다, 괜찮다' 등의 서술어와 함께 쓰이어] 그렇지라도 괜찮다는, 허락이나 허용을 나타낸다. (예) 남자는 좀 키가 커도 괜찮다. / 여기에서 담배를 피워도 괜찮아요? / 지금 유미한테 전화해도 될까? / 이 옷 입어 봐도 돼요?

Ⅲ. 가정이 아니라 사실을 나타냄.

1. 대립적인 사실을 나타낸다. (예) 그 닭이 크지는 않아도 살은 쪘을 거예요. / 호텔을 모두 둘러보아도 빈 방이 없어요. / 비가 와도 바람은 불지 않는다. / 나는 대입 시험에 합격했어도 집안 사정 때문에 진학할 수 없었다. / 공부를 열심히 해도 시험을 잘 보지 못해요.
2. [시간의 경과를 나타내는 '지나다'와 같은 서술어와 함께 쓰이어] '-도록'의 뜻. (예) 사흘이 지나도 그 편지는 나에게 오지 않았다. / 오전 7시가 지나도 온도계는 영하 4도를 가리킨 채로였다. / 진통이 일어난 지 6,7시간이 지나도 아이는 태어나지 않았다.
3. ['아무리 -아도'의 꼴로 쓰이어] 가정하는 내용을 강하게 표현함을 나타낸다. (예) 노인이 아무이 코를 골아도 그 소년은 조용히 앉아 있었다. / 아내의 모습은 아무리 찾아도 보이지 않았다. / 아무리 소리쳐도 누구 한 사람 달려오지 않는다.
4. [시간을 나타내는 말 뒤에서 '-만 해도'의 꼴로 쓰이어] '그때에는'의 뜻. (예) 그때만 해도 칼라 사진이 어디 있었어? / 우리 때만 해도 대학에 다닌 사람이 별로 없었잖아요./며칠 전만 해도 땀을 뻘뻘 흘렸는데….

5. ['-라도 해도'의 꼴로 쓰이어] '어떠한 것을 조건으로 들어 말한다고 해도'의 뜻. (예) 같은 종류의 나무라고 해도, 미국에서는 잘 자라는 나무가 한국에서는 잘 자라지 못하는 경우가 있다. / 말이라고 해도 지금의 말과는 달리 발굽이 세 개 있는 것도 있었다.
6. ['-를 보아도'의 꼴로 쓰이어] 어떤 일의 근거를 들어 말함을 나타낸다. (예) 내 배가 고픈 걸 보아도 열두 시가 된 것 같은데요. / 축구 시합 같은 걸 보아도 멕시코 사람들은 열광적으로 응원한다. / 안경을 쓰고 있는 것을 보아도 분명히 대성이 아버지였다.
7. ['너무, 더' 등의 부사와 같이 쓰이어] 어떤 상태나 상황을 들어 말하면서 그 정도가 지나침을 강조하여 나타낸다. (예) 배가 불러도 너무 부르다. / 사람이 못났어도 너무 못났다. / 바람이 불어도 몹시 분다.
8. [-어도 -어도'의 꼴로 쓰이어] 강조하여 말함을 나타낸다. (예) 먹어도 먹어도 끝이 없다. / 걸어도 걸어도 끝이 없는 사막. / 돈은 벌어도 벌어도 더 벌고 싶은 법이다.

(5)에서 볼 수 있듯이 이희자·이종희(2010)에서는 다른 사전에서 제시한 의미 기능을 모두 포함하는 동시에 가장 많고 자세한 다단어 표현 구성을 함께 기술하고 있다는 점을 특징으로 들 수 있다.

한편 '-어도'가 보이는 또다른 특성 중 하나로 선행절 사태의 사실성 여부에 따라 서로 다른 의미를 나타낸다는 점을 들 수 있다.[3] 최현배(1937/1971: 303-306)에서는 '놓는꼴(放任形, 不拘形)'의 하위부류로 '거짓잡기 놓는꼴', '접어주기 놓는꼴', '참일 놓는꼴', '미리잡기 놓는꼴'의 네 가지를 제시하고 그중 '-어도'는 '참일 놓는꼴'에 해당하는 것으로 기술하였다. 이에 따른다면 '-어도'가 이끄는 선행절은 언제나 '참일', 즉 현실

3 한국어에는 사실성과 관련하여 일정한 의미를 나타내는 표지들이 존재한다. 사실적 양보는 '-는/은데도' 또는 '-고도', 조건적 양보는 '-더라도', 반사실적 양보는 '-었더라도' 등에 의해 확실하게 표현된다(박진호 2012: 486-488).

사태인 것으로 볼 수 있지만, 실제 용법을 살펴보면 그렇지 않다. 이러한 사실은 허웅(1995: 862-865)에 드러나 있다. 여기에서는 '뒤집음법'을 '현실로만 쓰이는 것', '현실·가상에 두루 쓰이는 것'으로 나누고 있는데, '-어도'는 후자에 속하는 것으로 보고 아래와 같은 예문을 제시하였다.[4]

(6) 가. [현실] 아무리 노력을 해도 넘을 수 없는 벽이 있었다.
나. [가상] 밥을 한끼 굶어도 담배는 거를 수 없소.
(허웅 1995: 863)

지금까지 살펴본 사전 및 문법서에서의 기술을 바탕으로 하여 이 장에서 설정하고자 하는 '-어도'의 의미 기능을 제시하면 다음과 같다.

(7) '-어도'의 의미 기능
Ⅰ. 기본 용법
가. 대립/사실 양보 (그는 몸집은 작아도 기운은 세다.)

---

4 '가정'은 아직 실현되지 않은 사태를 상정한다는 점에서 '조건'과도 밀접한 관련을 맺고 있으며 경우에 따라서는 동일한 개념으로 취급되기도 한다. 이는 곧 '양보'가 의미 관계로서의 '조건'과도 모종의 관계를 가지고 있다는 것을 뜻한다. 이로 인해 양보와 조건의 관계를 어떻게 설정해야 하는가, 구체적으로는 양보가 조건에 포함되는 범주인가 별개의 범주인가가 논란의 대상이 되어 왔다. 한국어 접속 어미들을 의미 관계에 따라 체계화하려는 논의와, 양보를 중점적으로 관찰하는 연구 중 일부에서는 양보가 조건의 하위 범주에 포함된다고 본다(장경희 1995, 윤평현 1989, 박승윤 2007). 그런데 이들에서 제시하고 있는 근거는 다양한 맥락에서 실현되는 양보 의미에 모두 적용되지 않는다는 문제가 있다. 한편 박재연(2011)에서는 '조건'을 선행절 사태가 발생하는 경우 후행절 사태가 발생할 때 선행절이 가지는 속성으로 넓게 파악하고, 두 명제 내용의 실현에 대한 상관관계가 존재하면 모두 조건이 되는 것으로 보았다. 그리고 이러한 논리에 따라 조건을 '관여적 조건'과 '비관여적 조건'으로 나누고, 양보의 '-어도'가 표현하는 것은 조건의 특수한 경우인 '비관여적 조건'(uninfluential condition)이라고 주장하였다.

나. 비사실 양보 (바람이 불어도 운동회를 할 겁니다.)
다. 반사실 양보 (그는 병원에 갔어도 살아나지 못했을 것이다.)
라. 극단 사실 양보 (하늘이 무너져도 솟아날 구멍은 있다.)

Ⅱ. 다단어 표현
가. '-만 -아도' (그 사람의 이름만 들어도 치를 떨 정도였다.)
나. '누가, 어디, …' (이 문제는 누가 다루어도 동일하다.)
다. '좋다, 되다, 괜찮다, …' (이 옷 입어 봐도 돼요?)
라. '아무리 -어도' (아무리 소리쳐도 누구 한 사람 달려오지 않는다.)
마. '-를 보아도' (축구 시합 같은 걸 보아도 멕시코 사람들은 열광적으로 응원한다.)
바. '-어도 너무/한참' (배가 불러도 너무 부르다.)
사. '-어도 -어도' (걸어도 걸어도 끝이 없는 사막.)

(7)에서 제시한 '-어도'의 의미 기능을 바탕으로 3절에서 말뭉치 분석 작업을 수행하도록 한다.

2.2. 접속 부사 '그래도'의 의미 기능

앞서 언급한 것처럼 접속 어미는 문법적 의미가 복잡다단하고 문장의 확대에 직접적으로 관여하기 때문에 폭넓은 연구의 대상이 되어 온 반면에, 접속 부사 나타내는 의미는 상대적으로 구체적인 논의가 이루어지지 못한 측면이 있다. 실제로 접속 부사 '그래도'를 중점적으로 다루고 있는 연구는 거의 찾아보기 어렵고, 접속 부사 전반을 관찰하는 데에서만 때때로 '그래도'를 소략하게나마 언급하고 있었다. 더군다나 접속 부사의 의미를 포괄적으로 다루거나 유사한 의미를 나타내는 접속 어미와의 비교를 시도한 연구 역시 거의 찾아볼 수 없기 때문에, 여기에서는 사전에서의 기술을 적극적으로 참고하여 접속 부사 '그래도'의 의미 기능을 제시하도록 한다.

(8) 『표준』

뒤 문장의 내용이 앞 문장을 양보한 사실과는 상관이 없음을 나타내는 접속 부사. (예) 태풍에 나무가 쓰러졌다. 그래도 다친 사람은 없었다. / 소리를 높여 다시 불렀다. 그래도 대답이 없었다. -《유재용, 성역》

(9) 『고려』

앞 내용을 받아들일 만하지만 그럴 수 없거나 그렇지 않음을 나타낼 때 쓰여 앞뒤 어구나 문장을 이어 주는 말. '그렇다 하더라도'의 뜻으로 쓰인다. (예) 눈이 내렸다. 그래도 날씨는 그렇게 춥지 않았다. / 무사하다는 전화를 받았지만 그래도 여전히 마음은 불안했다.

(10) 『연세』

Ⅰ. [앞에서 이야기된 내용이 객관적으로 볼 때에 뒤의 내용과 관련성이 있을 것 같고 예기된 상태의 이유인 듯함에도 불구하고, 뒷문장의 내용에 영향을 미치지 않음을 나타내어] 양보의 뜻을 나타냄. '그렇다고 하여도'의 뜻. (예) 그는 사람들 앞에 증거를 들이댔다. 그래도 사람들은 설마 하며 믿질 않았다. / 많은 사람들이 둘째 안에 찬성인 모양인데, 그래도 나는 그 안에 찬성할 수 없소.

Ⅱ. [어떠한 것을 대용하는 것이 아니라 담화의 서두에서 쓰이어] '뭐니 뭐니 해도'의 뜻. (참고) 담화의 서두에 쓰임. (예) 그래도 우리가 이렇게라도 살 수 있게 된 건 다 경제 개발 계획 때문이 아니겠습니까?

『표준』과 『고려』에서는 '그래도'가 나타내는 기본 의미 하나만을 제시하고 있다. 한편 『연세』에서는 한 가지 의미를 추가하였는데, 단순히 두 문장을 '양보'의 의미로 접속하는 것이 아니라 담화의 서두에서 '뭐니 뭐니 해도'라는 의미로 사용되는 용법이다. 이와 같이 '그래도'는 접속의 단위가 문장에 머무르는 것이 아니라 담화 차원에까지 관련되며, 이에 따라 모종의 담화 기능을 지니게 된다.

사전에서 매우 다양한 다단어 표현이 제시된 '-어도'의 경우와 달리 '그래도'는 사전 기술을 참고하는 것만으로는 다양한 용법을 파악하기가 어렵기 때문에, 여기에서는 말뭉치에서 유의미한 빈도로 나타나는 다단어 표현들을 추출하여 제시한 후에, 3절에서 각 표현들이 지니는 의미 기능에 대해서 자세히 살펴보도록 한다. 이 장에서 설정하고자 하는 '그래도'의 의미 기능을 제시하면 다음과 같다.

(11) '그래도'의 의미 기능

Ⅰ. 기본 용법

가. 양보 (그는 사람들 앞에 증거를 들이댔다. 그래도 사람들은 설마 하며 믿질 않았다.)

나. 담화 접속 기능 (성격은 어떠세요? / 성격은 그래두 활발한 편은 돼요.)

다. 담화 도입 기능 (그래도 우리가 이렇게라도 살 수 있게 된 건 다 경제 개발 계획 때문이 아니겠습니까?)

Ⅱ. 다단어 표현

가. '-으나/지만 그래도' (아이 근데 많이 싸웠는데 내가 똑같이 싸워 봤지만 그래도 결혼하니까 얘가 그거를 자기가 잘해야 된다 이런 마음이 드나 봐.)

나. '아무리 그래도' (아무리 그래도 한 달에 한 번 나가는데 뭐가 그리 불만인지 이해가 안 간다.)

다. '그래도 그렇지' (그런 일이 생길 수도 있는 것지요, 뭐. / 그래도 그렇지 인마, 내가 죽은 하동우의 마음을 알았고 살아 있는 네 마음을 아는데...)

3. '-어도'와 '그래도'의 말뭉치 분석

여기에서는 2절에서 논의한 '-어도'와 '그래도'가 실제 말뭉치에서 어떠한 양상으로 나타나는지를 알아보고, 그 출현 빈도를 확인해 보도록 한다. 특히 문어와 구어, 그리고 각 사용역의 하위 영역별로 유의미한 출현 빈도를 보이는 의미 기능이 있는지 확인해 보고, 그 이유를 설명하고자 한다.

이러한 목적을 달성하기 위해서 본 연구에서는 '새 연세 말뭉치'에서의 양보 관계 접속어를 추출하고 분석하였다. '새 연세 말뭉치'는 문어와 구어가 각각 약 100만 어절로 구성되어 있고, 각각의 하위 사용역에 대한 정보가 제시되어 있어서 현대 한국어의 사용 양상을 균형적이고도 다양하게 포착해 낼 수 있다는 장점을 지닌다. 아래의 표는 '새 연세 말뭉치'의 구성과 규모를 정리한 것이다.

〈표 7-1〉 '새 연세 말뭉치' 규모 및 구성

	새 연세 말뭉치1	새 연세 말뭉치2
언어	현대 한국어 문어	현대 한국어 구어
말뭉치 성격	문어 균형 말뭉치	구어 균형 말뭉치
규모	100만 마디	99만 마디
바탕 말뭉치	1975~2004년에 생성된 문어 말뭉치	1990년~2005년에 녹음 전사된 자연 발화 말뭉치
구성	신문(32.2%), 잡지(19.4%), 소설수필(17.1%), 학술교양(9.4%), 수기전기(8.5%), 교과서(8%), 준구어(5.4%)	공적대화(20.8%), 사적대화(39.2%), 공적독백(27.5%), 사적독백(12.4%)

3.1. '-어도'의 말뭉치 분석

3.1.1. '-어도'의 의미 기능별 빈도 분석

'-어도'는 문어에서 878회, 구어에서 1,290회 출현하였다. 본 연구에서는 이 중에서 500개의 문장을 무선적으로 추출하여 살펴보았다. 문어와 구어에서의 '-어도'를 용법·의미·구성에 따라 분류하여 그 빈도와 비율을 제시하면 다음과 같다.

〈표 7-2〉 '-어도'의 의미 기능별 빈도

	문어		구어	
	빈도	비율(%)	빈도	비율(%)
대립/사실 양보	130	26	46	9.2
비사실 양보	136	27.2	197	78.8
반사실 양보	5	1	29	5.8
극단 사실 양보	18	3.6	16	6.4
다단어 표현	211	42.2	212	42.4
합계	500	100	500	100

'대립/사실 양보'와 '비사실 양보', '반사실 양보'는 선행절의 사실성이라는 기준에 따라 분류한 것으로, 이에 따라 문장 전체의 의미 역시 다르게 나타난다. '대립/사실 양보'는 선행절 사태가 현실 세계 내에서 실재함을 나타내는 의미 유형이다.

(12) 가. 통계란 일반적인 경우를 쉽게 설명할 수는 있어도, 김서방이나 이서방과 같은 특수한 경우를 설명할 수는 없는 것이다. 〈소설수필〉
나. 한약을 먹고 이불도 꼭 덮고 자는 등 이것저것 다 해 봐도 잘 안 낫더니 애 한 번 낳은 후로 말끔해졌다. 〈잡지〉

다. A: 듀라렉스 건만 나오거든요.
B: 고객님, 반품을 시켜도 안 나온다구요?
A: 아이 나온다구요. 나옵니다. 〈공적대화〉
라. 어 걔는 그런 개성이 있잖아, 얼굴은 좀 안 생겼어도. 그런 역이 없잖아, 걔가 잘 어울려. 〈사적대화〉

(12)의 예문들을 살펴보면 '-어도'가 이끄는 선행절 사태는 [+사실성]으로 해석된다. 우리는 이러한 '사실 양보' 유형은 '대립'의 의미를 나타내는 대표적인 접속 어미인 '-지만'으로 교체하여도 대체로 자연스럽다는 특성을 지닌다.[5]

(13) 가. 일본에는 이겼어도(이겼지만, 이겼으나) 어찌 된 일인지 다른 나라들에 가로막혀 그동안 올림픽이나 월드컵 본선 등에 진출하지 못했다. 〈수기전기〉
나. 걔는 그런 개성이 있잖아. 얼굴은 좀 안 생겼어도(생겼지만, ?생겼으나) 그런 역이 없잖아. 걔가 잘 어울려. 〈사적대화〉
다. 대부분 상임위가 여야동수인 점만 봐도(*보지만, *보나) 야당의 협조 없이는 원만한 의정운영이 불가능함을 알 수 있다. 〈신문〉
라. 사막에 한가운데 떨궈 놔두(*놓지만, *놓으나) 자기가 살아날 수 있는 능력 가지고 있는 사람이라면은 뭐~ 〈사적독백〉

(13가, 나)와 같이 선행절이 사실로 해석되는 경우에는 '-지만', '-으나'로의 대치가 자유로운 편이지만, (13다, 라)와 같이 선행절이 비사실로 해석되는 경우에는 대치되는 일이 없음을 알 수 있다.

---

5 '-어도'는 과거시제 선어말 어미 없이도 [+사실성]을 나타낼 수 있지만 '-지만'은 경우에 따라서 '-었-'을 반드시 동반해야만 [+사실성]을 나타낼 수 있기 때문에 해석 여부에 따라 '-었-'을 개재하였다.

한편 '비사실 양보'는 선행절 사태가 아직 일어나지 않았음을 가정한다는 점에서 '사실 양보'와 차이가 있다. 이때 전체 문장의 의미는 후행절 사태가 선행절 사태와 반대되거나 기대에 어긋나는 부정적인 사실이 옴을 나타낸다.

(14) 가. 교육세는 액수와 함께 그 본래적 의미를 따져 봐도 우리 교육 부문에서 중요한 위치를 점하고 있다. 〈잡지〉

나. 이 솔루션은 재부팅을 거치지 않아도 진단과 치료, 방어 기능을 한꺼번에 수행한다. 〈신문〉

다. 계산상으로는 하루 15전씩 남으니 한 달이면 4원 50전이 모아져야 하는데 비 오는 날은 공치는 날인데다가 일은 공쳐도 밥은 먹고 잠도 자야 하니 하루 30전이 고스란히 적자였다. 〈수기전기〉

라. 그래 가지구 이렇게 막 먹어두 이쪽은 절대 안 찌는 체질 있잖아. 〈사적대화〉

마. 둘 다 내가 말하지 않아도, 내가 표현하지 않아도 다 알겠지. 〈사적대화〉

(14)의 예문들을 통해 알 수 있듯이 '비사실 양보'는 선행절 사태가 반드시 일어나지 않았다는 것만을 나타낸다기보다는, 선행절 사태의 실현 여부 자체가 중요하지 않은 경우, 즉 단순 가정을 나타내는 경우에도 사용될 수 있고 이러한 점에서 가장 무표성을 띠고 있는 의미 유형으로 파악할 수 있다.

'반사실 양보'는 과거 사실의 반대를 가정으로 하여 '선행절 사태가 발생했다고 가정한다면 그래도 역시' 정도의 뜻을 나타낸다. 따라서 이 경우에 선행절 사태는 항상 과거로 실현되고, 실제로 실현된 사태의 반대를 가정한다는 공통점이 있다. 이와 같이 다소 구체적이고 좁은 범위의 의미 기능을 지닌다는 점으로 인하여 문어와 구어 모두에서 낮은 빈도로 나타난다.

(15) 가. 아나운서만 아니었어도 그는 진작에 빨갛게, 파랗게 멋진 브리지 스타일을 가진 첨단의 멋쟁이가 돼 있을 것이란다. 〈잡지〉
나. 그 대학은 수업료가 너무 비싸서 입학했어도 걱정이었겠다. 〈잡지〉
다. 근데 그거는 소연 씨가 안 세 봤어도, 내가 딱 봤을 때, 물론 하객도 적은 수가 아니었어요. 〈사적대화〉
라. 진짜 간당간당한 거지. 5.0에서 하나만 깎였어도 안 됐을 거야 그러니까. 〈사적독백〉

양보 구문에서 나타나는 흥미로운 구성 중 하나는 바로 '극단 사실 양보' 구문이다. '-어도'는 기본적으로 선행절 사태에서 상정되는 기대에 어긋나는 사실이 옴을 나타내는데, 이와 관련하여 선행절에서 극단적인 사태를 가정하고, 그러한 사태가 일어난다고 하여도 후행절이 성립함을 나타내는 기능으로 사용되는 것이다.[6]

(16) 가. 장난감이 하늘 끝까지 쌓여 있어도 만족하지 못한다. 〈소설수필〉
나. 따라서 보수 과정에서 아주 미미한 진동이 생겨도 보존불에 손상을 줄 우려가 있기 때문에 함부로 손댈 수 없다는 것이다. 〈신문〉
다. 사막에 한가운데 떨궈 놔두 자기가 살아날 수 있는 능력 가지고 있는 사람이라면은 뭐~ 〈사적독백〉

6 한국어 조사 '도'는 첨가 의미로 인해 결합하는 대상에 대하여 초점을 부여하는 첨가 초점사(additive particle)로서 기능한다. 첨가 초점사는 문장 해석상 대안집합을 생성하는데, 이때 대안집합에 순서 개념이 도입되면 척도적인 성격을 띠게 된다. 그리고 '도'는 이 척도상의 끝값과 관련되어 "모두 포함"이나 "심지어 …까지"와 같은 의미를 나타낼 수 있다.(林東勳 2007 참고)

(16가)의 선행절은 '장난감이 쌓여 있는 높이'라는 척도상에서 비현실적으로 높은 극단값에 위치시킴으로써 '장난감이 아무리 많아도 만족하지 못한다'라는 해석을 이끌어낸다. 한편 (16나)는 '매우 큰 진동 〉 적당히 큰 진동 〉 조금 작은 진동 〉 … 〉 아주 미미한 진동'과 같은 척도를 상정할 수 있고, 그중에서 하한값을 나타냄으로써 마찬가지로 전칭 양화의 기능을 한다. 이처럼 척도 해석은 경우에 따라 극단값을 나타냄으로써 전칭 양화의 기능을 하는데, 이러한 현상이 비사실 맥락에서만 나타나는 것은 매우 자연스러운 현상이다. 극단값을 상정한다는 것 자체가 이미 발생한 사건과는 양립할 수 없기 때문이다.

3.1.2. '-어도'의 다단어 표현 분석

앞에서 우리는 '-어도'가 특정 조사 또는 어휘 등의 형식과 공기함으로써 특별한 의미를 나타내는 이른바 다단어 표현을 구성하는 경우가 많음을 지적하였다. 여기에서는 2절에서 제시한 7가지의 '-어도' 포함 다단어 표현들을 차례로 살펴보도록 한다. 문어와 구어에서의 '-어도' 포함 다단어 표현의 빈도 및 비율을 제시하면 다음과 같다.

〈표 7-3〉 '-어도' 포함 다단어 표현의 유형별 빈도

	문어		구어	
	빈도	비율(%)	빈도	비율(%)
-만 -어도	35	16.6	16	7.5
누가, 어디, …	41	19.4	39	18.4
좋다, 되다, 괜찮다, …	66	31.3	93	43.9
아무리 -어도	29	13.7	18	8.5
-를 보아도	28	13.3	41	19.4
-어도 너무/한참	4	1.9	1	0.5

-어도 -어도	8	3.8	4	1.9
합계	211	100	212	100

한정 보조사 '만'은 명제 내용이 선행하는 체언구에만 한정된다는 의미를 나타내고, 이와 관련하여 척도적 측면에서는 최소한의 조건을 뜻하게 되는 효과를 야기한다. 여기에다가 접속 어미 '-어도'의 의미 기능을 함께 고려해 본다면, '-만 -어도' 구성은 최소한의 조건을 상정해 놓고, 그렇다고 하여도 후행절 사태가 성립함을 나타냄으로써 최소한의 조건을 과장하는 의미로 해석된다.

(17) 가. 가끔 소리를 죽이고 있으면 마음의 상자 안에 갇혀 있는 자신의 비명 소리가 들렸고, 바람이 조금만 불어도 가슴이 허했다. 〈소설수필〉
나. 리그 4게임째까지 승리를 올리지 못하던 유공이 윤정환 합류 후 2연승을 거두며 상승세를 타고 있는 것만 봐도 그의 진가를 알 수 있다. 〈신문〉
다. 살짝만 건드려도, 보기만 봐도 막 아파. 〈공적독백〉
라. 이 불빛이 약간만 어두워도 보이지만, 한 여섯 시 일곱 시 이때까지 안 보여. 〈공적독백〉

(17)을 통해 '-만 -어도' 구성은 대개 두 가지 하위 유형으로 다시 분류할 수 있다는 것을 알 수 있는데, 첫 번째로는 (17가, 다, 라)와 같이 '조금, 살짝, 약간' 등 정도의 의미를 나타내는 부사에 '만'이 결합하여 최소한의 조건을 나타내고, 그것에 대한 양보의 의미가 '-어도'에 의해 실현되는 것이다. 한편 두 번째 유형은 (17나)와 같이 동사 '보다'가 고정되어 '-만 봐도'와 같이 쓰여서 선행절 명제가 후행절 명제에 대한 일종의 배경이나 근거임을 나타내는 용법으로 쓰이는 것이다.[7] '-만 -어도' 유형은

구어에서보다 문어에서 높은 빈도로 사용된다.

두 번째 유형은 '누가, 어디, 언제' 등의 부정사가 '-어도'와 공기함으로써 후행절의 내용을 강조하는 의미 기능이다.

(18) 가. 그것은 누가 보아도 미친 것임에 틀림없을 것이다. 〈소설수필〉
나. 세계 어느 나라를 둘러보아도 대통령이 재임 중에 자기 아들을 두 명이나 감옥에 보낸 이는 없을 것이다. 〈신문〉
다. 근데 뭘 입혀 놔두 있어 보이게 입히시구 항상 그러셨어. 〈사적대화〉
라. 어디다 내놔도 뭐 뭐 전혀. 착실하고, 뭘 해도 먹고 살 수 있을 것 같고. 〈사적독백〉

선행절에 부정사가 출현하면 전체가 열린 명제로 기능하게 되어서 서술어의 내용이 '총망라성'의 의미를 나타내게 된다. 즉 (18가)의 경우에는 '그것을 보는 주체'가 모든 사람에게 해당되는 것이고, (18나)에서는 세계에 있는 모든 나라를 둘러보았다는 사실을 가정하게 되는 것이다. 따라서 선행절의 내용과 관련하여 모든 경우의 수를 다 고려해 보았다는 것을 조건으로 했을 때에도 후행절 사태가 사실이 됨을 뜻하는 효과를 발생시킨다. 다시 (18가)를 예로 들어 보면 '그것을 보는 모든 경우의 수'를 고려해 보았을 때에도 무조건 미친 것으로 판단했으리라고 추측한다는 뜻을 나타낸다. (18나) 역시 마찬가지로 후행절 명제인 '대통령이 재임 중에 자기 아들을 두 명이나 감옥에 보낸 일'은 세계 어느 나라에서도 그 전례를 찾아볼 수 없고, 따라서 모든 상황을 다 고려해 보아도 최초임을 효과적으로 나타낼 수 있게 된다.

7 이때 '-만 봐도' 유형은 뒤에서 살펴볼 '-를 보아도' 유형과 흡사한 측면이 있는데, 여기에서는 보조사 '만'이 지니고 있는 기능을 중시하여 '-만 -어도' 유형에서 함께 다루도록 한다.

이번에는 ‘-어도’ 뒤에 ‘좋다, 되다, 괜찮다’ 등의 서술어가 옴으로써 어떤 사태와 화행 간의 양보 관계를 성립시킨다.

(19) 가. 나는 알려주면 일을 하는 데 도움이 된다고 전제한 뒤 그러나 원하지 않는다면 원하지 않아도 된다고 대답했다. 〈소설수필〉
나. 팔짱 좀 껴도 돼요? 〈준구어〉
다. 온몸에 암세포가 번식해서 나를 죽이면서 자라도 좋고, 내 뼈다귀마다 구멍이 숭숭 뚫리는 그런 병도 괜찮다.
라. 섞어 준 다음에, 그런 다음 파스타를 넣으셔도 상관없어요. 〈공적독백〉
마. 그렇게 심각하게 생각을 안 하셔도 돼요. 〈공적대화〉

이들 문장은 선행절의 내용이 실현되었음을 가정했을 때에도 괜찮다는 내용을 뜻하게 된다. 이처럼 어떠한 명제가 실현되어도 괜찮다는 의미를 나타냄으로써 실제 담화 상황에서는 허락이나 허용 등을 나타내는 효과를 발생시킨다. 그리고 이로 인해 (19나)와 같이 허락이나 허용의 여부를 묻는 의도로서도 자주 사용된다.

‘아무리 -어도’ 구성은 앞서 살펴본 ‘누가, 어디, …’ 구성과 유사한 측면이 있다. ‘아무리’는 이른바 ‘자유선택사’로 불리는데, 선행절 내용의 양 또는 정도가 최고치를 가리킨다고 해도 후행절 사태의 실현 여부에 영향을 미치지 못한다는 의미를 나타내는 것이다.

(20) 가. 이야기를 아무리 들어도 그 호기심을 채워지지 않았다. 〈교과서〉
나. 그러나, 하고 싶은 말이 아무리 넘치고 있어도 동물원에만 오면 그녀는 말을 한껏 아껴야 했다. 〈소설수필〉
다. 내가 알기로는, 한자가 아무리 지들한테서 들어와도, 우리는 우리 발음을 붙여 썼다는 거. 〈공적독백〉
라. 하숙비도 원래는 아무리 싸게 받아도 백오십 불 밑으로는 받는 사람은

없었는데. 〈사적독백〉

이때 '아무리 -어도' 구성은 (20가, 나, 라)와 같이 서술어가 나타내는 정도가 최고치임을 가리킬 때 사용되기도 하지만, (20나)와 같이 선행절 명제를 충분히 수용한다고 하여도 후행절 명제에는 영향을 미치지 못함을 나타내는 경우도 있다. '누가, 어디, …' 구성의 경우 문어와 구어에서 큰 차이가 없었지만, '아무리 -어도' 구성은 문어에서 조금 더 많이 사용되고 있음을 확인할 수 있다.[8]

선행절 명제에 '-를 보아도'를 결합함으로써 후행절 명제에 대한 근거를 들어 제시하는 유형도 존재한다.

(21) 가. 오스카 와일드가 "영국에서 개조하고 싶은 것은 기후뿐이다"라고 익살을 피운 것을 보아도 능히 그것을 짐작한 말한다. 〈소설수필〉

나. 근대 대학의 전형이라는 독일의 베를린대학이 등장한 것이 1809년이고 보면 오늘의 대학의 긴 역사를 알 수 있고, 이웃 일본의 도쿄대학을 봐도 1877년생으로 100년이 훨씬 넘었으니 우리의 현대 대학은 나이

---

8 '-어도' 포함 다단어 표현은 아니지만 '아무리 -어도' 구성 및 '누가, 어디, …' 구성과 유사한 의미를 나타내는 구성으로서 주로 '-거나 -거나', '-든지 -든지' 등으로 실현되는 이른바 '이접 연결사 중첩 구성'이 있다(이순욱 2017).

ㄱ. 수시를 붙거나 안 붙거나, 수능을 봐야 된다고 생각해야 되니깐. 〈사적대화〉

ㄴ. 밉거나 곱거나 (간에) 네 아내가 아니냐? (윤평현 1989: 57)

ㄷ. 말을 해야 듣든지 말든지 하잖아요. 〈소설수필〉

ㄹ. 도대체 밖으로 나와야 내가 시험이 들게 해 주든지 안 해 주든지 할 거 아니냐. 〈사적대화〉

이때 '-거나', '-든지'로 연결되어 있는 항들은 모두 극성(polarity)을 이루고 있는 것을 확인할 수 있다. 즉 긍정항의 실현 여부가 후행절 사태의 실현 여부에 대한 조건이 될 것이라는 기대와 부정항의 실현 여부가 후행절 사태의 실현 여부에 대한 조건이 될 것이라는 기대가 모두 부정됨으로써, 어떠한 경우라도 후행절 사태의 실현 여부에 영향을 미칠 수 없다는 총망라성의 의미를 나타내게 된다.

가 부끄러워진다. 〈신문〉

다. 김 선생에 대해 얘기하는 걸 봐두, 뭘 모르고 있는지를 몰라 이걸. 〈공적독백〉

이때의 선행절 서술어 '보다'는 축자적인 의미로 쓰인다기보다는 '인식하다, 판단하다, 고려하다' 정도의 의미로 쓰임으로써 후행절에서 말하고자 하는 것의 근거 또는 배경이 선행절 명제에 존재함을 간접적으로 나타내는 기능을 한다.

마지막으로 '-어도 너무' 구성과 '-어도 -어도' 구성은 서술어가 반복된다는 공통점을 지니고 있고 나타내는 의미 역시 유사하므로 함께 다루도록 한다.

(22) 가. 너는 내가 돌아도 한참 돌았다고 생각하겠지? 〈준구어〉

나. 꺾어도 꺾어도 꺾이지 않던 교만, 버려도 버려도 버려지지 않던 욕심, 묻어도 묻어도 묻히지 않던 불만을 가슴에 안고 내 마음의 고향으로 돌아가 그곳에서 하나하나 정리해 보아야겠습니다. 〈잡지〉

다. 초행이라서 물어 물어 가는 두목리는 가도 가도 끝이 없었다. 〈수기전기〉

라. 줄을 서도 적당히 서는 거 있잖아. 〈사적대화〉

'-어도 너무' 구성은 '너무, 한참, 더' 등의 정도부사와 함께 쓰임으로써 어떤 상태나 상황을 들어 말하면서 그 정도가 지나침을 강조하여 나타낸다. 한편 '-어도 -어도' 구성 역시 특정 동사를 반복함으로써 강조의 효과를 유발한다.

3.2. '그래도'의 말뭉치 분석

3.2.1. '그래도'의 의미 기능별 빈도 분석

이번에는 '그래도'가 가진 세 개의 기본 용법과 세 개의 다단어 표현들을 살펴보도록 한다. '그래도'는 문어에서 223회, 구어에서 660회 출현하였다. 이러한 수치만 놓고 보아도 '그래도'가 '-어도'에 비해 구어에서의 사용이 두드러진다는 것을 파악할 수 있다. 문어에서는 전체 용례에 대하여, 구어에서는 무선적으로 추출한 500개 용례에 대하여 그 용법을 분류하여 보이면 다음과 같다.

〈표 7-4〉 '그래도'의 의미 기능별 빈도

	문어		구어	
	빈도	비율(%)	빈도	비율(%)
양보	96	43	126	25
담화 접속	49	22	232	46
담화 도입	33	15	73	15
다단어 표현	45	20	69	14
합계	223	100	500	100

위 표에서 가장 두드러지는 사실 중 하나는, 문어에서는 기본 용법의 빈도가 가장 높게 나타나는 반면 구어에서는 그렇지 않다는 점이다. 앞서 살펴본 '-어도'의 경우, 각각의 용법에 따른 빈도에 있어서 차이를 보이기는 했지만 '양보'라는 기본 용법의 빈도는 모두 과반수를 차지하였다. 그러나 '그래도'의 경우 문어에서는 기본 용법이 50% 가까운 비중을 차지하고 있지만 구어에서 가장 높은 빈도를 나타내는 것은 기본 용법이 아닌 '담화 접속 기능'이다. '그래도'의 기본 용법은 앞에서 살펴보

았기 때문에 여기에서는 담화 접속 기능 및 특정 구성 및 표현에 대해 살펴보도록 한다.

본 연구에서는 '그래도'가 나타내는 담화 접속 기능으로서 크게 두 가지를 설정하였다. 하나는 화제에 대한 화자의 의도를 나타내는 것으로, 그중에서 '약화하여 표현하기' 기능이다. 다른 하나는 청자에 대한 화자의 태도 및 의도를 나타내는 것으로, 그중에서 '망설임 표현하기'이다. 이 중에서 더욱 높은 빈도를 보이면서 더욱 기본적인 용법은 '약화하여 표현하기'이다.

(23) 가. 말 한마디 제대로 표현하지 못하는 부끄러움으로 가득 찬 내 마음에 그래도 어떤 깊은 골짜기가 만들어졌다면 그것은 이런 고향의 밤 때문이리라. 〈수기전기〉

나. 지금은 그래도 교적상 신자 420명에 주일미사 참례는 어린이서부터 노인들까지 130명을 넘어서고 있지만 그때는 신자 300명도 안 되는 초미니 본당이었다. 〈신문〉

다. A: 성격은 어떠세요?

B: 성격은 그래두 활발한 편은 돼요. 〈공적대화〉

라. 그래도 건~ 그:: 구십칠 년 말에 인도네시아 이런 나라 중에서 그래도 우리가 상대적으로 빨리 빚을 갚았다 마~ 그런 정도의 어떤 그~ 저~ 평가에 머물러야지. 〈공적대화〉

마. 나는 나름대로 그래도 참 좋은 소개팅이었고, 좋은 친구였다고 기억을 하면서, 〈사적독백〉

(23)의 예들을 살펴보면 '그래도'는 앞뒤의 내용을 연결해 주는 역할을 하는 것으로 보이지 않는다. 그보다는 해당 발화 전체에 대한 확실성이나 단언성을 낮추어 표현하고자 하는 화자의 의도가 엿보인다. 예를 들어 (23라)의 경우, 화자는 명시되지 않은 다른 사실들을 인정하지만 그 가운

데 해당 발화를 하는 것이라는 의미를 전달한다고 볼 수 있다. 이때 화자가 인정하는 다른 사실들은 명시되지 않았기 때문에, 결과적으로는 담화 상황에서 해당 발화를 약화하여 표현하게 되는 것이다. 그리고 이러한 '그래도'의 사용은 화자의 공손성을 나타내기도 하고, 청자와의 대화를 보다 원활하게 진행할 수 있도록 하는 효과를 가져올 수 있다.

문어에서 담화 접속 기능으로 사용되는 '그래도'는 모두 '약화하여 표현하기' 용법을 보인다. 한편 구어의 경우에도 대부분은 '약화하여 표현하기' 용법을 보이지만, 청자에 대한 화자의 태도 중 하나인 '망설임 표현하기'의 의미를 나타내는 경우도 있다.

(24) 가. A: 나두야 이 실험실에 와서 얼마나 배우는 게 많은데.
B: 그래? 그래두... 했던 비슷한 실험들이래두... 〈사적 대화〉
나. A: 기미가 낀다니까 기미가.
B: 좀 썬크림을 잘 바르고 이렇게 하면 좋지 않나?
A: 그래두... 〈사적 대화〉

(24)의 대화에 제시된 '그래도'는 화자가 상대방이 제시한 주장 또는 의견에 대해서 기본적으로는 반대하지만 확실한 표현을 하지 못하고 망설이는 것을 표현하는 데 사용되고 있다. 이러한 용법은 구어 말뭉치에서 말줄임표로 전사되었다는 점, 대부분의 경우 문두에 위치하며 홀로 쓰이는 경우도 많다는 점 등을 고려했을 때 앞서 살펴본 '약화하여 표현하기'와는 다른 담화 기능을 가진다고 판단된다. 그리고 이러한 용법은 필연적으로 대화 상황에서만 쓰일 수 있기 때문에, 본 연구에서 분석한 자료들 중에서도 구어에서만 출현하였다.

3.2.2. '그래도'의 다단어 표현 분석

이 책의 다른 장에서 연구 대상으로 삼고 있는 접속 부사들에 비하여 '그래도'는 비교적 다양한 다단어 표현이 관찰되는 편이다. 여기에서는 크게 세 가지의 다단어 표현을 제시하였는데, 문어와 구어에서의 '그래도' 포함 다단어 표현의 빈도 및 비율을 제시하면 다음과 같다.

〈표 7-5〉 '그래도' 포함 다단어 표현의 유형별 빈도

	문어		구어	
	빈도	비율(%)	빈도	비율(%)
-으나/지만 그래도	40	89	62	90
아무리 그래도	3	7	3	4
그래도 그렇지	2	4	4	6
합계	45	100	69	100

문어와 구어 모두에서 압도적으로 높은 빈도를 차지하고 있는 다단어 표현은 '-으나/지만 그래도' 구성이다.

(25) 가. 쓸 만한 물건은 모조리 파괴된 텅 빈 수도지만 그래도 미군부대 근처는 일자리나 미군물자, 하다못해 흘러나오는 미제 쓰레기라도 얻어걸리려는 남루한 하루살이 인생들이 모여들어서 이른바 기지촌 경기로 흥청거렸다. 〈소설수필〉

나. 사회정화라 이름 붙여진 그 거대한 공룡의 말초신경 끄트머리 어디쯤인가의 보이지도 않는 세포 같은 존재였는지 모르나 그래도 어차피 나는 일그러지고 더럽혀진 역사의 참여자였다. 〈소설수필〉

다. 값에 비해서 선물로서 가치가 너무 큰까 그 친구가 그게 비싼지 어떤지를 알아주는 게, 그게 중요한 건 아니지만 그래도 마음이 너무 빈약한 선물을 하면... 〈사적대화〉

라. 앞으로 뭐~ 어떤 사람을 어떻게 만날진 모르겠지만, 뭐~ 얘기가 거의 대인 관계 중심으로 나가는 것 같긴 하지만 그래두 가장 중요한 게 그거라고 생각이 되니깐, 계속 말이 나오는 것 같기도 하고 〈사적독백〉

이때의 접속 어미 '-지만'이 대립 또는 양보의 의미를 나타낸다는 사실을 고려한다면 '-지만'과 '그래도'의 중첩은 잉여적이라고 볼 수도 있다. 그러나 앞에서 살펴본 것처럼 접속 어미는 구 또는 절 접속을, 접속 부사는 문장 또는 담화 접속을 담당한다는 사실을 고려한다면, 이때의 '-지만'과 '그래도'는 각각 '대립/양보'의 접속 기능을 담당하는 한편, '그래도'는 앞에서 살펴본 담화 접속 기능을 담당하고 있는 것으로 파악할 수 있다. 즉 선행절 명제가 후행절 명제의 실현에 영향을 미치지 못한다는 것을 나타냄과 동시에 화자는 해당 내용에 대하여 '약화하여 표현하기'라는 담화 전략을 취하고 있는 것이다.

마지막으로 살펴볼 다단어 표현은 '그래도 그렇지' 구성이다.

(26) 가. 시부모님을 모시고 살아서인가? 그래도 그렇지, 한 달에 한 번 나가는데 뭐가 그리 불만인지 이해가 안 간다. 〈잡지〉

나. A: 그런 일이 생길 수도 있는 거지요, 뭐.

B: 그래도 그렇지 인마, 내가 죽은 하동우의 마음을 알았고 살아 있는 네 마음을 아는데…. 〈소설수필〉

다. A: 오월인데 삼월이 음력 생일이라고?

B: 오월 초잖아.

A: 그래도 그렇지... 〈사적대화〉

'그래도 그렇지' 구성은 매우 적은 빈도로 나타나기는 하지만, 하나의 관용 표현처럼 굳어져서 쓰임으로써 선행하는 내용을 받아들인다고 하더라도 인정하기 어려운 것이 있다는 의미를 전달하는 기능을 수행한다.

4. '-어도'와 '그래도'의 기능 분담 양상

다음의 표는 접속 어미 '-어도'의 용례 중 무선 추출한 500개를 대상으로 하여, 출현 빈도를 사용역별로 나누어 제시한 것이다.

〈표 7-6〉 '-어도'의 사용역별 빈도

문어			구어		
사용역	빈도	상대빈도	사용역	빈도	상대빈도
신문	105	6.52	사적대화	220	11.22
잡지	66	6.80	공적대화	115	11.06
소설수필	184	21.52	사적독백	85	13.71
학술교양	29	6.17	공적독백	80	5.82
수기전기	61	14.35			
교과서	14	3.5			
준구어	41	15.19			
총합	500		총합	500	

먼저 문어에서는 〈소설수필〉, 〈준구어〉, 〈수기전기〉 순으로 높은 빈도를 나타내고 있었고, 〈신문〉, 〈잡지〉, 〈학술교양〉, 〈교과서〉에서는 상대적으로 훨씬 낮은 빈도로 나타났다. 같은 문어 말뭉치 내에서도 〈소설수필〉, 〈준구어〉, 〈수기전기〉는 상대적으로 구어적 성격이 강한 사용역인데, 이를 통하여 접속 어미 '-어도'가 기본적으로 문어보다는 구어 환경에서 더욱 자연스럽게 사용되는 형식이라는 점을 어느 정도 파악할 수 있다.

그런데 '양보'라는 의미 관계는 문어와 구어를 가리지 않고 필요에 따라 표현되어야 할 것이고 한국어에서 '양보'를 나타내는 대표적인 접속어미는 '-어도'라는 점을 고려했을 때, 문어적 성격이 강한 환경에서 '-어도'의 빈도가 낮은 이유를 쉽게 납득하기 어렵다. 그런데 이러한 현상은 다른 형식과의 비교를 통해서 설명할 수 있다. 앞서 언급한 바 있듯이, '양보'는 '-어도' 외에 기본적으로 '대립'을 나타내는 '-지만' 등에 의해서도 표현될 수 있다.

(27) 가. 그는 지난해 8월 허리 통증에 시달려 왔지만 이날 승리의 순간만큼은 통증을 전혀 느낄 수가 없었다. 〈신문〉

나. 그런데 어찌된 셈인지 교육세를 처음 징수한 지 올해로 18년이 지났고 그 액수도 36조원에 달하지만 교육 환경은 크게 달라진 게 없다. 〈잡지〉

다. 사람들은 징그러운 해골 같다고 질겁을 하지만, 우리네 인간의 심성을 암시하는 보기드문 돌이다. 〈소설수필〉

(27)은 '-지만'이 선·후행절을 [양보] 관계로 접속하고 있는 것으로 해석되는 문장들이다. 말뭉치 분석 결과 '-지만'은 문어에서 3,189회, 구어에서 1,954회 출현하였는데, 이는 문어에서 878회, 구어에서 1,290회 출현한 '-어도'와 비교해 보면 사용역에 따른 성격이 드러난다. 즉 문어적 성격이 강한 맥락에서 '양보' 관계는 '-어도'에 못지않게 '-지만'이 높은 빈도로 사용된다고 해석할 수 있는 것이다.

한편 구어의 경우 '-어도'는 〈사적독백〉에서 가장 높은 빈도로 사용된 가운데 〈사적대화〉와 〈공적대화〉에서도 자주 쓰인 것으로 나타났다. 한편 〈공적독백〉에서는 상대적으로 훨씬 낮은 빈도로 출현하였다. 이러한 결과로부터도 '-어도'의 특성을 파악할 수 있다. 구어를 구성하고 있는 네 개의 사용역 중에서 구어성이 가장 낮은, 따라서 격식성이 비교적 높은 사용역이 바로 〈공적독백〉이기 때문이다. 〈공적대화〉는 그 상황이 공적이기는 하지만 화·청자가 같은 상황에 존재하는 대화라는 점에서 상대적으로 구어적 성격이 높다고 할 수 있다.

이번에는 접속 부사 '그래도'의 경우를 살펴보도록 하자. 〈표 7-7〉은 '그래도'의 용례 중 무선 추출한 500개를 대상으로 하여, 출현 빈도를 사용역별로 나누어 정규화하여 제시한 것이다.

〈표 7-7〉 '그래도'의 사용역별 빈도

문어			구어		
사용역	빈도	상대빈도	사용역	빈도	상대빈도
신문	20	2.79	사적대화	234	11.94
잡지	39	9.01	공적대화	102	9.81
소설수필	88	23.08	사적독백	89	14.35
학술교양	4	1.91	공적독백	75	5.45
수기전기	43	22.69			
교과서	6	3.36			
준구어	23	19.10			
총합	223		총합	500	

앞에서 언급한 것처럼, '그래도'는 문어와 구어에서의 빈도 자체가 크게 차이가 난다는 점에서 '-어도'에 비해 구어성이 훨씬 강한 형식이라는 것을 알 수 있다. 문어 내에서도 '-어도'와 마찬가지로 〈소설수필〉, 〈수기전기〉, 〈준구어〉에서의 빈도가 높게 나타나는 반면 〈신문〉, 〈잡지〉, 〈학술교양〉, 〈교과서〉에서의 빈도는 훨씬 낮은데, 그 차이가 '-어도'의 경우보다 크다는 점 역시 이러한 특성을 드러내 준다. 한편 구어에서의 빈도는 '사적독백' 〉 '사적대화' 〉 '공적대화' 〉 '공적독백' 순으로 나타나는데,

여기에서도 〈공적독백〉에서의 빈도가 훨씬 낮게 나타난다. 다만 '-어도'의 경우 〈사적대화〉, 〈공적대화〉에서의 빈도 차이가 크지 않은 반면 '그래도'의 경우에는 〈사적대화〉에 비해 〈공적대화〉에서의 빈도가 다소 낮게 나타났는데, 같은 대화 상황 중에서도 〈사적대화〉가 〈공적대화〉에 비해 구어성이 높다는 점에서 충분히 예측 가능한 결과라고 할 수 있다.

5. 마무리

지금까지 국어사전과 문법서, 말뭉치 용례를 다각도로 분석함으로써 '-어도'와 '그래도'의 의미 기능을 살펴보고, 문어와 구어 각각에서 어떠한 출현 빈도를 보이는지, 사용역에 따라 나타나는 유의미한 차이가 무엇인지 등을 알아보았다. 그리고 이러한 분석을 바탕으로 하여 유사한 의미 기능을 가지는 것으로 파악되는 '-어도'와 '그리고'가 변별적으로 선택되는 기제가 무엇인지를 밝혀보고자 하였다. '-어도'와 '그래도'는 기본적으로 '양보'의 의미를 나타낸다는 공통점을 지니는 한편, '-어도'는 선행절의 사실성 여부 및 척도 상정 가능성 여부에 따라 '대립/사실 양보', '비사실 양보', '반사실 양보', '극단 사실 양보'의 네 가지 의미 기능으로 구분할 수 있고 '그래도'는 담화 기능 양상에 따라 '양보', '담화 접속 기능', '담화 도입 기능'의 세 가지를 상정할 수 있었다. 특히 '-어도'는 매우 다양한 유형의 다단어 표현으로서 실현된다는 특징을 지니고 있다는 점을 발견하였는데, 이 장에서는 총 일곱 가지의 다단어 표현으로 나눈 뒤 각각의 말뭉치 출현 용례들을 살펴봄으로써 그 의미 기능을 확인하였다. '그래도'의 경우에는 '-어도'에 비해 훨씬 적은 수효이기는 하지만 총 세 가지의 다단어 표현 유형을 제시하였다. 한편 '-어도'와

'그래도'의 사용역별 출현 빈도를 관찰한 결과 두 접속어 모두 문어보다 는 구어에서 활발하게 사용된다는 점을 알 수 있었고, 그 이유로 '-어도'의 경우 '대립'과 '양보'의 의미 기능을 겸하는 '-지만' 등의 접속 어미의 존재를, '그래도'의 경우 접속 부사로서 지니는 기능을 들었다. 한편 '-어도'와 '그래도'가 화자에 의해 변별적으로 선택되는 기제로는 선·후행 사태의 독립성 및 정보량, 접속의 단위 등을 제시하였다.

이 장에서는 '-어도'와 '그래도'라는 고정된 표현을 대상으로 하여 말뭉치 분석 및 의미 기능 기술을 꾀하였는데, 여기에서 관찰한 사실들을 제대로 설명할 수 있으려면 다른 접속어들과의 관계가 필수적으로 고려되어야 한다. 또한 여기에서 제시한 것들 외에도 '-어도'와 '그래도'가 달리 선택되는 데에는 여러 가지 요인이 작용할 것으로 예측할 수 있다.

제8장

접속어와 접속 기능

한국어는 접속 조사, 접속 어미, 접속 부사와 같은 접속어를 통해서 구나 절, 문장 등의 언어 단위들을 연결한다. 이 연구에서는 접속 어미와 접속 부사 6개 쌍을 말뭉치 용례 분석을 통하여 비교해 보았는데 접속 어미와 접속 부사가 동일한 의미 기능을 가지기도 하고 각각 별개의 의미 기능을 하는 부분이 있음을 알 수 있었다. 선행 연구에서 접속 어미와 달리 접속 부사는 담화적 기능이 있는 것으로 논의되어 왔으며 우리의 연구에서도 접속 부사의 담화적 기능이 확인되었다. 접속 어미와 접속 부사는 접속 단위에 따라 의미 기능이나 용법에서 차이를 보였고 사용역에 따라 접속어 의미 기능의 분포가 달라지는 것을 알 수 있었다.

접속 어미가 단어, 구, 절 등 문장 이하의 단위를 주로 연결하는 데 비하여 접속 부사는 문장 이상의 단위를 연결하는 것이 가능하다. 접속 부사는 특히 구어에서 담화 표지로 많이 사용되는데 접속 부사의 담화적 의미도 접속의 기능으로 해석할 수 있다. 말뭉치 용례 분석 결과, 접속 부사는 문장뿐 아니라 단락을 접속하거나 화제를 접속하기도 하고 화자와 청자를 연결하는 기능을 한다는 것을 알 수 있었다. 즉, 접속 부사는 문장 이상의 단위나, 언어 단위가 아닌 의사소통 장면의 요소들을 연결함으로써 담화적 기능을 획득하게 되는 것이다.

예를 들어 '그리고'는 문단을 접속하기도 하는데, 절이나 문장 접속의 [나열]이 사태 간 나열이라고 한다면 문단 접속의 [나열]은 접속의 단위가 텍스트로 확장됨으로써 담화 층위에서 실현되는 것이다. 그러므로 문장 이하의 단위 접속의 [나열]과 문단 접속의 [나열]은 구분될 필요가 있다. 이들의 가장 큰 차이를 들면 절이나 문장 접속의 [나열]이 선·후행항의 순서 바꾸기를 허락하는 반면 문단 접속의 [나열]은 선·후행항의 순서 바꾸기가 불가능하다는 것이다. '그리고'가 문단을 접속할 때, 이것이 문장 이하 단위의 접속에서 '그리고'가 나타낼 수 있는 의미인 [계기], [동시], [이유/근거], [부연]의 의미를 나타내는 것과 다르게 단순히 [나열]의 기능만을 가진다는 것, 문단과 문단의 연결을 담화 층위에서 실현시킴으로써 문단의 흐름을 매끄럽게 하는 역할을 한다는 것이 문장 접속의 '그리고'와 다른 점이다.

'그리고'가 담화 표지로 사용될 때 결속되는 단위는 단락뿐 아니라 화제와 화제, 화자와 화제, 화자와 청자 등이 있다. '그리고'는 이들을 결속하는 동시에 '강조하여 표현하기, 부연 설명하기, 부정적 태도 표현하기, 인지상태 알리기, 후속발화 요구하기' 등의 의미 기능을 수행한다. '그리고'는 단어, 구, 절, 문장에서 문단까지 이어주는 역할을 하는데, 문장 이상의 단위를 접속할 때에 담화 표지로서의 용법을 아울러 가지게 된다.

(1) 가. 어떤 선은 <u>가늘고</u> 어떤 선은 조금 두껍다. (나열, 문어)
가'. 어떤 선은 가늘다. <u>그리고</u> 어떤 선은 조금 두껍다. (나열, 문어)
나. A: 국물 내는 멸치도 다 갖고 <u>오고,</u>
B: 어.
A: 된장 진짜 된장을 사 가지고 와 가지구, (나열, 구어)

나'. A: 국물 내는 멸치도 다 갖고 왔어.
B: 어.
A: 그리고 된장 진짜 된장을 사 가지고 와 가지구, (나열, 구어)

다. 미술실 문을 닫고 우리는 천천히 어두워 오는 교정을 걸어 나왔다. (계기, 문어)

다'. 미술실 문을 닫았다. 그리고 우리는 천천히 어두워 오는 교정을 걸어 나왔다. (계기, 문어)

라. 지우가 버스를 타고 출근을 했다. (수단/방법, 문어)

라'. 지우가 버스를 탔다. 그리고 출근을 했다. (계기, 문어)

마. A: 그러니까 덤프트럭은 밀도가 높은 거를 싣기 위해서 만든 거구, 화물차는 아니라구. 근데 그걸 난 그렇게 안 듣구 몰랐…
B: 그거잖아?
C: 그 화물차는 그리구 아니었어 언니야. (부연, 화자/화제 결속, 부정적 태도 표현하기, 구어)

바. A: 인자 방사선 마~ 한참 받으 열 열 번 넘어가니까 힘들어해, 지금도 한 열 번 정도 남았대는데, 힘들어하는 거 같애. 누워서 못 일어나고 막 이 정돈 아닌데, 인제~ 뒤로 아직까지 잡기 힘들어서,
B: 그리고 방사선 치료 그래도 머리 안 빠지시고
A: 방사선 치료는 머리 안 빠진대. 항암 치료가 빠진다 그러던데. (도입, 화자/청자 결속, 인지상태 알리기, 구어)

(1가-바)의 예들은 2장에서 보였던 '-고'와 '그리고'의 예들 중 몇 가지를 다시 보인 것이다. (1가-라)와 (1가'-라')은 각각 동일한 문장을 '-고'와 '그리고'만 바꾸어 본 것이다. '-고'와 '그리고'는 [나열], [계기], [동시], [이유/근거], [부연]의 의미를 드러낼 수 있으며, '-고'가 동사구 층위에서 나타내는 의미인 [동작지속], [수단/방법]은 '그리고'가 나타내지 못하는 의미 기능인데, (1라, 라')을 통해서도 알 수 있듯이 [수단/방

법]의 '-고'는 '그리고'로 대치하면 두 사태가 단절되면서 [계기]의 의미를 나타낸다. (1마-바)는 '그리고'가 담화적 기능을 수행하는 예이다. 흔히 '-고'와 '그리고'의 의미 기능에 큰 차이가 없으며 둘을 대치하는 것이 가능하다고 하나, 구어의 사용역에서 '그리고'가 담화 기능을 수행하는 경우에는 '-고'로 대치하는 것이 불가능하다. 이때 '그리고'는 담화 층위에서 강조하여 표현하기, 부연 설명하기, 부정적 태도 표현하기, 인지상태 알리기, 후속발화 요구 등의 기능을 수행하는데, 이런 부분이 '그리고'가 '-고'와 달리 독자적으로 가지는 기능이라고 할 수 있다. 이를 통해 추론해 본다면 화자는 선·후행항 사태의 긴밀도와 의미 관계를 어떻게 인지하고 있는지, 또한 화용적으로 어떠한 의도를 드러내고자 하는지에 따라 '-고'와 '그리고'를 변별하여 사용할 수 있다.

또한 접속 어미 '-어서'는 문장에서 '계기', '인과', '목적', '동작 및 상태 지속', '수단/방법' 또는 관용적 표현으로 다양한 의미·기능으로 사용되는 반면에 '그래서'는 '계기', '인과'로 단순화되어 나타난다. '-어서'와 '그래서'의 비교에서 알 수 있듯이 유사한 의미를 가지는 접속쌍에서 접속 어미가 갖는 의미 영역과 접속 부사가 갖는 의미 영역이 겹치기도 하지만 각각 독자적인 의미를 갖기도 한다.

(2) 가. 그는 놀라서 앉은 채로 펄쩍 뛰어오를 것 같은 표정을 지었다. (인과)
가'. 그는 놀랐다. 그래서 앉은 채로 펄쩍 뛰어오를 것 같은 표정을 지었다. (인과)
나. 노벨은 좋은 목적을 가지고 다이너마이트를 발명해서 산업의 발전에 크게 기여했다. (계기)
나'. 노벨은 좋은 목적을 가지고 다이너마이트를 발명했다. 그래서 산업의 발전에 크게 기여했다. (인과)
다. 외화부족으로 공관운영비를 제대로 줄 수 없으니 자체적으로 벌어서

쓰도록 하라. (수단/방법)

다'. 외화부족으로 공관운영비를 제대로 줄 수 없으니 자체적으로 {?번다, 벌어라}. 그래서 쓰도록 하라. (계기)

라. 해 질 무렵 여름이었어. 한 일곱 시 넘어서 하늘이 붉게 막 물들어 가고 있을 시점었는데, (상태 지속)

라'. 해 질 무렵 여름이었어. 한 일곱 시 {넘어, 넘었어}. 그래서 하늘이 붉게 막 물들어 가고 있을 시점이었는데, (인과)

마. 사정이 그렇게 해서 못 왔습니다. (인과)

마'. 사정이 그래서 못 왔습니다. (대용)

(2가-마)는 4장에서 보았던 '-어서'와 '그래서'의 예들 중 몇 가지를 다시 살펴본 것이다. (2가-마)와 (2가'-마')은 각각 동일한 문장을 '-어서'와 '그래서'로 바꾸어 본 것이다. (2가)의 '-어서'를 (2가')의 '그래서'로 바꾸었을 때 [인과]의 의미가 그대로 남아 있으나 (2나-마)는 그렇지 못한 예이다. (2나, 나')을 통해서 알 수 있듯이 [계기]의 '-어서'는 '그래서'로 대치하면 [인과]로 해석이 된다. 혹은 '그렇게 해서', '그리하여서'와 같은 대용어로서 인과의 의미를 담게 됨을 알 수 있다. 그리고 '-어서' 후행절의 문장 유형이 청유나 명령일 때에는 '-어서'를 '그래서'로 바꾸면 [계기]가 됨을 알 수 있는데 (2다, 다')에서 [수단/방법]의 의미로 쓰인 '-어서'는 '그래서'로 대치했을 때 선행절과 후행절의 시간 차이가 벌어지면서 [계기]의 의미가 된다. (2라, 라')은 [상태 지속]의 '-어서'가 '그래서'로 대치되면 선행절의 내용이 후행절의 내용에 원인이 되어 이어주는 말이 된다. 즉, [인과]의 의미를 담게 된다. (2가-라)와 (2가'-라')을 통해서 '-어서'의 다양한 의미가 '그래서'에서는 함축적으로 단순화됨을 알 수 있다. 이러한 현상은 '-어서', '그래서'에서만 나타나는 것이 아니라 일반적인 내용어가 문법화 과정을 거쳐 기능어로서 나타날

때 자주 보이는 현상이다. '그래서'는 '그러하/그리하-'+'-어서'가 통합되어 형성된 것으로 대용화 과정을 거치고 접속 어미의 전체 기능이 아닌 일부 기능을 받아 계승하게 된 것이다. 즉, '-어서'가 갖고 있는 [계기], [인과], [동작/상태 지속], [방법/수단], [목적] 등의 의미 중 [계기], [인과]로 단순화되어 승계된 것이다. 그리고 (2마')은 '그래서'가 대용어로서 사용된 예이다. '그리하-'+'-어서'가 '그래서'로 될 때 후행절은 선행절을 '그리하-'라는 용언으로 대용하게 되는데 '그래서'는 이 과정이 여전히 살아 있어 대용어로서의 사용도 적지 않음을 알 수 있었다.

(3) 가. 내 동생 성진이는 장난감을 무척 좋아하는데 그 중에서 자동차를 제일 좋아한다. [배경]
가'. 내 동생 성진이는 장난감을 무척 좋아한다. 그런데 그 중에서 자동차를 제일 좋아한다.
나. 스케이트장에 가려고 언덕길을 내려가는데 앞이 보이지 않았다. [전환]
나'. 스케이트장에 가려고 언덕길을 내려갔다. 그런데 앞이 보이지 않았다.
다. 아들이 할머니에게 "어머니 사진관에 오셨는데 독사진 하나 더 찍으시죠." [이유]
라. 아까는 분명 아무도 없었는데 지금은 파라솔에 두 쌍의 신혼부부가 앉아 맥주를 마시고 있다. [대조]
라'. 아까는 분명 아무도 없었다. 그런데 지금은 파라솔에 두 쌍의 신혼부부가 앉아 맥주를 마시고 있다.
마. 이렇게 하고 끝난 줄 알았어. 근데 어~ 그니까 다시 한번 물어 볼게. [간투사 용법]
바. 내가 하나 지어줄까? (아기의 얼굴을 뚫어져라 쳐다보며) 근데 여자야? 남자야? [화제 전환하기]
사. A: (A가 약속 시간에 늦어 B에게 변명을 하는 상황) 갑자기 비가 오는 바람에...

B: 근데? [부정적 태도 표현하기]

아. A: 그래서 그 사람이 다시 만나자고 문자를 보냈잖아.

B: 근데?

A: 나는 별로 생각 없다 이거지. [듣고 있음을 알리기/후속 발화 요구하기]

접속 어미와 접속 부사가 각각 다른 단위를 연결할 때, 접속 어미와 접속 부사로 연결된 두 단위 간 접속 관계의 긴밀성이 서로 다를 수 있다. (3)을 통해서 한 문장 안에서 절과 절을 접속하는 '-(으)ㄴ데'는 그 절 간의 관계가 비교적 긴밀한 반면 문장과 문장, 또는 담화와 담화를 접속하는 '그런데'는 접속하는 대상 사이의 의미적 관계가 '-(으)ㄴ데'에 비해 다소 느슨하다는 것을 알 수 있다. 이에 따라 앞선 문장 또는 담화와는 다른 화제가 도입되거나 앞선 문장 또는 담화가 나타내던 의미와는 대조적인 의미가 '그런데'에 후행하는 경우가 발생한다. 특히 (3마-아)에서와 같이 '그런데'는 구어에서 그 축약형인 '근데'로 사용되는 경우, 간투사로서의 용법 또는 상대방의 발화를 재촉하는 용법 등의 담화 접속 기능을 수행하는 경우가 눈에 띄게 증가하는 경향이 있다. 또한 '그런데'가 가지는 [대조]의 의미로부터 상대방의 의견에 반대하는 정서를 표현하는 기능이 발달하기도 한다.

접속 어미 '-(으)니까'와 접속 부사 '그러니까'도 '-(으)ㄴ데'와 '그런데'처럼 접속 단위의 차이에 따라 접속 단위 간의 긴밀성에서 차이를 보인다. 일반적으로 구나 문장 차원의 연결 기능에 국한되는 접속 어미와 달리 접속 부사는 구나 문장은 물론 선행 단락의 내용을 받아 후행 단락을 이끄는 연결 기능이 가능하다. 이로 인해 두 선·후행 요소가 결합하여 하나의 문장을 이루어 선·후행절의 긴밀성이 큰 접속 어미 '-(으)니까'는 인과 관계의 의미 기능을 그대로 유지하고 있는 데 반해 두 문장이 각각 그대로 유지되어 통사적으로 독립성을 지닌 접속 부사 '그러니까'는 선후 내용 간의 느슨한 관계를 형성하여 문장 중간이나 선행 내용 없이 혼자 독립적으로 나타나기도 하고 다양한 변이형을 가지면서 의미를 확대해 나갈 수 있다.

접속 어미와 접속 부사의 접속 관계의 긴밀성의 차이로 인하여 접속 어미와 접속 부사를 서로 바꾸어 쓸 수 없는 경우가 많다.

(4) 가. 통계란 일반적인 경우를 쉽게 설명할 수는 있어도, 김서방이나 이서방과 같은 특수한 경우를 설명할 수는 없는 것이다.

가'. 통계란 일반적인 경우를 쉽게 설명할 수는 있다. 그래도 김서방이나 이서방과 같은 특수한 경우를 설명할 수는 없는 것이다.

나. 한약을 먹고 이불도 꼭 덮고 자는 등 이것저것 다 해 봐도 잘 안 낫더니 애 한 번 낳은 후로 말끔해졌다.

나'. 한약을 먹고 이불도 꼭 덮고 자는 등 이것저것 다 해 봤다. 그래도 잘 안 낫더니 애 한 번 낳은 후로 말끔해졌다.

다. 교육세는 액수와 함께 그 본래적 의미를 따져 봐도 우리 교육 부문에서 중요한 위치를 점하고 있다.

다'. *교육세는 액수와 함께 그 본래적 의미를 따져 본다. 그래도 우리 교육 부문에서 중요한 위치를 점하고 있다.

라. 계산상으로는 하루 15전씩 남으니 한 달이면 4원 50전이 모아져야 하는데 비 오는 날은 공치는 날인데다가 일은 공쳐도 밥은 먹고 잠도 자야 하니 하루 30전이 고스란히 적자였다.

라'. *계산상으로는 하루 15전씩 남으니 한 달이면 4원 50전이 모아져야 하는데 비 오는 날은 공치는 날인데다가 일은 공쳤다. 그래도 밥은 먹고 잠도 자야 하니 하루 30전이 고스란히 적자였다.

마. 임 신부님은 실향민들을 위해 1987년 자신이 일생동안 희생으로 모으

고 또 은인들의 도움으로 작은 공소를 지으셨다. 1991년 11월 또한 주교님의 측은지심은 그 위에 사제관을 짓고 준본당으로 승격시킨 후 휴가에서 돌아오는 임신부님을 초대 본당 신부로 임명하셨다. 임신부님은 실향민들의 본당 청호동에서 4년간 충실히 일하시다. 1995년 10월 5일에 선종하셨다. 지금은 그래도 교적상 신자 420명에 주일 미사 참례는 어린이서부터 노인들까지 130명을 넘어서고 있지만 그 때는 신자 300명도 안되는 초미니 본당이었다.

(4가-라)는 '-어도'의 기본 의미 기능이라고 할 수 있는 [양보]와 [대립]의 예를 다시 보인 것이고, (4가'-라')은 이를 '그래도'로 대치해 본 것이다. 접속 어미 '-어도'와 접속 부사 '그래도'는 (4가, 가')과 같이 문장의 수가 달라지는 것 외에는 큰 의미 차이를 수반하지 않는다는 점에서 기본적으로 [양보]와 [대립]이라는 의미 기능을 공통적으로 가지고 있다고 할 수 있다. 그런데 (4나, 나')에서 '-어도'를 '그래도'로 대치하기 위해서는 기존의 비사실 의미를 유지하지 못하고 과거시제 선어말 어미 '-었-'을 개재해야만 한다. 앞에서 언급한 바와 같이 '-어도'는 사실, 비사실, 반사실 의미 모두를 나타낼 수 있는 반면, '그래도'의 선행 문장은 언제나 실제로 일어난 사실 사태여야만 한다는 점에서, 접속 어미 '-어도'가 담당할 수 있는 의미 기능의 범위가 더 넓다는 것을 알 수 있다. 만약 '-어도'를 그대로 '그래도'로 대치한다면 (4다, 다')처럼 적격하지 않은 문장이 산출되는 것이다.

한편 단순히 비사실 사태를 사실 사태로 변환한다고 해서 모든 '-어도' 구문이 '그래도'로 대치될 수 있는 것은 아니다. (4라, 라')에서 알 수 있듯이, 선행절 사태가 현실에서 실제로 발생하느냐 여부 자체가 상정되지 않는 맥락에서는 '그래도'로의 대치가 불가능하다. 이를 통해 '그래도'는 '-어도'에 비하여 선·후행 사태의 독립성이 담보되어야 한다는 조건을 강하게 가지고 있다는 차이가 있다는 것을 알 수 있다.

접속 부사는 접속 어미에 비하여 접속을 하는 단위가 크다는 것은 이 책에서 다루고 있는 접속어들 대부분에 해당된다. 접속 부사는 단순히 둘 이상의 문장을 접속하기도 하지만 더 나아가서는 담화 차원을 연결해 주는 기능도 하는 경우가 많고, 이로 인해 접속 어미가 가지지 않는 담화 기능을 가지기도 하는데, '그래도' 역시 마찬가지이다. (4마)에서 '그래도'가 만약 '그리하- + -어도'로 분석된다면 선행하는 내용이 후행 문장에도 해당된다는 것을 전제해야 하지만 실제 해석은 그렇지 않다. 이를 통해 '그래도'는 '-어도'와는 다른 담화 차원에서의 독자적인 의미 기능을 담당한다는 것을 알 수 있다. 기존 담화 표지 및 담화 의미 관련 논의를 참고하여 (4마)에서의 '그래도'가 나타내는 의미 기능을 '약화하여 표현하기'라 명명할 수 있다.

접속 어미 '-(으)면'과 접속 부사 '그러면'의 의미도 동일한 것이 있는가 하면 각각 독자적인 의미 영역을 가지기도 한다. 접속 어미 '-(으)면'과 접속 부사 '그러면'은 말뭉치 분석을 통해 모두 [논리], [반복], [설명], [희망]의 의미를 드러내며 [논리], [반복]의 의미 기능의 경우 실제 말뭉치 용례에서 높은 빈도를 보이는 유사한 분포 양상을 확인할 수 있었다.

(5) 가. 증발접시에 수용액을 넣고 <u>증발시키면</u> 무색의 투명한 결정이 생긴다. (논리)

가'. 증발접시에 수용액을 넣고 <u>증발시킨다. 그러면</u> 무색의 투명한 결정이 생긴다.

나. *송별회는 눈물 바다를 <u>이루었으면</u> 늦게 참석한 형과 친구들은 음식을 챙겨오곤 했다.

나'. 송별회는 눈물 바다를 이루었다. <u>그러면</u> 늦게 참석한 형과 친구들은 음식을 챙겨오곤 했다. (반복)

다. 내가 돈을 많이 벌었으면 엄마가 돈을 안 벌텐데. (희망)
다'. *내가 돈을 많이 벌었다. 그러면 엄마가 돈을 안 벌텐데.
라. 하버마스에 따르면 근대 자본주의의 발전은 공개적인 논의의 장을 생성시켰다. (설명)
라'. *하버마스에 따른다. 그러면 근대 자본주의의 발전은 공개적인 논의의 장을 생성시켰다.
마. *주윤발도 오케이했으면 어떻게 주윤발과 밀키스를 연결시킬 것인가? (잡지)
마'. 주윤발도 오케이했다. 그러면 어떻게 주윤발과 밀키스를 연결시킬 것인가?

예문 (5가)와 (5가')과 같이 [논리] 의미 기능을 하는 접속 어미 '-(으)면'과 접속 부사 '그러면'은 대치해도 의미 변화에 큰 차이를 보이지 않기 때문에 의미 기능에 큰 차이가 없다고 볼 수 있었다. 그러나 예문 (5나-다')을 살펴보면 접속 어미 '-(으)면'과 접속 부사 '그러면'이 완전히 대치한다고 보기 어려움을 확인할 수 있었다. 예문 (5가, 가')과 같이 선행절의 시제가 현재일 때는 두 접속어의 대치가 가능하였으나 선행 문장 또는 선행절이 과거일 때는 대치가 불가능하고 하나의 접속어가 비문을 만드는 문법 요소가 된다. 조건의 의미 기능이 [반복]일 때 예문 (5나)와 같이 선행절이 과거이면 접속 어미 '-(으)면'은 비문을 형성하고 조건의 의미 기능이 [희망]일 때는 예문 (5다')과 같이 접속 부사 '그러면'이 비문을 형성하게 된다.

또한 접속 부사 '그러면'은 [설명] 조건의 의미 기능을 수행하지만 예문 (5라)와 같이 접속 어미 '-(으)면'과 대치하였을 때 시제에 관계없이 비문을 만들어서 두 접속어가 동일한 기능을 하지 못함을 볼 수 있었다. 이는 [설명] 조건이 선행절과의 결속성이 높고 바로 후행절과 연결되어야 성립될 수 있는 특성을 지니기 때문에 독립된 두 문장에서 연결하면 어색한 문맥이 만들어진다는 것을 확인할 수 있었다. 이와 반대로 예문 (5마, 마')은 접속 부사 '그러면'에서 나타나는 [전환] 조건의 의미 기능을 접속 어미 '-(으)면'과 대체한 것이다. 후행 요소에서 선행 요소와 다른 화제로 바꾸는 [전환] 조건은 특성 상 선행 요소와 결속성이 높은 접속 어미 '-(으)면'으로 대치하면 비문을 형성하게 되거나 문장의 의미가 달라지게 된다.

예문 (5가-마')과 같이 동일한 의미 기능의 수행과 대치되지 않는 시제 제약과 의미 조건의 특성과 함께 접속 어미 '-(으)면'과 접속 부사 '그러면'이 접속하는 선행절의 범위를 살펴볼 수 있었다.

(6) 가. 꽃을 <u>키우면</u> 누가 고상하게 봐 주나. (선행절)
나. 꽃을 키워, <u>그러면</u> 누가 고상하게 봐 주나. (앞 문장)
다. (꽃을 키워) <u>그러면</u> 누가 고상하게 봐 주나. (이전 발화자의 문장)
라. <u>그러면</u> 누가 고상하게 봐 주나. (공유하는 상황 및 배경)

접속 어미 '-(으)면'의 경우 조건이 선행절에 한정되는 반면, 접속 부사 '그러면'은 아래 예문 (6가-라)와 같이 선행 문장, 이전 발화자의 문장, 화자와 청자가 공유하는 상황 자체가 선행절의 조건을 대신할 수 있다는 점에서 접속 어미보다 조건의 범위가 넓음을 확인할 수 있다.

이러한 차이는 접속 어미 '-(으)면'에 비해 접속 부사 '그러면'이 절 이상의 접속 단위와 결합하여 선행 요소와 후행 요소의 독립성이 크며 접속 어미 '-(으)면'은 선행절과의 직접적인 결속성이 크고 '그러면'은 선행 요소의 의미에 대해서 '-(으)면'보다 상대적으로 결속성의 정도가 덜하기 때문에 유사한 조건 의미 기능을 보임에도 완전히 대치될 수 없는 특성도 있음을 확인할 수 있었다. 이를 통해 접속 어미 '-(으)면'과 접속 부사 '그러면'이 유사한 조건 의미 기능을 드러낼 수 있고 하나의 조건 접속으로 분류할 수 있지만 이 때 선행 요소와 후행 요소 사이의 결속성과 선행 요소의 범위가 함께 고려되어야 함을 살펴볼 수 있었다.

사용역에 따라 접속 어미와 접속 부사는 다른 기능을 하기도 하고 각 접속어가 가지는 의미의 계량적 분포가 달라지기도 한다. 문어에서 접속 부사나 접속 어미는 논리적 연결 이외의 다른 기능을 하는 경우가 드문 반면 구어에서 접속 부사는 논리적인 기능 외에도 담화 접속 기능을 한다. 선·후행 명제 내용을 긴밀하게 묶어주는 접속 어미인 '-(으)니까'는 구어에서도 문어와 같은 사용 양상을 그대로 드러내고 있음을 확인할 수 있다. 그러나 접속 부사 '그러니까'는 복수의 대화 참여자와 실시간으로 발화가 이루어지는 상황에서 다층적인 접속 기능을 동시에 수행한다. 즉 '그러니까'는 논리적 관계를 나타내는 [이유]의 기능이 있지만, 실제 사용에서는 화자와 청자가 상황 맥락을 공유하는 실시간 발화 상황으로 인한 압박으로 논리적인 의미 연결보다는 화자와 청자 간의 상호작용이 중요한 기능으로 요구된다. 이러한 이유로 구어에서 '그러니까'가 원래의 의미 외에 발언권을 획득하거나 유지하려는 의도로 자주 사용된다. 이는 독백보다 대화, 특히 사적 대화에서 '그러니까'의 사용 빈도가 높다는 점에서도 확인할 수 있다.

접속 단위의 차이에 따라 접속어의 의미가 달라지기도 하는데, '그런데'의 경우 '-(으)ㄴ데'에서 나타나는 [배경]의 의미는 약화되고 [대조] 의미를 강하게 나타내게 된다. 이러한 차이는 '-(으)ㄴ데'와 '그런데'의 접속 단위의 차이와도 관련이 있다. 더 나아가 담화 접속의 '그런데'의 경우 상대방의 말을 끊거나 화자 자신이 이야기하고 있던 화제에서 다른 화제로 전환되는 용법을 보여 이러한 접속 단위와 접속 형식의 의미 간의 상관성을 더욱 잘 보여 주는 근거가 될 것이다. 이때 '그런데'의 담화 접속의 기능은 '그런데'의 문장 접속의 기능과 밀접한 관련이 있으나 그 접속의 단위에 따라 각각 다른 용법으로 발달한 것으로 보인다.

접속 어미와 접속 부사의 의미 사이의 관계에는 이들이 접속하고 있는 단위의 문제가 관련되어 있는 듯하다. 접속 어미 '-(으)ㄴ데'는 한 문장 내에서 두 개 이상의 절을 접속한다는 점에서 문장 내 결속력이 있다고 할 수 있다. 이러한 문장 내 결속력이 선행절과 후행절의 연결 관계에서 다소 약한 연결 고리를 나타내는 [배경] 의미에서 좀 더 강한 연결 고리를 나타내는 [이유] 등의 의미로 발달할 수 있는 발판이 되었다. 반면 접속 부사 '그런데'의 경우 '-(으)ㄴ데'가 가지고 있는 [배경]의 의미 기능은 다소 약화되고 [대조]의 의미가 강하게 나타나며 접속 단위가 문장 이상의 단위라는 점에서 담화 내 결속력이 강조된 것으로 보인다. 이는 문장 내 결속력이 강한 '-(으)ㄴ데'가 [이유]와 같이 선행 요소와 후행 요소의 밀접한 관련성(또는 개연성)을 부여하는 의미로도 확장되는 것과는 달리 별개의 문장(또는 별개의 담화)을 구성하게 되는 '그런데'의 특성이라고 할 수 있다. 또한 '그런데'의 문장 접속 기능은 담화 접속의 차원에서는 [부정적 태도 표현], [듣고 있음을 알리기], [발언 재촉하기], [화제 전환하기] 등의 기능으로 나타난다.

접속 단위나 사용역에 따라 접속어의 의미가 달라지는 예로 접속 어미 '-(으)니까'와 접속 부사 '그러니까'를 들 수 있다. 접속 어미 '-(으)니까'는 선행절 내용에 대한 [이유]의 의미를 분명히 드러내고 있는 데 반해 접속 부사 '그러니까'는 [부연 설명]의 의미와 다양한 담화 접속 기능을 수행한다. 다음의 (7)-(10)에서 접속 어미 '-(으)니까'와 접속 부사 '그러니까'가 상이한 실현 양상을 보이는 것을 볼 수 있는데 이는 접속 단위의 차이와 구어와 문어 사용역에 따른 차이에서 기인한 것이라고 할 수 있다.

(7) 가. "난 지금 바쁘니까 그런 얘기를 할 시간이 없소. 내 아내와의 약속이 있기 때문이오."

나. 새 학년이 되었을 때 어머니께서 우산을 3개 사오셨다. 언니들 것이라고 하시면서 주희는 2학년이니까 헌 것을 더 쓰고 조금 있다가 새 우산을 사주시겠다고 하셨다.

다. 지난번 종합대책 때 내놓을 것은 다 내놨으니까 남은 일은 수출업체 독려밖에 없다고 생각하는 모양이지만 우리가 보기에는 사태의 심각성에 대한 문제의식이 너무 안이한 것 같고 대응자세도 너무 소극적이다.

(8) 가. 퍼스트한테 내가 해 줄 수 있는 건 다 해 주고, 내가 그만큼 노력을 해 주고 걔한테 내 마음 쏟아부으니까 걔도 나한테, 딴 짓 안 하고 인제~ 등 안 돌리고 잘해 준단 말이지

나. A: 정확하게 찍혀요?

B: 그러진 않어. 대략 뭐~, 루트로 나와야 되는데, 우리는 루트가 편한데, 다 소숫점으로 해 버리니까, 보기 힘들지.

다. 근데 아프가니스탄, 페 파키스탄은 너::무 덥거든요, 어우~ 너무 더워, 그래서, 저는 근데 거기가 또, 이 중앙아시아 서남아시아 이렇게 들어서, 건조할 거라고 생각했어요, 그래서, 건조하면 좀 괜찮겠지 했는데, 건조하기는 뭐~, 너::무 습기도 많고, 습기 차고 더우니까, 어~ 죽겠는 거야, 그랬는데? 그~ 아프가니스탄은 파키스탄보다 지대가 더 높아요

라. 더:: 희한한 것들은 씨::디:: 같은 거예요. 밖::이죠::? 창밖 할 때는 요 모양 그대로예요. 그런데 안팎 할 때는, 팎이 돼 버리죠? 같은 뜻인데::. 같은 뜻인데::. 이럴 때는 우리가 할 말이 없으니까, 안 뒤에서는 팎이 된다. 그렇게밖에는 설명할 도리가 없어요.

(9) 가. 그 이상의 처세술도 임기응변의 능력도 저에겐 없습니다. 그러니까 내가 걸어온 길을 그대로 갈 수밖에는 없죠. 그것도 교육자의 모습이겠죠. (이유)

나. 18층짜리 아파트의 18층, 그러니까 더 올라갈래야 올라갈 수 없는

맨 꼭대기층인데도 하늘을 보기 위해 그녀는 고개를 쳐든다. (부연 설명)

(10) 가. 그찮아요? <u>그니까</u> 여기 있는 것들도 마찬가지죠::? 개가 개고기 할 때는 개로 그냥 있다가::, 수캐 암캐. <u>그니까</u> 수하고 암 뒤에서는 캐가 된다. 다 이 밑에도 마찬가지예요. (부연 설명)

나. A: 근데 여기서 교묘하게 교묘하게 사실 오인이 있는데,

B: <u>그러니까</u> 제 이야기는,

A: 네.

B: 신문사가 언론사가 먼저 깨끗해야 된다는 데 대해서는 저도 전적으로 동감을 합니다마는, 마치 언론사를 전부 도둑놈 집단 비리 집단으로 몰구 가려는 그런 정치적 의도가 이~ 분명히 현 정권을 가지고 있다, 이 점은 분명히 바로 잡아야 된다. (발언권 획득하기)

다. 그러니깐 또 뭐::~, 어::~ 여러 다른::, <u>근까</u> 속도::, 속도를::, 텍스트에다가::, 집어넣는 거. 약간 그::~ (발언권 유지하기)

라. A: 뭐~ 알라딘의 램프도 아니고 뭐~ 결정적인 순간에 막,

A: 아 마지막에 나 진짜 엽기적이었다니까, 들(덜) 깨

B: 마지막에 별 내용 없이 끝나고 허무하게 끝나 버리고 말더라구,

A: <u>그러니까</u>. (발언 동의하기)

마. 그 다음에 인삼주, 인삼주도 인삼주 제품 하나밖에 없어요. 근데 인삼주도 똑같은 게 아니라 어~ 십삼 점 오 도 하는 약주류의 인삼주가 있고, 그리고 어~ 사십삼 도. 하는 어~ 그 증발시킨 <u>그까</u> 증발이 아니라. 뭐라 그러죠? (발언 수정하기)

접속 어미와 접속 부사는 아래의 (11)에서 보듯이 선·후행절(혹은 선·후행문)의 통사적 제약에서도 차이를 가지는 경우가 많다. 접속 어미 '-(으)면'과 접속 부사 '그러면'은 모두 후행절(혹은 후행문) 제약이 없다는 공통점을 보였으나 접속 어미 '-(으)면'의 경우 선행절의 조건이 [희망]이 아닌 경우, 과거 시제의 제약이 있다.

(11) 가. 내가 돈을 많이 벌었으면 엄마가 돈을 안 벌텐데.
나. 16만원인 것 같은데 건보공단에서 기회를 주면 언제든 반환하겠다.
다. *16만원인 것 같은데 건보공단에서 기회를 줬으면 언제든 반환하겠다.
라. 시간이 지나면 변할지 모르겠지만
마. *시간이 지났으면 변할지 모르겠지만

(11가)와 같이 '-(으)면'이 [희망] 조건의 의미일 때 과거 시제의 결합에 있어서 제약이 없다. 그러나 예문 (11다)와 (11마)와 같이 [논리] 조건의 의미일 때는 과거 시제와 결합하였을 때 비문이 되었다. 다음의 (12)에서는 접속 어미 '-(으)면'의 경우 조건이 선행절에 한정되는 반면, 접속 부사 '그러면'은 상대방의 발화, 화자와 청자가 공유하는 상황 자체가 선행문의 조건을 대신할 수 있다는 점에서 차이를 보였다.

(12) 가. 꽃을 키우면 누가 고상하게 봐 주나. (발화자)
나. 꽃을 키워, 그러면 누가 고상하게 봐 주나. (발화자)
다. (꽃을 키워) 그러면 누가 고상하게 봐 주나. (이전 발화자로부터 언급된 경우)
라. 그러면 누가 고상하게 봐 주나. (공유하는 상황 및 배경에서 전제되어 있는 조건)

이러한 차이는 '-(으)면'에 비해 '그러면'이 절 이상의 접속 단위와 결합하고 시제 결합에 있어서 상대적으로 다양하기 때문에 나타난다. 또한 '-(으)면'은 선행절과의 결속성이 크고 '그러면'은 상대적으로 결속의 정도가 덜하기 때문에 이러한 차이가 나타남을 유추할 수 있었다.

(13) 가. 비가 오는데 우산 가지고 가라.
나. 여기까지 왔는데 차라도 한 잔 하시죠.

(13)에서는 후행절에 나타난 화자의 판단/명령에 대한 배경으로서 '비가 온다'는 사실을 제시하고 있는데 이와 같이 '-(으)ㄴ데' 절에 제시된 후행절에 대한 배경이 논리적인 근거, 이유로서 해석되는 경우가 있다. 그러나 '그런데'의 경우 이러한 논리적인 근거, 이유로서의 용법은 나타나지 않았다.

앞에서 우리는 접속 어미와 접속 부사의 6개 쌍을 비교 분석해 보았는데 각 접속어 쌍에 대한 분석 결과를 장별로 요약하면 다음과 같다.

2장에서는 접속 어미 '-고'와 접속 부사 '그리고'를 비교하며 의미와 의미별 사용 빈도, 사용역에 따른 사용 양상의 차이를 분석하고 논의해 보았다. 말뭉치 예문을 분석한 결과 '-고'와 '그리고'는 '-고'가 동사구 단위에서 실현하는 [동작지속], [수단/방법]의 의미를 제외하고는 [나열], [계기], [동시], [이유/근거], [부연]의 동일한 의미 기능을 가지는 것으로 나타났다. 하지만 각각의 의미 기능이 실제로 얼마나 사용되는지는 큰 차이를 보였는데, [나열]은 여러 의미들 가운데서도 빈번하게 사용되는 반면, [동시]와 같은 의미는 이론적으로는 나타날 수 있으나 실제 언어생활에서는 잘 쓰이지 않는 모습을 보였다. 언어는 시간을 거듭하며 사용 양상이 계속해서 변화하고, 처음에는 같은 뿌리를 가지고 유사한 의미를 가졌던 단어들이라 하더라도 점차 새로운 의미를 획득하거나 기존의 의미를 잃어버리면서 그 연관성을 찾아보기 어렵게 되기도 한다. 지금은 '-고'와 '그리고'가 앞서 언급한 의미들을 나타내는 기능을 가지지만 사용 빈도가 낮은 의미들은 시간이 지나면서 점차 퇴화되거나 다른 의미로 변이가 될 가능성이 있다.

또한 문어와 구어의 사용역에 따라 '-고'와 '그리고'가 나타내는 기본 의미는 다르지 않았지만, 그 사용의 측면에서는 상당히 상이한 모습을 보였다. 구어는 발화 단위가 문어와 다르고 다자 간의 대화 상황이 많은 만큼, 한 발화 단위 도중 상대방의 간섭이 개입되기도 하고 화자가 화용적 층위에서 특정한 의도를 가지고 담화적 전략에 따라 '-고'나 '그리고'를 사용하기도 함으로써 훨씬 다채로운 사용 양상이 발견되었다. 이것은 구어를 중심으로 '-고'와 '그리고'의 사용 양상을 더 심화하여 살펴볼 필요가 있다는 것을 의미하기도 한다. 구어를 대상으로 '-고'와 '그리고'를 심도 있게 분석한다면 보다 생동감 있는 현실 언어의 모습들이 더 많이 발견될 것이라 기대된다.

더불어 '-고'와 '그리고'가 다단어 표현으로 사용되는 모습도 살펴볼 수 있었는데, 이들이 다른 단어들과 한 덩어리를 이루어 마치 하나의 언어 단위처럼 사용되는 것은 매우 흥미로운 모습이다. 특히 다단어 표현이 문어보다 구어에서 더 빈번하게 나타나고, 구어와 문어에서 사용되는 다단어 표현의 유형이 다르다는 것은 사용역에 따라 언어 사용에 있어 허용되는 범위가 다르다는 것을 함의한다. 구어는 문어보다 자유로운 사용 환경을 보장하는 바, 다단어 표현의 유형도 더 다양하고 빈도도 많이 나타나게 되는 것이다.

3장에서는 접속 어미 '-(으)ㄴ데'와 접속 부사 '그런데'의 의미 기능과 의미 사이의 관계를 각각 밝히고 '-(으)ㄴ데'와 '그런데'의 의미 기능 사이의 공통점과 차이점에 대하여 밝히고자 하였다. 특히 '-(으)ㄴ데'가 나타내는 의미 기능이 크게 [배경]과 [대조]의 두 가지인 것으로 보고 [전환], [이유]의 의미는 [배경]에서, [양보]의 의미는 [대조]에서 문맥적으로 발생하는 의미로 보았다. 특히 '-(으)ㄴ데'의 기원을 고려하였을 때, '-(으)ㄴ데'의 기본적인 의미 기능은 '배경'인 것으로 간주하였다. 또한 접속 부사 '그런데'의 기원을 고려하여 '그런데'가 가지는 [배경], [대조], [화제 전환]의 의미 기능 중에서 '배경'의 의미 기능이 가장 기본적인 것으로 보았다. 그리고 접속 부사 '그런데'가 가지고 있는 [부정적 태도 표현하기], [듣고 있음을 알리기], [후속 발화 요구하기], [화제 전환하기] 등의 담화 접속 기능을 제시하고 이들 간의 상관관계를 추정하였다.

이러한 접속 어미 '-(으)ㄴ데'와 접속 부사 '그런데'의 의미 사이의 관계에는 이들이 접속하고 있는 단위의 문제가 관련되어 있는 것으로 보인다. 특히 '-(으)ㄴ데'가 한 문장 내에서 두 개 이상의 절을 접속한다는 점에서 문장 내 결속력이 있으며 이러한 문장 내 결속력이 선행절과 후행절의 연결 관계에서 다소 약한 연결 고리를 나타낸다고 할 수 있는 [배경] 의미에서 좀 더 강한 연결 고리를 나타내는 [이유] 등의 의미로 발달할 수 있는 발판이 되었다고 본다. 또한 [배경]이 후행절을 이해하기 위한 일종의 배경 설명이었으나 [대조]의 의미 기능으로까지 발달하게 된 것은 문장이 긴밀하게 연결됨에 따라 선행하는 사태와 후행하는 사태의 대비가 극명하게 나타나기 때문인 것으로 보인다. 반면 접속 부사 '그런데'의 경우 '-(으)ㄴ데'가 가지고 있는 [배경]의 의미 기능은 다소 약화되고 [대조]의 의미가 강하게 나타나며 접속 단위가 문장 이상의 단위라는 점에서 담화 내 결속력이 강조된 것으로 보인다. 또한 '그런데'의 문장 접속 기능은 담화 접속의 차원에서는 [부정적 태도 표현], [듣고 있음을 알리기], [발언 재촉하기], [화제 전환하기] 등의 기능으로 나타난다.

'-(으)ㄴ데'와 '그런데'가 담당하는 접속 단위에 따라 그 기능이 달라지는 것을 살펴보았을 때, 접속 표현은 해당 접속 표현이 담당하는 접속 표현이 무엇인지, 그리고 그 기본적인 의미 기능이 무엇인지에 따라 서로 다른 의미 분담 양상을 보일 것이라고 예측해 볼 수 있다. 이러한 의미 분담 양상은 '-(으)ㄴ데'와 '그런데'와 같이 동일한 의미 기능을 하며 그 접속 단위가 다른 접속 표현 사이에서 관찰할 수도 있으며 접속 단위가 같으며 비슷한 의미 기능을 하는 '-(으)ㄴ데', '-(으)니까', 또는 비슷한 의미 기능을 수행하는 접속 어미와 종결 어미 '-(으)ㄴ데', '-거든'과 같은 여러 쌍에서 비교 관찰해 볼 수 있을 것으로 보인다. 이러한 의미 기능의 분화 양상과 그 용법을 비교 관찰함으로써 한국어의 접속 표현 체계를 고찰하는 것이 한국어 접속 표현을 총체적으로 연구하는 데에 도움이 될 것이다.

4장에서 살펴본 접속 어미 '-어서'와 접속 부사 '그래서'는 인과의 의미 기능을 하는 대표적인 접속어이다. 논리적 상관관계를 나타낼 때 사용하는 접속어 '-어서'와 '그래서'가 품사 설정에서는 다른 층위에 속해 있지만 기능을 중심으로 살펴보았을 때 의미범주 사이에 관련성이 있는지를 살펴본 것이다. 이를 위해 새 연세 말뭉치의 구어와 문어에서 랜덤으로 500개의 문장을 추출하여 의미 관계를 살펴보았다. '-어서'는 [+계기성]과 [+인과성]을 기본 의미로 함유하고 있는데 이를 분류하기는 쉽지가 않다. 이는 구어에서든 문어에서든 화용적 쓰임을 살핌으로써 '계기'와 '인과'를 구분할 수 있는 경우가 많고, 특히 구어에서 '-어서'는 문장 층위에서 '계기'와 '인과'를 구분하기가 쉽지 않았다. 다음으로 '그래서'는 '-어서'의 다의적 의미·기능 중에서 '인과'의 기능이 특화되어 만들어진 접속 부사로 볼 수 있는데 이는 '그러하다 +-어서'의 결합을 통해 이루진 것으로 이러한 의미가 여전히 남아 있다는 것을 확인하였다. 즉, '대용어'로서 쓰임이 많이 나타났다. 또한 구어에서는 '담화 표지'로서 활발히 사용됨을 알 수 있었다.

그렇다면 '-어서'와 '그래서'는 '인과'를 기준으로 하나로 묶는 것은 가능한 일인가? 두 개의 접속어는 주기능은 물론 '인과'가 될 것이다. 그런데 이를 하나의 문법적 틀로 묶기에는 무리가 있다고 여겨진다. 그 이유는 첫째, '그래서'는 구어에서 담화 표지로서 쓰임이 활발하다. 그리고 담화적 기능은 다양하게 나타나는데 이를 '-어서'에서 어떤 층위에서 같이 논할 수 있을지 의문이 든다. 즉, '그래서'뿐만 아니라 여타의 접속 부사가 담화 표지로서 다양한 기능을 하고 있는데 이를 접속 어미와 어떤 층위에서 어떻게 논할 수 있을지에 대한 문법적 정리가 필요하다고 생각된다. 다음으로 '-어서'의 다양한 의미가 '그래서'에서는 함축적으로 축약되어 '인과', '계기'로 단순화되어 나타나는데 이렇게 접속 어미가 접속 부사로 될 때 다의적 의미가 어떠한 과정을 통하여 왜 단순화되는지를 설득력 있게 설명할 수 있는 고민이 필요하다.

5장에서는 '그러(하)-'에 접속 어미 '-(으)니까'와 접속 부사 '그러니까'에 대하여 살펴보았다. '그러(하)-'에 접속 어미 '-(으)니까'가 연결된 '그러니까'는 '-(으)니까'가 지닌 이유나 원인의 의미를 나타내는 접속 부사로, 앞선 연구에서 '그러-' 계열 접속 부사 중 담화 표지로의 쓰임이 가장 활발한 접속 부사로 논의가 이루어졌다 기존의 논의에서는 담화 표지로서의 '부연 설명'의 기능이 접속 부사 '그러니까'가 가지는 '원인·이유'의 의미보다 더 높게 나타남을 밝히고 있다.

이제까지 '인과 관계'를 표현하는 접속 부사로 분류되어, '그러니까'가 나타내는 '부연 설명'의 의미 기능은 담화를 결속하고 화자의 태도를 나타내 주는 담화 기능을 수행하는 것으로 본 기존의 논의에 문제의식을 가지고 실제 말뭉치 용례를 바탕으로 접속 어미 '-(으)니까'와 접속 부사 '그러니까'의 의미를 분석하여 이들의 의미가 어떠한 관계에 있는지를 살펴보았다.

이를 통해 접속 어미 '-(으)니까'와 접속 부사 '그러니까'는 문어보다 구어에서의 사용 빈도가 월등히 많은 접속어로 [이유]와 [설명]의 의미를 공유하고 있으나 접속 어미 '-(으)니까'는 선행절 내용에 대한 [이유]

의 의미를 분명히 드러내고 있는 데 반해 접속 부사 '그러니까'는 [부연 설명]의 의미와 다양한 담화 접속 기능을 수행하고 있음을 확인하였다. 여기에서는 접속 어미 '-(으)니까'와 접속 부사 '그러니까'가 상이한 실현 양상을 보이는 이유를 접속 단위의 차이와 구어에서 주로 사용되는 '사용역에 따른 차이로 보았다.

6장에서는 한국어 조건 접속어 중에서 높은 빈도를 보이는 대표적인 두 문법 항목 접속 어미 '-(으)면'과 접속 부사 '그러면'을 대상으로 연구를 진행하였다. 실제 한국어 모어 화자의 문어, 구어 말뭉치 자료인 '새 연세 말뭉치'에서 각 접속어를 500개씩 무작위로 추출하였고 말뭉치 분석에 앞서 선행 연구와 한국어 사전을 참고하여 재설정한 '조건'의 의미 분류 기준으로 의미 태깅하였다. 접속 어미 '-(으)면'은 [논리], [반복], [설명], [희망] 으로 의미 기준을 설정하였고 접속 부사 '그러면'은 [논리], [반복], [설명], [희망], [전환]으로 분류하였다. 설정한 의미 기준 외에 분류하기 어려운 것들은 다단어 표현이나 담화적으로 유의미한 용례들을 중심으로 분석하였다. 접속 어미 '-(으)면'과 접속 부사 '그러면'은 형태별, 사용역별로 구분하여 말뭉치 용례 분석을 하였고 접속 어미 '-(으)면'과 접속 부사 '그러면'을 하나의 접속 표현으로 함께 분류할 수 있을 가능성에 대하여 살펴보았다.

분석 결과, 접속 어미 '-(으)면'과 접속 부사 '그러면'은 모두 후행절 제약이 없다는 공통점을 보였으나 접속 어미 '-(으)면'은 선행절의 조건이 [희망]이 아닌 경우, 과거 시제의 제약이 있음을 발견하였다. 그리고 접속 어미 '-(으)면'의 경우 조건이 선행절에 한정되는 반면, 접속 부사 '그러면'은 상대방의 발화, 화자와 청자가 공유하는 상황 자체가 선행절의 조건을 대신할 수 있다는 점에서 차이를 보였다. 이러한 차이는 접속 단위, 시제 결합, 결속성의 정도 차이로 나타남을 유추할 수 있다.

이러한 이유 때문에 접속 어미와 접속 부사가 완전히 동일한 접속어라고 결론지을 수는 없지만 말뭉치 분석 결과, 말뭉치 분포 양상에서는 차이점보다 유의미한 접속의 의미 기능에서의 유사한 분포 양상을 보였다. 조건의 의미 기준 중에서도 [논리], [반복] 조건에서 높은 빈도를 보임과 동시에 두 의미 조건에서는 동일한 접속의 의미 기능을 한다는 것을 확인할 수 있었다.

선행 연구들에서 '조건'의 의미가 다양하게 논의되었으나 기존의 논의들에서는 '사실, 비사실, 가정'과 같은 개념 중심으로 이루어졌기 때문에 일관되지 않고 용례가 중복되어 해석되거나 모호한 부분이 많았다. 이 연구에서는 말뭉치 분석을 진행하기 전에 '조건'의 의미 기준을 다시 정리하고 재설정하였다. 특히 선행 연구뿐만 아니라 한국어 사전에서 분류한 '조건'의 의미 기준을 함께 살펴보았다는 점에서 의미가 있다. 또한 실제 한국어 모어 화자의 말뭉치 자료에서 분석하였기 때문에 보다 실제적인 활용으로 이어질 수 있다.

7장에서는 국어사전과 문법서, 말뭉치 용례를 다각도로 분석함으로써 '-어도'와 '그래도'의 의미 기능을 살펴보고, 문어와 구어 각각에서 어떠한 출현 빈도를 보이는지, 사용역에 따라 나타나는 유의미한 차이가 무엇인지 등을 알아보았다. 그리고 이러한 분석을 바탕으로 하여 유사한 의미 기능을 가지는 것으로 파악되는 '-어도'와 '그리고'가 변별적으로 선택되는 기제가 무엇인지를 밝혀보고자 하였다. '-어도'와 '그래도'는 기본적으로 '양보'의 의미를 나타낸다는 공통점을 지니는 한편, '-어도'는 선행절의 사실성 여부 및 척도 상정 가능성 여부에 따라 '대립/사실 양보', '비사실 양보', '반사실 양보', '극단 사실 양보'의 네 가지 의미 기능으로 구분할 수 있고 '그래도'는 담화 기능 양상에 따라 '양보', '담화 접속 기능', '담화 도입 기능'의 세 가지를 상정할 수 있었다. 특히 '-어도'는 매우 다양한 유형의 다단어 표현으로서 실현된다는 특징을 지니고 있다는 점을 발견하였는데, 이 장에서는 총 일곱 가지의 다단어 표현으로 나눈 뒤 각각의 말뭉치 출현 용례들을 살펴봄으로써 그 의미 기능을 확인하였다. '그래도'의 경우에는 '-어도'에 비해 훨씬 적은 수효이기는 하지만 총 세 가지의 다단어 표현 유형을 제시하였다. 한편 '-어도'와 '그래도'의 사용역별 출현 빈도를 관찰한 결과 두 접속어 모두 문어보다는 구어에서 활발하게 사용된다는 점을 알 수 있었고, 그 이유로 '-어도'의 경우 '대립'과 '양보'의 의미 기능을 겸하는 '-지만' 등의 접속 어미의 존재를, '그래도'의 경우 접속 부사로서 지니는 기능을 들었다. 한편 '-어도'와 '그래도'가 화자에 의해 변별적으로 선택되는 기제로는 선·후행 사태의 독립성 및 정보량, 접속의 단위 등을 제시하였다.

지금까지 한국어 문법에서 '접속'이라 함은 주로 접속 어미를 통하여 선행절과 후행절을 연결한 결과 접속문을 구성하는 것을 뜻하는 것으로 받아들여져 왔다. 이는 그간의 연구가 형태 중심, 문법 단위 중심으로 이루어져 온 것과 관련이 깊다. 즉 동일한 기능을 수행하더라도 문법 체계 내에서의 단위나 기능을 발휘하는 층위가 다르면 좀처럼 함께 다루지 않는 전통이 꽤 깊게 이어져 온 것이다. 어떤 두 언어 단위를 연결함으로써 더 큰 단위를 만드는 과정은 비단 절 연결뿐만 아니라 문장 연결 역시 해당되는 것이며, 더 나아가서는 문장 이상의 담화 차원과도 관련될 수 있는 가능성이 충분하다. 그간 각각의 형식들이 나타내는 의미를 치밀하게 관찰하고 설명해 온 성과를 바탕으로 하여, 이제는 방향을 바꾸어서 어떤 의미 관계를 나타내는 형식에는 어떤 것들이 있으며, 이들이 연결해 주는 대상을 무엇이고, 해당 의미 관계 범주 내에서 구체적으로 어떤 의미를 나타내는지를 규명할 필요가 있는 시점이다. 특히 이 책의 각 장에서 다루고 있는 접속 어미와 접속 부사는 어원적으로 밀접한 관련을 맺고 있고 현대 국어에서도 유사한 의미 영역을 담당하고 있지만, 기존의 연구에서는 접속의 기능을 자세하게 기술하고 설명하려는 시도가 접속 어미에만 치중해 온 감이 있다. 이러한 점을 고려했을 때, 이 책에서 수행한 결과물은 말뭉치를 면밀히 분석함으로써 접속 어미와 접속 부사가 각각 나름대로 담당하고 있는 기능상의 공통점과 차이점에는 어떤 것들이 있는지, 그리고 이러한 현상에는 어떠한 요인이 작용하는지를 살펴볼 수 있었다는 점에서 의의를 지닌다고 할 수 있다.

접속 어미와 접속 부사가 단어, 구, 절, 문장 등의 언어 단위를 접속하는 기능을 가지고 있다는 것은 기존의 연구에서도 이미 밝혀진 사실이다. 선행 연구에서 접속 부사가 가지는 담화적 의미에 대해서 언급된 바 있는데 담화 기능은 문장 접속 기능과 별개로 기술되어 온 경향이 있다. 이 연구에서는 접속 부사의 담화적 의미도 접속 기능의 일부로 보려고 하였다. 접속 부사가 문장 이상의 단위를 접속하게 되면서, 즉 단락을 접속하거나 화제와 화제를 접속하고, 혹은 화자와 청자를 접속하면서 담화 기능을 획득하게 된다고 본 것이다. 이러한 관점은 왜 접속 어미와 달리 접속 부사가 담화 기능을 가지게 되는지를 설명할 수 있고 접속 부사의 담화 의미도 접속 부사의 의미 기능으로 묶을 수 있게 한다. 이 연구에서는 말뭉치 용례 분석을 통하여 6개의 접속 어미와 접속 부사의 쌍을 실증적으로 살펴보았는데 접속 부사들이 공통적으로 담화 기능을 가지게 되는 현상을 문장 이상의 단위 접속으로 설명할 수 있었다.

유현경(2018)에서 현재까지 한국어 통사론은 문법 형태소와 단어, 문장 단위 등 형식 범주를 중심으로 한 연구가 대부분이었으나 실제 의사소통은 언어 형식이 아니라 의미 기능을 기반으로 이루어지기 때문에 한국어 통사론 연구가 한국어의 사용을 설명하기 어려운 부분이 많다고 한 바 있다. 높임법, 피사동법, 부정법, 격, 시제 등 한국어 문법의 근간을 이루는 문법범주들은 '기능'의 측면에서 재구조화되어야 할 필요성이 대두된다고 하였다. 그렇다면 문법을 기능 중심으로 기술해 본다고 했을 때 구체적으로 무슨 문제들을 고민해야 할 것인가? 그중 하나는 기능 중심의 문법이라고 했을 때, 어떻게 해야 기능들을 체계적으로 조직하고 분류해 문법으로써 기술할 수 있을지에 대한 문제이다. 기능을 어떻게 한정해서 문법적 측면에서 기술할 것인지도 문제가 되겠지만, 귀납적으로 기능을 모았다면 어떻게 문법적 틀 안에서 체계를 세워 일반화하여 범주화할 것인가에 대한 고민이 필요하다. 유현경(2018: 16)에서는 문법 체계를 문법 기술의 목표를 무엇으로 하느냐에 따라 달라질 수 있다고 하였다. 현재 한국어 교육에서는 기능문법에 대한 요구가 먼저 시작되었고 백봉자(2001), 김제열(2001), 서정수(2002), 한송화(2006) 등에서 한국어 교육을 위한 문법 체계에 대한 논의가 있었다. 이러한 논의가 구현의 단계까지 가지는 못하였지만 기존의 형식문법의 틀을 깨는 새로운 시도였다는 것에서 의미가 있다. 유현경(2018)에서는 기능 중심 통사론의 기술을 위해서는 단위의 외연을 조사, 어미 등 단일 문법 형태뿐 아니라 우언적 구성으로 확장시키고 범주의 벽을 넘어서 '기능'을 중심으로 문법 형태들을 재편하는 한편, 이러한 연구 결과를 연역적으로 수렴할 수 있는 체계를 정립할 필요가 있다고 하였다. 그러한 측면에서 '접속'을 하나의 기능으로 보고 접속의 기능을 하는 접속 어미, 접속 부사, 접속 조사를 하나의 틀에서 세부적 논의를 하는 것은 의미 있는 일이다. 이번 논의에서는 기능 중심으로 접속어를 재분류할 수 있을지에 대한 물음에 대한 섣부른 결론을 내리지 않으려 한다. 다만 이는 유사한 의미와 기능을 갖고 있는 다양한 접속어를 하나로 묶어 연구해 보고기도 하고, 그에 따라 계층, 구조화하는 시도를 통해서 가능성을 엿볼 수 있을 것이라 생각한다.

이렇게 접속 어미와 접속 부사를 '접속어'라는 관점에서 연구를 진행한다는 것은 접속의 의미와 국어 문법 체계를 넓고 새로운 시각에서 살펴볼 수 있다는 점에서 큰 의의가 있다. 이전의 형태 중심으로 문법 체계를 바라보는 관점도 물론 중요하지만 국어 교육, 한국어 교육 현장, 다양한 학문과의 연계로 관심이 높아지는 응용 언어학 등 기능 중심으로 문법 체계에 접근하려는 시도들도 필요한 시기이다. 이러한 시대적 흐름 속에서 본 연구는 교육 현장과 후속 연구에 유용한 자료가 될 것이다.

참고문헌

〈논저류〉

강기진(1985), 「국어 접속어미 '-니'와 '-니까'의 연구」, 『국어학』 14, 국어학회.

강범모·김흥규·허명회(1998), 「통계적 방법에 의한 한국어 텍스트 유형 및 문체 분석」, 『언어학』 22, 한국언어학회.

강소영(2009), 「담화표지 '그러니까'의 사용에 내재한 화자의 담화전략 연구」, 『어문연구』 60, 어문연구학회.

고영근(1990), 「문장과 이야기의 관련성에 관한 연구-중세어를 중심으로」, 『관악어문연구』 15-1, 서울대학교 국어국문학과.

고영근·구본관(2008), 『우리말 문법론』, 집문당.

구현정(1998), 「현대국어에 나타나는 조건 형태의 문법화」, 『어문학연구』 8, 상명대학교 어문학연구소.

김경훈(1996), 「현대국어 부사어 연구」, 서울대학교 박사학위논문.

김미선(1996), 「접속부사 연구(Ⅰ) - '그러나, 그렇지만, 그런데'를 중심으로」, 『어문연구』 24-4, 한국어문교육연구회.

김미선(1998ㄱ), 「접속부사 연구(Ⅱ) - '그래서, 그러니까, 그러므로'를 중심으로」, 『어문연구』 26-1, 한국어문교육연구회.

김미선(1998ㄴ), 「접속 부사 연구(Ⅲ) - '그리고'를 중심으로」, 『어문연구』 26-2, 한국어문교육연구회.

김미선(2001), 「접속부사의 텍스트언어학적 연구」, 중앙대학교 박사학위논문.

김미선(2008), 「접속부사의 화용 기능 연구」, 『화법연구』 13, 한국화법학회.

김미선(2012), 「'그런데'의 담화 기능 연구」, 『인문과학연구』 34, 인문과학연구소.

김민수(1981), 『국어 문법론 : 변형생성 구문론 연구』, 일조각.

김석득(1992), 『우리말 형태론 : 말본론』, 탑출판사.

김선영(2003), 「현대 국어의 접속 부사에 대한 연구」, 서울대학교 석사학위논문.

김승곤(1979), 「연결형 어미 {-니까}, {-아서}, {-므로}, {-매}의 말쓰임에 대하여」, 『통일인문학』 11, 건국대학교 인문학연구원.

김승곤(1984), 「한국어 이음씨끝의 의미 및 통어 기능 연구(1)」, 『한글』 186, 한글학회.
김영희(1988), 「등위 접속문의 통사 특성」, 『한글』 201·202, 한글학회.
김용석(1981), 「연결어미 '-는데'에 대하여」, 『배달말』 6-1, 배달말학회.
김은희(1996), 「조건형식과 수행문-'거든'을 중심으로」, 『국어학』 28, 국어학회.
김인환(2018), 「'그러-' 계열 접속부사의 세 가지 영역-'그러면, 그래서, 그러니까'를 중심으로」, 『어문학』 139, 한국어문학회.
김제열(2001), 「한국어 교육에서 기초 문법 항목의 선정과 배열 연구」, 『한국어 교육』 12-1, 국제한국어교육학회.
김준기(2011), 「연결 어미 '-아서'의 의미 고찰」, 『어문학』 112, 한국어문학회.
김진수(1983), 「가정·조건문과 원인·이유문 고찰」, 『어문연구』 12, 어문연구학회.
김진수(1987), 『국어 접속조사와 어미 연구』, 탑출판사.
남기심(1978), 「"-아서"의 화용론」, 『외국어로서의 한국어교육』 3, 연세대학교 한국어학당.
남기심(1994), 『국어 연결어미의 쓰임-"-고, -어서, -니까, -다가"의 의미·통사적 특징』, 서광학술자료사.
남기심(2001), 『현대 국어 통사론』, 태학사.
남기심·고영근(1985/2011), 『표준국어문법론』, 탑출판사.
남기심·루코프(1983), 「논리적 형식으로서의 '-니까' 구문과 '-어서' 구문」, 『국어의 통사·의미론』, 탑출판사. [남기심 편(1996), 『국어 문법의 탐구 Ⅰ: 국어 통사론의 문제』에 재수록]
도수희(1965), 「{그러나, 그리고 … 그러니, 그러면 …} 등 어사고」, 『한국언어문학』 3, 한국언어문학회.
문숙영(2018), 「관련성 이론의 관점에서 본 접속부사의 의미기능」, 『국어학』 88, 국어학회.
박나리(2013), 「사실조건의 '-면'에 대한 담화 화용적 연구」, 『국어학』 68, 국어학회.
박승윤(2007), 「양보와 조건」, 『담화와 인지』 14-1, 담화·인지언어학회.
박재연(2009), 「연결어미와 양태 : 이유, 조건, 양보의 연결어미를 중심으로」, 『한국어 의미학』 30, 한국어 의미학회.
박재연(2011), 「한국어 연결어미 의미 기술의 메타언어 연구-'양보, 설명, 발견'의 연결어미를 중심으로」, 『국어학』 62, 국어학회.
박재연(2014), 「한국어 환유 표현의 체계적 분류 방법」, 『한국어 의미학』 45, 한국어 의미학회.
박종갑(1998), 「접속문 어미 '-고'의 의미 기능 연구(2) - 의미 기능의 유형 설정을 중심으로」, 『방언학과 국어학』, 태학사.
박종갑(2000), 「접속문 어미 '-고'의 의미 기능 연구(3)」, 『국어학』 35, 국어학회.
박진호(2012), 「의미지도를 이용한 한국어 어휘요소와 문법요소의 의미 기술」, 『국어학』 63, 국어학회.

배진영·최정도·김민국(2013), 『말뭉치 기반 구어 문어 통합 문법 기술 1 : 어휘부류』, 박이정.

백봉자(2001), 「외국어로서의 한국어 교육 문법-피동/사동을 중심으로」, 『한국어 교육』 12-2, 국제한국어교육학회.

서정수(1994), 『국어문법』, 뿌리깊은나무.

서정수(2002), 「외국어로서의 한국어 교육을 위한 새 문법 체계」, 『외국어로서의 한국어 교육』 27, 연세대학교 언어연구교육원.

서태룡(1979), 「내포와 접속」, 『국어학』 8, 국어학회.

성기철(1993), 「'-어서'와 '-니까'의 변별적 특징」, 『주시경학보』 11, 탑출판사.

성낙수(1978), 「이유·원인을 나타내는 접속문 연구(1) - [-아서]와 [니까]를 중심으로」, 『연세어문학』 11, 연세대학교 국어국문학과.

손옥현·김영주(2009), 「한국어 구어에 나타난 종결어미화된 연결어미 양상 연구」, 『한국어 의미학』 28, 한국어의미학회.

송대헌(2015), 「한국어 연결어미 '-는데/은데'의 의미와 담화 기능 연구」, 『국제어문』 66, 국제어문학회.

송대헌·황경수(2013), 「한국어 연결어미 '-니까'의 문법화 연구」, 『새국어교육』 96, 한국국어교육학회.

신지연(1995), 「현대국어의 지시용언 연구」, 서울대학교 박사학위논문.

신지연(1998), 『국어 지시용언 연구』, 태학사.

신지연(2004), 「대립과 양보 접속어미의 범주화」, 『어문학』 84, 한국어문학회.

신현숙(1989), 「담화대용표지의 의미연구 - {그래서/그러니까/그러나/그렇지만}을 대상으로」, 『국어학』 19, 국어학회.

심란희(2019), 「한국어 담화표지의 기능 연구」, 연세대학교 박사학위논문.

안주호(1992), 「한국어 담화표지 분석」, 『외국어로서의 한국어교육』 17-1, 연세대학교 한국어학당.

안주호(2000), 「'그러-' 계열 접속사의 형성과정과 문법화」, 『국어학』 35, 국어학회.

안주호(2006), 「현대국어 연결어미 {-니까}의 문법적 특성과 형성과정」, 『언어과학연구』 38, 언어과학회.

양명희(1998), 『현대국어 대용어에 대한 연구』, 태학사.

양인석(1972), 「한국어의 접속화」, 『어학연구』 8-2, 서울대학교 언어교육원.

우미혜(2013), 「중국인 한국어 학습자를 위한 담화표지 연구 - '글쎄', '그러게', '그러니까'를 중심으로」, 연세대학교 석사학위논문.

우순조(2018), 「한국어 대용 표현의 분포와 범주적 정체성-접속 기능을 중심으로」, 『음성·음운·형태론연구』 24-3, 한국음운론학회.

우형식(1996), 「접속 기능의 명사구」, 『국어 문법의 탐구 III - 국어 통사론의 문제와 전망』, 태학사.

유동준(1980), 「한국어 접속화 연구 – 접속어미 "-니까"의 화용론」, 『연세어문학』 13, 연세대학교 국어국문학과.

유상목(1970), 「접속어에 대한 고찰」, 『한글』 146, 한글학회.

유현경(2002), 「부사형 어미와 접속 어미」, 『한국어학』 16, 한국어학회.

유현경(2008), 「'-고' 접속문에서 선어말어미 '-겠-'의 작용역과 결합 양상 – '-었-', '-시-'와의 비교를 중심으로」, 『어문논총』 49, 한국문학언어학회.

유현경(2011), 「품사에 따른 어미 형태 교체에 대한 연구-/-는데/류를 중심으로」, 『어문론총』 55, 한국문학언어학회.

유현경(2018), 「기능 중심 한국어 통사론의 모색-새로운 한국어 문법 체계 정립을 위한 시론」, 『한말연구』 47, 한말연구학회.

유현경·한재영·김홍범·이정택·김성규·강현화·구본관·이병규·황화상·이진호(2018), 『한국어 표준 문법』, 집문당.

윤평현(1989), 「국어의 접속어미에 대한 연구 – 의미론적 기능을 중심으로」, 전남대학교 박사학위논문.

윤평현(1994), 「국어의 나열관계 접속 어미에 대한 연구」, 『한국언어문학』 33, 한국언어문학회.

윤평현(2005), 『현대국어 접속어미 연구』, 박이정.

이경우(1987), 「접속어미 '-아서'와 '-니까'의 연구」, 『한국국어교육연구회논문집』 30, 한국어교육학회.

이금영(2016), 「"그러-/그리-" 계열 접속 부사의 통시적 고찰」, 『인문학연구』 103, 충남대학교 인문과학연구소.

이기갑(1994), 「'그러하-'의 지시와 대용, 그리고 그 역사」, 『언어』 19-2, 한국언어학회.

이기갑(2004), 「한국어 구술 담화의 구조적 특징-연쇄적 전개의 결속장치」, 『담화·인지언어학회 학술대회 발표논문집』.

이기갑(2006), 「국어 담화의 연결 표지-완형 표현의 반복」, 『담화와 인지』 13-2, 담화인지언어학회,

이기동(1977), 「대조·양보의 접속어미의 의미 연구(Ⅰ)」, 『어학연구』, 13-2, 서울대 어학연구소.

이기동(1979), 「연결어미 '-는데'의 화용상의 기능」, 『인문과학』 40·41, 연세대학교 인문과학연구소.

이상복(1981), 「연결어미 '-아서, -니까, -느라고, -므로'에 대하여」, 『배달말』 5-1, 배달말학회.

이순욱(2017), 「한국어 양보의 표현 방책과 의미」, 서울대학교 석사학위논문.

이은경(1990), 「국어의 접속어미 연구」, 서울대학교 석사학위논문.

이은경(1994), 「텍스트에서의 접속어미의 기능 – 단편 소설 "나의 가장 나종 지니인 것"을 대상으로」, 『텍스트언어학』 2, 한국텍스트언어학회.
이은경(1996), 「국어의 연결 어미 연구」, 서울대학교 박사학위논문.
이은경(1999), 「구어체 텍스트에서의 한국어 연결 어미의 기능」, 『국어학』 34, 국어학회.
이은경(2000), 『국어의 연결 어미 연구』, 태학사.
이은경(2017), 「언어의 유형적 차이와 담화 구성의 상관관계 – 한국어와 영어의 비교 연구」, 『담화·인지언어학회 학술대회 발표논문집』.
이익섭(2008), 『한국어 문법』, 서울대학교 출판부.
이재성(2016), 「연결어미 '–는데'의 형태 의미와 의미 기능」, 『외국어로서의 한국어교육』 45, 연세대학교 언어연구교육원 한국어학당.
이희자(1995), 「'접속어' 연구1 – '그래서' 연구를 통해서 본 '그–표제어'류와 관련된 문제」, 『사전편찬학 연구』 5–1, 연세대학교 언어정보개발원.
이희자·이종희(2010), 『(한국어 학습 전문가용) 어미·조사 사전』, 한국문화사.
이희정(2003), 「한국어의 [그러–]형 담화표지 기능 연구–일상대화 분석을 바탕으로」, 연세대학교 석사학위논문.
임동훈(1995), 「통사론과 통사 단위」, 『어학연구』 31–1, 서울대학교 어학연구소.
임동훈(2009), 「한국어 병렬문의 문법적 위상」, 『국어학』 56, 국어학회.
장경희(1993), 「{–니까}의 의미와 그 해석–{–어서}와 대비하여」, 『선청어문』 21–1, 서울대학교 국어교육과.
장경희(1995), 「국어 접속 어미의 의미 구조」, 『한글』 227, 한글학회.
장기열(2003), 「국어 접속부사의 특성과 그 기능」, 『복지행정연구』 19, 안양대학교 복지행정연구소.
전영옥(2007), 「구어와 문어의 접속부사 실현 양상 비교 연구」, 『텍스트언어학』 22, 한국텍스트언어학회.
전영옥(2016ㄱ), 「대화에 나타난 '그래서/그러니까'의 실현 양상 연구」, 『어문론총』 70, 한국문화언어학회.
전영옥(2016ㄴ), 「담화에 나타난 '그래서' 연구」, 『한말연구』 40, 한말연구학회.
전영옥(2017), 「구어 말뭉치에 나타난 '그러니까, 그니까, 근까, 그까' 비교 연구」, 『어문론총』, 74, 한국문학언어학회.
전영옥·남길임(2005), 「구어와 문어의 접속 표현 비교 연구 – "그런데, –는데"를 중심으로」, 『한말연구』 17, 한말연구학회.
전혜영(1989), 「현대 한국어 접속어미의 화용론적 연구」, 이화여자대학교 박사학위논문.
정수진(2012), 「연결어미 '–어서'의 의미 확장에 대한 인지언어학적 접근」, 『국어교육연구』 50, 국어교육학회.
정재영(1996), 『의존명사 'ᄃᆞ'의 문법화』, 태학사.

조효완(1987), 「한국어 연결형 어미 「-니」, 「-니까」에 대한 연구」, 『겨레어문학』 11·12, 건국대국어국문학연구회.

주시경(1910), 『국어문법』, 박문서관. [김민수·고영근·최호철·최형용 편(2009), 『역대한국문법대계』 1-44에 재수록]

주향아(2019), 「접속부사 '그리고'와 접속어미 '-고'의 의미 비교 연구」, 『언어사실과 관점』 47, 연세대학교 언어정보연구원.

차윤정(2000), 「이음말의 담화표지 기능」, 『우리말연구』 10, 우리말학회.

차윤정(2002), 「'그리고'의 의미적 특성」, 『우리말연구』 12, 우리말학회.

최현배(1937/1971), 『우리말본』, 정음문화사.

하영우(2015), 「구어 문어 사용역에 따른 접속 부사의 특성 연구 - "그러-" 계열 접속 부사를 중심으로」, 『영주어문』 29, 영주어문학회.

하영우(2016), 「{그러면}의 접속 기능과 형식 감쇄」, 『한국어학』 71, 한국어학회.

한송화(2006), 「외국어로서의 한국어 문법에서의 새로운 문법 체계를 위하여 - 형식 문법에서 기능 문법으로」, 『한국어교육』, 17-3, 국제한국어교육학회.

한송화(2013), 「한국어 접속부사의 사용 양상 - 텍스트 유형에 따른 사용 양상을 중심으로」, 『언어사실과 관점』 31, 연세대학교 언어정보연구원.

허 웅(1975), 『우리 옛말본 : 15세기 국어형태론』, 샘 문화사.

허 웅(1983), 『국어학 : 우리말의 오늘·어제』, 샘 문화사.

허 웅(1995), 『20세기 우리말의 형태론』, 샘 문화사.

林東勳(2007), 「韓國語 助詞 '만'과 '도'의 意味論」, 『朝鮮學報』 125, 朝鮮学会.

Piao Lian Yu(2012), 「'그러니까'의 담화화용적 기능 연구」, 『언어와 문화』 8-1, 한국언어문화교육학회.

Hopper, P.(1991), On some principles of grammaticization, In Traugott, E. C. & B. Heine(eds.), Approaches to Grammalicalization, Amsterdam: Benjamins Publishing Company.

〈사전류〉

고려대학교 민족문화연구원(2009), 『고려대한국어대사전』, 고려대학교 민족문화연구원.
(웹사전 https://dic.daum.net/index.do?dic=kor)

국립국어연구원(1999), 『표준국어대사전』, 두산동아.
(웹사전 https://stdict.korean.go.kr/main/main.do)

연세대학교 언어정보개발연구원(1998), 『연세한국어사전』, 두산동아.
(웹사전 https://ilis.yonsei.ac.kr/ysdic/)

이희승 편저(1961), 『국어대사전』, 민중서관.

찾아보기

【문법형태】

【문법용어】

ㄱ

ㄴ

ㄷ

ㅁ

ㅂ

저자 소개

유현경
연세대학교 국어국문학과 교수
yoo@yonsei.ac.kr

성미향
연세대학교 국어국문학과 박사과정
beautysmell93@gmail.com

박효정
연세대학교 국어국문학과 박사과정
bokkung@yonsei.ac.kr

주향아
연세대학교 국어국문학과 박사과정
arhapsody@naver.com

이찬영
연세대학교 국어국문학과 박사과정 수료
cy.lee@yonsei.ac.kr

이현지
연세대학교 국어국문학과 박사과정
hyunji0529@yonsei.ac.kr

박혜진
연세대학교 국어국문학과 박사과정
hjp1010@yonsei.ac.kr

한국 언어·문학·문화 총서 8

말뭉치 기반 한국어 접속어 연구

2019년 8월 30일 초판 1쇄 펴냄

저 자 유현경·성미향·박효정·주향아·이찬영·이현지·박혜진
펴낸이 김흥국
펴낸곳 보고사

책임편집 이순민
표지디자인 손정자

등록 1990년 12월 13일 제6-0429호
주소 경기도 파주시 회동길 337-15 보고사 2층
전화 031-955-9797(대표)
02-922-5120~1(편집), 02-922-2246(영업)
팩스 02-922-6990
메일 kanapub3@naver.com / bogosabooks@naver.com
http://www.bogosabooks.co.kr

ISBN 979-11-5516-937-7 94710
979-11-5516-424-2 94080(세트)

정가 20,000원